工业和信息化普通高等教育规划教材

高等学校创新型“十二五”系列规划教材

预算会计

■ 主　编　杨　明　宋　明　李九斤

副主编　薛　白　孙丽丽　廖石云

電子工業出版社

Publishing House of Electronics Industry

北京 • BEIJING

内 容 提 要

《预算会计》一书以财政部最新颁布的2013版事业单位会计制度和2014版行政单位会计制度为依据，结合多年教学经验编写。全书分四篇共十二章，第一篇总论，第二篇政府财政会计，第三篇行政单位会计，第四篇事业单位会计。对预算会计的基本理论知识和核算方法，财政总预算会计、行政单位会计和事业单位会计的收入、支出、资产、负债、净资产的管理要求与核算，年终清理结算及会计报表的编审等内容进行了全面系统的阐述。

本书可作为高等院校会计、财政、税务、行政管理等专业教材，同时也能作为广大政府和事业单位财务、会计、税务等相关人员继续教育及学习参考用书。

图书在版编目（CIP）数据

预算会计 / 杨明，宋明，李九斤主编. —北京：电子工业出版社，2014.7
高等学校创新型“十二五”系列规划教材

ISBN 978-7-121-23226-8

Ⅰ. ①预… Ⅱ. ①杨… ②宋… ③李… Ⅲ. ①预算会计—高等学校—教材 Ⅳ. ①F810.6

中国版本图书馆CIP数据核字（2014）第099300号

策划编辑：张云怡
责任编辑：郝黎明
印　　刷：三河市鑫金马印装有限公司
装　　订：三河市鑫金马印装有限公司
出版发行：电子工业出版社
　　　　　北京市海淀区万寿路173信箱　邮编　100036
开　　本：787×1 092　1/16　印张：13.25　字数：339.2千字
版　　次：2014年7月第1版
印　　次：2016年1月第2次印刷
定　　价：33.00元

凡所购买电子工业出版社图书有缺损问题，请向购买书店调换。若书店售缺，请与本社发行部联系，联系及邮购电话：（010）88254888。

质量投诉请发邮件至 zlts@phei.com.cn，盗版侵权举报请发邮件至 dbqq@phei.com.cn。

服务热线：（010）88258888。

前言 PREFACE

2013 年伊始，事业单位新修定的会计制度开始在全国执行，时隔一年，2014 年 1 月 1 日，行政单位新修订的会计制度也在中华大地上开始贯彻，至此拉开了我国政府预算会计全面改革的大幕。作为高校一线教师，我们为了适应这一现实的变革，出于对职业的热爱和对学生负责的态度，废寝忘食组织编写了这本最新的预算会计教材！

本书依据财政部最新公布的《事业单位会计准则》、《事业单位会计制度》、《行政单位会计准则》、《行政单位会计制度》和《财政总预算会计制度》编写而成。全书共分四篇，对预算会计的一般知识和基本核算方法、政府财政会计、行政单位会计和事业单位会计的收入、支出、资产、负债、净资产的管理要求与核算，以及会计报表的编审等内容进行了全面系统的阐述。

本书的写作注重了科学性与知识性、理论性与实用性的统一。与其他同类书籍相比，其突出特点是：内容最新、体系完整、文字精练、语言通俗、实用性强。本书可作为高等院校会计、财政、税务、行政管理等专业教材，同时也能作为广大政府和事业单位财务、会计、税务等相关人员继续教育及学习参考用书。

本书由东北农业大学杨明，佳木斯大学宋明和东北石油大学李九斤担任主编，电子科技大学成都学院薛白、廊坊职业技术学院孙丽丽和永州职业技术学院廖石云担任副主编，电子科技大学成都学院张玲，黑龙江省农垦宝泉岭管理局计财处王晓静，滨州技师学院赵霞和外交部会计司于之光参与编写，由杨明对全书进行最后的修改和总纂。具体分工如下：第一篇和七章由杨明编写；第四篇由宋明编写；第六章和第八章由李九斤编写；第二章由孙丽丽编写；第三章由薛白和张玲编写；第四章由王晓静和赵霞编写；第五章由廖石云和于之光编写。全书由东北农业大学史元教授担任主审。

在本书的编写和出版过程中，得到了相关院校的领导及同仁的大力支持，同时，我们参考了国内外公开出版的有关教材和学术著作，吸收了有关专家、学者的最新研究成果，在此一并表示衷心的感谢。

尽管我们的确在煞费苦心追求尽善尽美，但疏漏之处仍在所难免，恳请读者批评指正。

编　者

2014 年 3 月

高等学校创新型“十二五”系列规划教材

编委会成员

本书编写人员

主　编：杨　明　宋　明　李九斤

副主编：薛　白　孙丽丽　廖石云

参　编：张　玲　王晓静　赵　霞　于之光

主　审：史　元

CONTENTS 目录

第一篇　总论

第二篇　政府财政会计

第三篇　行政单位会计

第四篇　事业单位会计

第一篇

总　论

第一章

预算会计概述

第一节　预算会计概念及特点

一、预算会计的概念

预算会计又称为政府和事业单位会计、非营利组织会计等，是国家预算管理的重要组成部分，是以货币为主要计量单位，连续、系统、完整地核算和监督各级政府、各级行政单位和各类事业单位的财政预算资金和业务资金运动过程及其结果的一门专业会计。

上述概念包括以下几个方面的含义。

（1）预算会计以预算管理为中心，为预算管理服务，是国家预算管理的重要组成部分。

（2）预算会计的主体是各级政府、行政单位和各类事业单位。

（3）预算会计的客体或者对象，是财政资金、单位预算资金和业务资金的运动过程及其结果。

（4）预算会计是以会计学原理为基础的一门专业会计，同其他会计一样，也以货币为主要计量单位，要采用一系列专门的会计方法。

二、预算会计的特点

预算会计的特点是相对于企业会计而言的。企业会计是以资本为中心，其经营目标是获取盈利，实现资产增值，其各项日常开支均依靠自身的生产经营收入来抵补，核算和监督社会再生产过程中的生产、流通领域的经营资金的运动。

预算会计属于非物质生产部门，其业务目标在于谋求最广泛的社会效益，是以预算管理为中心，以经济和社会发展为目的，核算和监督社会再生产过程中的分配领域里的国家预算资金和业务资金的运动。概括起来，预算会计与企业会计的区别主要表现在以下几个方面：

1. 目的和适用范围不同

预算会计适用于各级政府财政部门、各级行政单位和各类事业单位，适用对象具有明显的非营利性，所以又称为非营利组织会计，核算与监督预算资金的执行情况是为上层建筑、经济建设和人民生活服务，主要目的是为了取得社会效益；而企业会计适用于从事生产经营活动的各类企业，主要目的是为了营利和取得经济效益。

2. 会计要素构成不同

预算会计要素分为五大类，即资产、负债、净资产、收入和支出；企业会计要素分为六大类，即资产、负债、所有者权益、收入、费用和利润。即使名称相同的会计要素，其内容在预算会计与企业会计上也存在较大差异。

3. 会计等式不同

预算会计的恒等式为：资产＋支出＝负债＋净资产＋收入；企业会计的恒等式为：资产＝负债＋所有者权益。

4. 会计核算的基础不同

预算会计中，财政总预算会计和行政单位会计以收付实现制为会计核算基础，事业单位会计根据单位实际情况，分别采用收付实现制和权责发生制。而企业会计均以权责发生制为会计核算基础。

5. 会计核算内容及方法有其特殊性

在预算会计中，会计核算以收入、支出、结余核算为中心，收支项目要适应国家预算管理的要求；资产一般应与基金相对应；结转结余按照财政性和非财政性区分处理；一般不实行成本核算，即使有成本核算，也是内部成本核算；一般没有利润及利润分配的核算。此外，预算会计不仅要遵循《中华人民共和国会计法》的规范，而且还要遵循《中华人民共和国预算法》的规范，双法齐管。

第二节　预算会计核算的一般原则

预算会计核算的一般原则是对会计核算提供信息的基本要求，是处理具体会计业务的基本依据。会计原则既是会计理论的概括，又是会计实践经验的总结。它在会计准则中居于主导地位，指导着会计要素的确认计量和会计方法的选择，因此也就成为衡量会计信息质量的重要标准。预算会计的一般原则主要有以下几项。

1. 相关性原则

相关性原则，又称有用性原则，是指会计核算所提供的经济信息应当有助于信息使用者正确做出经济决策，会计提供的信息要同经济决策相关联。

2. 客观性原则

客观性原则是指会计核算提供的信息应当以实际发生的经济业务为依据，如实反映财务状况和收支情况，做到内容真实、数字准确、资料可靠。核算的数字应为实际发生数，不能是预计数、估计数，更不能是有意伪造数。即真实性、可靠性和可验证性。

3. 可比性原则

可比性原则是指会计核算应当按照规定的处理方法进行，会计指标应当口径一致，相互可比。不同的单位，尤其是同一行业的不同单位，处理同一业务问题要使用相同的程序和方法，以便相互比较，判断优劣。

4. 一致性原则

一致性原则又称一贯性原则，是指各个单位处理会计业务的方法和程序在不同的会计期间要保持前后一致，不能随意变更，以便于单位对前后各期的会计资料进行纵向比较。

5. 及时性原则

及时性原则是指对会计事项的处理，必须在经济业务发生时及时进行，讲求时效，以便会计信息及时利用。失去时效的会计信息，便成了历史材料，对决策的有用性将大大降低。

6. 清晰性原则

清晰性原则又称明晰性原则，是指会计记录和会计报告应当清晰明了，便于理解和利用，数据记录和文字说明要能一目了然地反映经济活动的来龙去脉，对有些不易理解的问题，应在财务情况说明书中做出说明。

7. 重要性原则

这一原则是指会计报告在对单位财政财务收支情况全面反映的同时，对重要的经济业务要单独反映，详细核算，对不重要的经济业务可灵活处理。重要性业务的标志，一是看发生的金额大小，二是看它对经济决策的影响程度。会计报告要充分反映一切重要的经济信息，对于一些非常事件和重大变动要充分揭示，以便于做出决策。但是对于数额较小的经济业务，可与其他项目合并列示；对某些次要的经济业务，还可以采用比较简化的方法处理。

8. 收付实现制原则和权责发生制原则

前面已指出，在财政总预算会计和行政单位会计中原则上实行收付实现制；在事业单位会计中原则上实行权责发生制。不同单位实行不一样的收支确认原则，而且在执行中还可能有程度上的差别，这是预算会计原则方面的一个重要特点。因而要因事制宜地应用这一原则。

9. 限制性原则

限制性原则是指对于有指定用途的资金应按照规定的用途使用，并单独反映，即专款专用原则。

10. 历史成本原则

历史成本原则是指预算单位中需要核算记录的财产物资应当按照取得或购建时的实际成本核算，而不论市场上有多少种不同价格，不采用现行市价、重置价值、变现价值等其他计价方法。

11. 配比原则

配比原则是指有关收入和支出在同一会计期间（首先表现为在一个会计年度内）进行配比。在有业务收支活动的事业单位中，对一个会计期间的收入与其相关的费用支出应当配合起来进行比较，在同一会计期间登记入账，以便计算收支结余。应计入本期的收入和费用支出，不能脱节，也不能任意提前或错后。还可以指不同项目的有关收入和支出各自要进行配比。配比原则之所以采用，还由于有关收入和支出的发生有因果关系，即收入是因为支出一定的费用而产生的。

第三节　预算会计的会计要素与会计等式

一、预算会计的核算对象

预算会计的对象，是指预算会计反映和监督的内容。在预算执行过程中，各级政府财政部门和行政事业单位，一方面要组织各项收入；另一方面要安排各项支出；各项收支执行的结果又形成结余。收入、支出、结余构成了财政部门和行政事业单位的资金运动。在预算执行过程中所发生的资金运动又会形成各种资产、负债和净资产。因此，预算会计的对象就是各级财政部门和行政事业单位在预算执行过程中所发生的资金收入、支出、结余以及由此形成的资产、负债和净资产。

二、预算会计的会计要素

会计要素就是会计对象的具体化，是对会计对象的基本分类；又是构成会计报表的基本结构。会计要素在会计准则理论框架中居于核心地位，研究和确定会计要素的重要意义在于，有助于设置会计科目，有助于探讨会计确认的标准和会计计量的基础，有助于设计会计报表的种类、格式和列示方式。目前我国预算会计制度规定，会计要素有资产、负债、净资产、收入、支出五项。

1. 资产

资产是预算会计主体拥有或者控制的、由过去经济业务或会计事项形成的资源，该资源具有服务功能或能带来经济利益。

2. 负债

负债是过去的经济业务或会计事项形成的现时义务，履行该义务预期会导致经济利益流出会计主体。它是将来需要以资产或劳务偿还的责任。

3. 净资产

（1）净资产的概念。

净资产是资财供给者提供的，预算会计主体用以执行公共事务、开展业务活动及其他活动的基本资金来源。净资产具有如下特点：

① 净资产是资财供给者提供的，资财供给者没有剩余资产的要求权，但有资金使用的限制权（即提出指定用途）。

② 净资产具有长期使用的性质，在单位持续运行中，资财供给者不能抽走。

③ 净资产是预算会计资产的基本来源，资产增值会使净资产增加，预算会计主体收支结余，也使净资产增加。

（2）净资产的内容。

在政府财政会计中，净资产主要为各种财政资金的收支累计结余，包括预算结余、基金预算结余、国有资本经营预算结余、专用基金结余等。

在行政单位会计中，净资产包括财政拨款结转、结余、其他结余和净资产保留等。

在事业单位会计中，净资产主要表现为基金。基金可按其专门用途分类。

主要有：①事业基金，指事业单位自行支配的用于基本业务的周转性资金，每年的收支结余列入事业基金。②专用基金，指单位按规定设置的各种有特定用途的基金，包括职工福利基金、医疗基金、住房基金等。③非流动资产基金，指单位拥有的固定资产、长期投资、在建工程、无形资产等的资金来源。

4. 收入

收入是会计主体为执行公共事务、开展业务活动和其他活动而取得的经济利益流入，主要为非偿还性资金流入。预算会计的收入具有如下的特点：

（1）收入是预算单位经济利益的增加。它不包括为会计主体以外的单位或个人代收的款项；在会计主体内部各部门之间、各资金项目之间的资金转移，也不能认定为收入。

（2）收入具有非偿还性。收入会引起货币资产和其他资产的增加和负债的减少，或两者兼而有之，但并非所有的资产流入都是收入。如事业单位向银行取得的借款、购货单位的预付款，这些是负有偿还义务的资金。

5. 支出

支出指预算会计单位为开展公共服务活动和其他活动所发生的经济利益流出，即资金耗费和损失。支出的特点，在于它同收入不存在绝对的因果关系，支出和收入在数量上没有严格的比例关系。

三、预算会计等式

预算会计等式，是指资产、负债和净资产之间的关系。一个单位所拥有的资产与负债和净资产明显地表现为同一资金的两个方面，即有一定数额的资产，就必然有一定数额的负债和净资产；反之，有一定数额的负债和净资产，也就必然有一定数额的资产。资产与负债、净资产是相互依存的，一个单位所拥有的资产绝不能脱离负债和净资产而单独存在。因此，从数学角度看，一个单位所拥有的资产总额与负债和净资产的总额必然是相等的。我们将资产与负债和净资产之间的这种客观存在的恒等关系，称之为会计等式。用公式表示为：

$$资产=负债+净资产 \quad (1\text{-}1)$$

预算会计的主体拥有资产是为了取得收入以履行其职能，从而作为经营支出使用。收入和支出相抵后的余额为结余，即为尚未使用的货币资产。这样，收入、支出和结余之间的关系便可以用公式表示为：

$$收入-支出=结余 \quad (1\text{-}2)$$

单位一定会计期间的结余可以增加净资产，如果抵减后的结果是负数，则会发生相反方向的影响。因此，我们可以将以上两个等式用公式连接起来表示为：

$$资产=负债+净资产+收入-支出$$

这一公式可进一步变形为：

$$资产+支出=负债+净资产+收入 \quad (1\text{-}3)$$

上述三个关系式，式（1-1）可理解为静态等式，它反映单位在特定时点的资产、负债与净资产的恒等关系；式（1-2）和式（1-3）可理解为动态等式，它们反映单位在业务营运过程中收支结余情况及净资产的增值情况。需要说明的是：资产负债表正是依据式（1-3）编制的，即左边的“资产部类”包括资产和支出两项，右边的“负债部类”包括负债、收入和净资产三项。预算会计等式是预算会计中的一个基础性理论，它是预算单位开设账户、复式记账和编制会计报表的理论依据。具体内容详见后续各篇。

《中华人民共和国会计法》和《中华人民共和国预算法》都规定会计报表必须准确、及时和完整。预算会计的基本核算方法，是对预算会计对象进行连续、系统、完整地反映和监督所采用的方法。具体包括：设置会计科目与账户，确定记账方法，填制和审核会计凭证，登记账簿，编制会计报表等内容。

第四节　预算会计的组成体系及分级

一、预算会计的组成体系

预算会计是为预算管理服务的，预算管理的组成体系决定了预算会计的组成体系。我国国家预算组成体系，与国家政权结构和行政区划相一致，一级政府相应设置一级预算。

国家预算由中央预算和地方预算组成。中央预算是经法定程序批准的中央政府的财政收支计划，它由中央各部门（含直属单位）的预算组成。地方预算是经法定程序批准的地方各级政府的财政收支计划的统称，由各省、自治区、直辖市及以下各级政府总预算组成。

国家预算按预算收支管理范围，又分为总预算和单位预算两类。总预算由各级政府财政部门负责组织执行，单位预算则由各级行政事业单位负责执行。因此，我国预算会计也相应分为财政部门总预算会计和单位预算会计。单位预算会计按单位业务活动特点分为行政单位会计和事业单位会计。

与此同时，参与预算执行的国库会计、收入征解会计也是预算会计体系的组成部分。所谓国库是国家金库的简称，国家金库是各级财政的总出纳机关，分中央国库和地方国库。县级以上各级预算必须设立国库，具备条件的乡镇也应设立国库。中国人民银行和有关专业银行代理国家金库，设立核算预算的收纳、划分报解和库款支拨等业务的国库会计。它所提供的会计核算资料是各级财政总预算会计核算预算收入的基本会计资料来源。

国家税务机关、海关等系统设立预算收入征解会计，负责国家工商税收、关税以及国家指定其征收的其他预算收入，并对预算收入的征收、减免、缴库等进行会计核算。

此外还有政府性基金会计、财政托管基金会计、国有资产监管机构的国有资本金会计，政府委托管理机构的社会保障基金会计，国家重要物资储备部门的战略物资储备会计，也是财政管理和预算会计的重要内容。

二、预算会计的分级

1. 政府财政会计的分级

按照我国政府的行政体制，政府分为中央政府和地方各级政府。各级政府按照“统一领导，分级管理”的方式，贯彻“划分各级政府事权、财权，事权与财权相匹配”的原则。各级政府会计都以本级政府为会计主体，进行会计核算和提供财务报告。所以，有一级政府，就有一级政府财政会计。我国政府财政会计从总体上看包括中央、省、市、县、乡五个层级。

2. 行政事业单位会计的分级

行政事业单位会计组织系统主要依据预算经费的管理层次来进行设置，因此与预算的管理层次相对应。行政事业单位的会计组织系统分为一级预算单位（一级会计单位）、二级预算单位（二级会计单位）和基层预算单位（基层会计单位）。我国目前的预算经费拨付方式正在进行改革，由过去的向预算单位逐级直接拨付经费逐步改为国库单一账户体系统一存储、支付和清算。行政事业单位会计组织系统中各级组织的职责也发生了相应的变化。

（1）划拨资金方式下行政事业单位会计组织系统。在划拨资金的方式下，向同级财政部门领报经费，并对下一级会计单位转拨经费的行政事业单位，为一级会计单位。向上一级会计单位报领经费，并对下一级会计单位转拨经费的行政事业单位，为二级会计单位。向同级财政部门或上一级会计单位报领经费，没有下级会计单位的行政事业单位，为基层会计单位。

上述行政事业单位会计组织系统的级次，决定了各级行政事业单位在国家预算执行和经费拨领过程中的财务关系和会计信息报送、监督关系。

一级会计单位直接与财政部门发生经费领报关系。它向财政部门报送分月用款计划并依据该计划从财政部门取得预算经费，其中既包括本单位的经费，又包括由其转拨的所属会计单位的经费。一级会计单位对下属单位预算管理和会计核算负有指导和监督职责，它不仅有权支配本单位经费，还在一定程度上有权在所属的各单位之间分配预算拨款和预算外财政资金，调剂各所属单位的资金供应。

二级会计单位和基层会计单位分别向上一级会计单位报送分月用款计划，其经费由一级会计单位或上级会计单位逐级转拨，不能越级发生经费领报关系。非隶属关系的单位之间也不能发生经费领报关系。

（2）国库单一账户体系下的行政事业会计组织系统。在国库单一账户体系下，资金不再通过各级会计单位的账户层层下拨，而是由财政国库统一管理和支付。各预算级次单位的财务关系亦有所变化。

一级预算单位是指向财政部门汇总报送分月用款计划并提出财政直接支付申请的预算单位。二级预算单位是指向一级预算单位汇总报送分月用款计划并提出财政直接支付申请且有下属单位的预算单位。基层预算单位是指只有本单位开支，无下属单位的预算单位。一级、二级预算单位的本单位开支，视为基层预算单位管理。

复习思考题

1. 预算会计的概念。它与国家预算是什么关系？
2. 预算会计体系是如何组成的？如何分级的？
3. 预算会计与企业会计相比有哪些特点？
4. 预算会计的一般原则有哪些？
5. 预算会计要素有哪几个？
6. 预算会计的平衡等式是怎样的？

第二篇

政府财政会计

第二章 财政预算收入的核算

一、政府财政会计概述

（一）政府财政会计的概念

政府财政会计，也称财政总预算会计，是各级政府财政部门对财政总预算执行情况和财政资金活动进行核算与监督的专业会计。政府财政会计的会计主体是各级政府，其执行机构为各级政府的财政机关。

财政机关是组织国家财政收支，办理国家预算、决算的专职管理机关。其主要任务是将一部分国民收入以税收、上缴利润和其他缴款方式集中起来，形成政府的财政资金，再根据国家的社会发展规划和国民经济发展计划，通过预算的形式有计划地进行分配，为国家的行政管理、国民经济建设、国防建设以及教科文卫体等各方面事业的发展服务。

财政机关的职能决定了财政会计的对象和内容。财政机关集中各项财政资金形成财政收入，是一级财政的资金来源；以拨款和支出的形式分配使用财政资金形成财政支出，是财政资金的运用；在执行财政收支后，尚未使用的资金形成各项资金结余，是一级政府财政预算执行的结果。这种财政资金的收支、结存活动就是财政会计反映、监督的基本内容。因此，财政会计的对象就是各级政府的财政资金收支活动，是财政机关在执行总预算过程中，各项财政资金的集中、分配及其执行结果。

政府财政会计的体制是由国家预算体系和预算执行内容所决定的。详见第一章“预算会计的组成体系及分级”。

（二）政府财政会计核算的对象

政府财政会计核算的对象是由财政部门管理的财政资金内容所决定的。政府财政部门管理的财政资金主要包括以下几种。

1. 一般预算资金

一般预算资金是国家为了实现其职能，通过国家权力所集中的、没有特定来源和用途的资金。一般预算资金的来源主要是国家税收，用于国家进行经济建设、社会管理、维护国防安全、发展各项文化事业的各个方面。一般预算资金全部纳入国家财政预算管理，又与基金预算资金并称“预算内资金”。

2. 基金预算资金

基金预算资金是按政府的规定收取、转入或通过当年财政安排的，由各级财政管理并具有指定用途的政府性基金。基金预算资金收入的来源主要是政府非税收入。基金预算资金全部纳入国家财政预算。基金预算资金是一种收入和用途都有特定要求的资金，各个基金收支自求平衡。政府财政会计对基金预算资金要分别核算、报告。

3. 专用基金

专用基金是各级政府财政机关管理的、从一般预算资金中安排、具有专门用途的资金。目前财政部门管理的专用基金主要是各级政府设立的粮食风险基金。

4. 预算外资金

预算外资金是指地方政府依据法律、法规取得的没有纳入国家预算管理的财政资金。财政会计应当设置财政专户对预算外资金的收支活动进行核算。

5. 国有资本经营资金

国有资本经营资金是指政府从国有企业经营中取得的、专门用于国有企业投资或补贴的资金。国有资本经营的收入、支出、结余是国有资本经营资金运动的主要组成部分。财政会计应当对国有资本经营预算收入、支出和结余进行单独的核算。

6. 偿债基金

偿债基金是指政府在取得贷款后，为准备偿还贷款筹集的偿还性资金。

7. 社会保障基金

社会保障基金是指由财政部门及政府社会保障机构管理的各项社会保险资金，目前包括基本医疗保险资金、基本养老保险资金、失业保险资金、工伤保险资金、生育保险资金等。社会保障基金的实质权利人属于各个社会保险收益人。因此，社会保障基金属于政府的托管基金。

（三）政府财政会计核算的会计规范与会计科目

1. 政府财政会计核算的会计规范

目前财政会计规范主要包括：《财政总预算会计制度》、《财政部关于将按预算外资金管理的收入纳入预算管理的通知》、《社会保障基金财政专户会计核算暂行办法》、《国际金融组织贷款转贷会计制度》、《税收会计制度》、中国人民银行《国库会计核算业务操作规程》等。

2. 政府财政会计的会计科目

政府财政会计有资产、负债、基金、收入、支出五个会计要素，会计科目也相应地划分为五大类。本书所用的政府财政会计的会计科目见表 2-1。

表 2-1 政府财政会计科目表

序 号	编 号	会计科目名称	序 号	编 号	会计科目名称
		一、资产类			四、收入类
1	101	国库存款	23	401	一般预算收入
2	102	其他财政存款	24	405	基金预算收入
3	104	有价证券	25	406	国有资本经营预算收入
4	105	在途款	26	407	专用基金收入
5	111	暂付款	27	408	债务收入
6	112	与下级往来	28	409	债务转贷收入
7	121	预拨经费	29	411	补助收入
8	122	基建拨款	30	412	上解收入
9	125	财政零余额账户存款	31	414	调入资金
10	126	预付政府采购款	32	415	调入预算稳定调节基金
		二、负债类	33	423	财政专户管理资金收入
11	211	暂存款			五、支出类
12	212	与上级往来	34	501	一般预算支出
13	213	已结报支出	35	505	基金预算支出
14	222	借入款	36	506	国有资本经营预算支出
15	223	暂存政府采购款	37	507	专用基金支出
		三、净资产类	38	508	债务还本支出
16	301	预算结余	39	509	债务转贷支出
17	305	基金预算结余	40	511	补助支出
18	306	国有资本经营预算结余	41	512	上解支出
19	307	专用基金结余	42	514	调出资金
20	315	预算稳定调节基金	43	515	安排预算稳定调节基金
21	321	预算周转金	44	516	国有资本经营预算调出资金
22	323	财政专户管理资金结余	45	523	财政专户管理资金支出

会计科目是各级财政总预算会计设置会计账户的主要依据，一般不得擅自变更会计科目的名称。

二、财政预算收入的内容

财政预算收入是纳入国家财政预算管理、根据法律和法规所筹集的财政资金，主要包括一般预算收入、基金预算收入、国有资本经营预算收入、资金调拨收入等。

（一）一般预算收入的涵义

一般预算收入是指政府根据国家有关法律和法规，向公民、法人组织征收的非偿还性资金。通过一般预算收入所取得的财政资金应纳入政府的预算管理。各级政府财政会计，在年度预算执行过程中，应当积极配合各征收机关组织预算收入，监督预算收入及时、足额地缴入国库，加强预算收入的收纳、划分、报解和退库管理，协助国库工作，加速库款的集中，以保证有效地完成国家预算。

根据财政部发布的《政府收支分类科目》，一般预算收入主要划分有如下 4 类。

（1）税收收入类。

（2）非税收入类。

（3）债务收入类包括纳入预算收支管理的向国内及国外借款的本金收入。

（4）贷款转贷回收本金收入类。

这类收入主要包括国内贷款回收本金收入、国外贷款回收本金收入、国内转贷回收本金收入和国外转贷回收本金收入。

（二）基金预算收入的内容

基金预算收入是按规定收取、转入或通过当年财政安排，由财政管理并具有指定用途的政府性基金收入。根据财政部制定的《基金预算收支科目》，基金预算收入主要包括非税收入和转移性收入两大类。

1. 非税收入

非税收入主要是政府性基金收入，如三峡工程建设基金收入、煤炭可持续发展基金收入、铁路建设基金收入、民航基础设施建设收入、公路客货运附加费收入、旅游发展基金收入、文化事业建设收入、地方教育附加收入、林业基金收入、水资源补偿收入等。

2. 转移性收入

转移性收入主要包括政府性基金转移收入、基金预算调入资金。

（三）专用基金收入的核算

专用基金是指财政总预算会计管理的各项专用基金，如粮食风险基金。专用基金必须专款专用，不能随意改变用途，而且在管理上应当先收后支，量入为出。专用基金是财政部门按规定设置或取得的单独管理的资金，一般要求开设专户存储。

专用基金收入用来核算财政部门按规定设置或取得的专用基金收入。

（四）国有资本经营预算收入的核算

国有资本经营资金是各级政府财政收入与支出的重要组成部分。为了核算和监督国有资本经营的活动，加强对这部分资金的预算管理，财政总预算会计必须将国有资本经营活动纳入其核算范围。

依据财政部颁布的《政府收支分类科目》，国有资本经营预算收入包括：利润收入、股利、股息收入、产权转让收入、清算收入、其他国有资本经营预算收入等。

（五）地方政府债券发行收入的核算

地方政府债券是指地方政府为了筹资财政资金而发行的政府债券。地方政府债券一般由财政部代理发行。

（1）债务收入核算的是省级财政部门作为债务主体，发行地方政府债券收到的发行收入。

（2）债务转贷收入核算的是省级以下财政部门（不含省级）收到的来自上级财政部门转贷的债务收入。

（六）财政资金调拨收入

财政资金调拨是中央财政与地方财政、地方上下级财政等不同级财政之间，以及同级财政不同资金项目之间调拨资金、平衡各级预算收支的一种手段。财政资金调拨主要包括：①上下级财政之间通过上级补助和下级上解方式进行的资金调拨；②同级财政不同资金项目之间的资金调拨，主要用于弥补预算赤字，平衡预算收支。此外，各级财政部门为了调剂年度内季节性收支差额，还要设置预算周转金等，主要包括：补助收入、上解收入和调入资金。

预算补助是指按财政体制规定或因专项需要由上级财政补助给下级财政的款项。对于下级财政则是补助收入，对于上级财政来说是补助支出。

预算上解也称下级上解，是指按财政体制规定，将下级财政的一部分预算资金解缴到上级财政。预算上解，对于上级财政来说是上解收入，而对于下级财政来说，则是上解支出。

调入资金是为了平衡预算从预算外收入或自筹收入中调入资金，以及按规定从其他渠道调入资金。调入资金属于预算内外资金的横向调度，不涉及上下级预算的收支变动。

（七）调入预算稳定调节基金

调入预算稳定调节基金是核算为弥补财政短收年份预算执行收支缺口，调用的预算稳定调节基金。

三、财政预算收入的收纳、划分和报解

（一）组织预算收入的机构

为了组织和监督预算收入，国家设立了专门征收和管理机构，包括征收机关和国家

金库。

1. 征收机关

国家预算经过法定程序批准后，必须正确地组织实施，保证预算收入任务的完成。国家预算收入的执行是由财政部门负责组织的。但是由于各项预算收入的性质和来源不同，其征收方法也有所不同，国家成立了相应的征收机关，具体负责征收和监缴各项预算收入。我国的征收机关主要有税务机关、海关、财政机关、执收单位等。

税务机关负责征收增值税、消费税等各种工商税收，以及企业所得税、其他应由税务机关征收的各类预算收入等。

海关负责征收关税，进出口产品的增值税，消费税等。

财政机关负责征收国有企业上缴利润、其他收入等。

不属于上述范围的预算收入，以国家规定负责管理执行征收职能的单位为征收机关，又称执收单位。

2. 国家金库

国家金库简称国库，是执行国家预算的唯一收纳、划分和报解机关。一切预算收入都必须缴入国库，一切预算支出都必须从国库支拨。我国国家金库机构是按照国家统一领导、分级管理的财政体制设立的，原则上一级财政设立一级国库，国家各级国库都由中国人民银行负责经理。目前，我国国库设有总库、分库、中心支库和支库四级。中国人民银行总行负责经理总库；各省、自治区、直辖市分行负责经理分库；计划单列市分行可设置分库，其国库业务受省分库领导；省辖市、自治州和成立一级财政的地区，由市、地（州）分、支行经理中心支库；县（市）支行（城市区办事处）经理支库。支库以下可设置国库经收处，业务由专业银行的分支机构办理，负责收纳、报解财政库款，国库经收处不是一级独立的国库，其业务工作受支库领导。

国家金库是国家预算执行工作的重要组成部分，担负着办理国家预算收支，反映国家预算执行情况的重要任务。各级国库的主要职责如下：

第一，正确、及时地收纳各项国家预算收入。根据国家财政管理体制规定的收入级次和上级财政机关确定的分成留解比例，正确、及时地办理各级财政库款的划分和留解，以保证各级财政预算资金的运用。

第二，按照财政制度的有关规定和银行的开户管理办法，为各级财政机关开立账户。根据同级财政机关填发的拨款凭证，办理库款支拨。

第三，对各级财政库款和预算收入进行会计账务核算，按期向同级财政机关、征收机关和上级国库报送日报、旬报、月报和年度决算报表，定期同财政机关、征收机关对账，以保证数字准确一致。

第四，协助财政机关、税务机关组织预算收入。国库要分析预算执行情况，协助财政机关、税务机关组织预算收入及时缴库。国库要负责根据征收机关填发的凭证核收滞纳金，协助税务机关扣收个别单位屡催不缴的应缴预算收入，并监督库款的退付。

第五，组织管理和检查指导下级国库和国库经收处的工作，总结工作经验，解决存在的问题。

第六，办理国家交办的与国库有关的其他工作。

为了保证各级国库能正确地履行其职责，必须赋予国库相应权限，主要权限如下：

第一，监督预算收入的缴库。按照国库单一账户制度的要求，所有财政收入都应当直接缴入国库。各级国库有权监督检查国库征收处和其他征收机关所收款项，是否及时足额缴入国库，如果发现拖延或违法不缴的，应当及时查处。

第二，正确执行预算收入划分和留解规定。国库要按照国家财政管理体制规定正确地划分和留解预算收入，对于违反规定的，有权拒绝执行。

第三，按照规定办理收入退库。各级财政、税务机关应按国家统一规定的退库范围、项目和审批程序办理退库。国库有权对收入退库进行监督，对于不符合规定的，有权拒绝执行。

第四，监督财政库款的支拨。按照国库单一账户制度要求，财政资金在实际使用时应从国库账户中直接支拨。对于违反财政制度规定的，国库有权拒绝执行。

第五，拒绝办理违反国家规定的事项。任何单位和个人强令国库办理违反国家规定的事项，国库有权拒绝执行。

第六，拒绝受理不合规定的凭证。对于不符合规定的缴退库凭证，或者填写不清楚、不准确的凭证，国库有权拒绝受理。

（二）预算收入的收纳

1. 预算收入的缴库方式

预算收入的收缴是预算执行的一个重要方面。为了保证财政收入及时、完整地收缴，国家预算收入的缴库，一律通过国库办理。

财政部和中国人民银行于 2001 年 3 月发布了《财政国库管理制度改革试点方案》。该方案明确规定要建立和完善以国库单一账户体系为基础、资金缴拨以国库集中收付为主要形式的财政国库管理制度。该方案规定财政收入的缴库方式主要包括两种：直接缴库方式和集中汇缴方式。

（1）直接缴库方式。这是由预算单位或缴款人按法律法规规定，直接将收入缴入国库单一账户（属预算内的）或预算外资金财政专户（属预算外的）的收入缴库方式。直接缴库方式不需设立各类过渡性账户，因而缩短了财政收入的入库时间。实行这种缴库方式的收入，包括税收收入、社会保障缴款、非税收入、转移和捐赠收入、贷款回收本金和产权处置收入以及债务收入。在直接缴库方式下，直接缴库的税收收入，由纳税人或税务代理人提出纳税申报，经征收机关审核无误后，由纳税人通过开户银行将税款缴入国库单一账户；直接缴库的其他收入，比照上述程序缴入国库单一账户或预算外资金财政专户。

（2）集中汇缴方式。这是由征收机关和依法享有征收权限的单位按法律法规的规定，将所收取的应缴收入汇总直接缴入国库单一账户（属预算内的）或预算外资金专户（属预算外的）的收入缴库方式。集中汇缴方式也不需设立过渡性账户。实行这种缴库方式的收入，主要是小额零散税收和非税收入中的现金缴款。在集中汇缴方式下，小额零散税收和法律另有规定的应缴收入，由征收机关于收缴收入的当日汇总缴入国库单一账户。非税收入中的现金缴款，比照上述程序缴入国库单一账户或预算外资金财政专户。

2. 预算收入的缴款凭证

预算收入在缴入国库时，必须填制缴款凭证，即缴款书。它是国库办理收纳预算收入唯一合法的原始凭证，也是各级征收机关、国库、银行和缴款单位分析检查预算收入任务完成情况，进行记账统计的重要基础资料。缴款书一般分为工商税收专用缴款书、一般缴款书和其他缴款书三种。

（三）预算收入的报解

预算收入的报解是指本级国库向上级国库和财政部门报告预算收入情况，并将属于上级财政的预算收入分别解缴到中心支库、分库和总库。报解包含报和解两层含义：报就是国库要向各级财政机关报告预算收入情况，分别向中央、省、地区（市）、县编报预算收入日报表，以便各级财政机关掌握预算收入的进度和情况；解就是国库要在进行各级预算收入的划分和办理收入分成后，将财政库款解缴到财政机关在银行的国库存款户，凡属于本级财政的库款直接划入同级财政国库存款户，属于上级财政的库款，应通过上级国库层层汇解缴到各级财政的国库存款户。

1. 支库预算收入的报解

支库是基层国库，各级预算收入款项以缴入支库为正式入库。国库经收处只是代收，不能作为正式入库。支库收纳的预算收入款项，一般应于当日办理库款的报解，确实来不及的，可以在次日上午办理，但月底日收纳的预算收入，必须当日报解。支库办理库款报解时，应当按预算级次、预算科目编制预算收入日报表。

基层国库收到属于中央预算固定收入、省级预算固定收入、地（市）级预算固定收入时，凭缴款书，直接编制预算收入日报表，将款项逐级报解到上级国库。预算收入日报表填写时应一式三份，一份留存，一份附缴款书回执联送征收机关，一份附缴款书报查联随划款报单上划分库或中心支库。属于本级预算固定收入，也应按缴款书编制预算收入日报表一式三份，一份留存，一份附缴款书回执联送交征收机关，一份送财政机关。属于分成收入的，还应编制分成收入计算日报表，按上级规定的分成比例对参与分成的收入办理分成留解，分成收入计算日报表一式三份，一份留存，一份送县财政机关，一份随划款报单上报中心支库。分成收入计算日报表格式见表 2-2。

表 2-2　分成收入计算日报表

级次：　　　　　　　　　　　　　　　年　　月　　日

分 成 项 目	本 日 收 入	本 年 累 计
收入总额		
60%地（市）级分成		
40%县级分成		

国库（公章）　　　　　　　　　　复核　　　　　　　　　　制表

2. 中心支库预算收入的报解

中心支库预算收入的报解，主要包括中心支库直接收纳的预算收入的报解和所属各支库收纳后上报的预算收入的报解。中心支库直接收纳的预算收入报解，基本上与支库报解的程序相同。中心支库收到支库上报的地（市）级预算收入日报表、分成收入计算表和上划库款报单，经审核无误后，应分别加以汇总，编制地（市）级预算收入日报表一式两份，一份留存，一份送财政机关。中心支库汇总各支库上报的分成收入计算表的收入总额后，加计地（市）级预算收入合计数字，即是地（市）预算收入总额，然后按照省财政规定的分成比例办理分成留解，汇总编制地（市）级分成收入计算表，属于上解部分上划省分库。没有上解任务的地（市），中心支库仍应上报分成收入计算表，以便分库汇总计算地方预算收入的分成总额。表中地（市）级留存数与预算收入总额一致。

3. 分库预算收入的报解

分库预算收入报解主要包括分库直接收纳的中央、省级预算收入的报解和支库、中心支库上划的预算收入的报解。分库直接收纳的预算收入的报解，基本与支库报解的程序相同，分库收到中心支库上划的中央预算收入和省级预算收入缴款书，属于中央预算收入的缴款书，留分库备查；属于省级预算收入缴款书连同本级收纳的预算收入缴款书，随同收入日报表送同级财政部门。分库汇总中心支库分成收入计算表的收入总额数字后，加计省（自治区、直辖市）本级预算收入中属于分成收入各科目的合计数，即为省（自治区、直辖市）预算分成收入总额，并编制全省的分成收入计算表，报送同级财政部门，同时将属上解部分上划总库。没有分成上解任务的省（自治区）分库，仍应上报地方预算收入总额以便总库汇总核对分析预算执行情况。

4. 总库预算收入的报解

总库预算收入的报解主要包括总库直接收纳的预算收入和分库上划的预算收入的报解。总库直接收纳的预算收入的处理方法，可以比照支库方法办理。总库收到分库上划的预算收入库款、收入日报表和分成收入计算表，经审核后编制汇总的中央预算收入日报表一式两份，一份留存，一份报财政部。

（四）预算收入的审核

各级政府财政会计在办理预算收入时，要加强会计监督。政府财政会计必须对国库每日报来的预算收入日报表、分成收入计算日报表及所附的各种收入缴库凭证等进行审核，审核无误后，才能入账。除了一般的数字关系等技术性审核外，还应着重审核以下几方面：

1. 审核预算级次

预算收入的划分，应当按照财政管理体制规定的收入划分范围审核。划清上级财政的固定收入与本级财政固定收入的界限，正确计算上下级财政之间的分成收入。发现差错，应当及时更正，以免打乱上下级财政之间的收入划分。

2. 审核分成比例

政府财政会计应当审核分成收入的收入总额是否齐全、准确，有无遗漏项目或地区，分成收入的留解比例是否按上级财政机关的文件规定执行。

3. 审核预算科目

政府财政会计应当按照国家的统一规定认真审核预算收入科目是否正确。对于用错国家预算收入科目的，应当及时办理更正，以免影响财政体制的贯彻执行。

四、财政预算收入的核算

（一）一般预算收入的核算

各级政府财政会计办理一般预算收入的核算，主要是以同级国库报来的预算收入日报表和分成收入计算日报表以及所附的缴款书等原始凭证为依据。政府财政会计要对每天报来的上述原始凭证进行审核，经审核无误后才能进行会计核算。

1. 一般预算收入核算的会计科目

为了正确核算一般预算收入，政府财政会计应设置“一般预算收入”科目。该科目用来核算各级财政部门组织纳入预算的各项收入。“一般预算收入”科目属于收入类科目，其贷方登记从国库报来的各项预算收入增加数，当日预算收入为负数时，以红字记入（采用计算机记账时，用负数反映）；借方登记年终结转数。平时贷方余额反映预算收入累计数，月末，应将该科目贷方余额全数转入“预算结余”科目。“一般预算收入”科目应根据政府预算收支科目中的一般预算收入科目（不含一般预算调拨收入类）设置相应明细科目。

由于库款的报解需要一定的邮递时间，年终就会存在国库经收处或各级国库已经在年前收纳，但尚未转划到支库或尚未报解到各该上级国库的各种收入，这些款项称为在途款。为了在年终决算中全面反映各级收入总额，各级财政总会计应设置“在途款”科目。该科目属于资产类科目，用来核算决算清理期内发生的上、下年度收入支出业务以及需要通过本科目过渡处理的资金数，借方登记发生数，贷方登记冲转数。

2. 一般预算收入的账务处理

政府财政会计收到国库报来的预算收入日报表时，经审核无误，应按所列当日预算收入数，借记“国库存款”科目，贷记“一般预算收入”科目；如果当日的收入数为负数，应以红字记入。月末，将“一般预算收入”科目的贷方余额全数转入“预算结余”科目，借记“一般预算收入”科目，贷记“预算结余”科目。

【例 2-1】某县财政局有关预算收入业务如下：

（1）某县财政局 201×年 1 月 3 日收到县支库报来的本级预算收入日报表，列报收到的县级预算收入为 560 000 元，属于本县财政的固定收入。

根据县支库报来的预算收入日报表等原始凭证编制会计分录如下：

借：国库存款　　560 000

　贷：一般预算收入　　560 000

（2）某县财政局 201×年 1 月 5 日收到县支库报来的分成收入计算日报表，列报总收入金额为 500 000 元，县级财政分成 40%，收入金额为 200 000 元；市级财政分成 60%，收入金额为 300 000 元。

根据县支库报来的分成收入计算日报表等原始凭证编制会计分录如下：

借：国库存款　　200 000

　贷：一般预算收入　　200 000

（3）某县财政局在 201×年 1 月 6 日收到县支库报来上年预算收入日报表，列报预算收入 72 000 元已收到。

该县政府财政会计在上年度旧账上的会计分录为：

借：在途款　　72 000

　贷：一般预算收入　　72 000

201×年度收到该预算收入时的会计分录为：

借：国库存款　　80 000

　贷：在途款　　80 000

（二）基金预算收入的核算

1. 基金预算收入核算的要求

基金是一种专用性资金，在管理与核算上不同于一般的预算资金。政府财政会计在管理与核算基金预算收入时，应当遵循以下要求：

（1）先收后支，自求平衡。政府财政会计必须在已有基金预算收入数额的范围内办理基金预算支出，要求基金预算收入与基金预算支出在时间和数量上都收支平衡。

（2）专款专用，分项核算。基金预算收入应当专款专用，相应的基金预算收入应当用于相应的基金预算支出，各项基金预算收入与基金预算支出之间不能相互调剂使用。政府财政会计在核算基金预算收入时，要分项核算，按照政府预算收支科目中的基金预算收支科目设置明细账。

2. 基金预算收入的账务处理

为了核算各级财政部门管理的政府性基金预算收入，政府财政会计应设置“基金预算收入”科目。该科目属于收入类会计科目，贷方登记取得基金预算收入的数额，借方登记月末转入“基金预算结余”科目的数额，平时余额在贷方，反映当月基金预算收入累计数。月末时，应将该科目贷方余额全数转入“基金预算结余”科目。

政府财政会计在核算取得基金预算收入时，应借记“国库存款”科目，贷记“基金预算收入”科目；对于财政部明文规定在指定银行存储的基金，应按规定办理转存手续；基金预算收入在银行的存款利息收入，作为基金预算收入处理；月末转账时，将本科目贷方余额全数转入“基金预算结余”科目，借记“基金预算收入”科目，贷记“基金预算结余”科目。各项基金预算收入的入账应以缴入国库数或总预算会计实际收到数额为准。

【例 2-2】某市财政局 201×年发生基金预算收入的业务和会计分录如下：

（1）收到林业基金收入 18 500 元。

借：国库存款	18 500	
贷：基金预算收入——林业基金收入		18 500

（2）收到地方教育附加收入共计 12 000 元。

借：国库存款	12 000	
贷：基金预算收入——地方教育附加收入		12 000

（3）收到国库报来的上年度旅游发展基金收入 48 000 元。

上年旧账上会计分录为：

借：在途款	48 000	
贷：基金预算收入——旅游发展基金收入		48 000

今年收到款项时，作如下会计分录：

借：国库存款	48 000	
贷：在途款		48 000

（4）基金预算收入在银行的存款利息收入 80 000 元。

借：国库存款	80 000	
贷：基金预算收入——利息收入		80 000

（三）专用基金收入的核算

专用基金是指财政总预算会计管理的各项专用基金，如粮食风险基金。专用基金必须专款专用，不能随意改变用途，而且在管理上应当先收后支，量入为出。专用基金是财政部门按规定设置或取得的单独管理的资金，一般要求开设专户存储。

政府财政会计设置“专用基金收入”科目，用来核算财政部门按规定设置或取得的专用基金收入。该科目贷方登记取得的专用基金收入，借方登记专用基金收入的退回或转出数，平对余额在贷方，反映专用基金收入的累计数。月末，应将该科目贷方余额全部转入

“专用基金结余”科目。

政府财政会计在核算从上级财政部门或通过本级预算支出安排取得的专用基金收入时，应借记“其他财政存款”科目，贷记“专用基金收入”科目；退回专用基金收入时，作相反的会计分录；月末转账时，将“专用基金收入”科目余额全部转入“专用基金结余”科目，借记“专用基金收入”科目，贷记“专用基金结余”科目。专用基金收入的核算应以政府财政会计实际收到的数额为准。

【例 2-3】某市财政局 201×年发生专用基金收入的业务和会计分录如下：

（1）从上级财政部门取得专用基金收入 800 000 元。

借：其他财政存款——专用基金存款　　800 000

　贷：专用基金收入　　800 000

（2）从本级预算支出安排取得专用基金收入 260 000 元。

借：一般预算支出　　260 000

　贷：国库存款　　260 000

同时：

借：其他财政存款——专用基金存款　　260 000

　贷：专用基金收入　　260 000

（3）退回从上级财政部门取得的专用基金收入 190 000 元。

借：专用基金收入　　190 000

　贷：其他财政存款——专用基金存款　　190 000

（四）国有资本经营预算收入的核算

国有资本经营资金是各级政府财政收入与支出的重要组成部分。为了核算和监督国有资本经营的活动，加强对这部分资金的预算管理，财政总预算会计必须将国有资本经营活动纳入其核算范围。

1. 国有资本经营预算收入内容

依据财政部颁布的《政府收支分类科目》，国有资本经营预算收入属于非税收入类，具体包括以下内容：

（1）利润收入。这是指各类国有企业实现并上缴财政的利润。

（2）股利、股息收入。这是指国有控股或参股公司支付给国有股东的股利、股息。

（3）产权转让收入。这是指国有股权、股份转让取得的收入或者国有独资企业产权转让取得的收入。

（4）清算收入。这是指国有股权、股份清算或国有独资企业清算取得的收入。

（5）其他国有资本经营预算收入。

2. 国有资本经营预算收入的账务处理

为了核算和监督国有资本经营收入，财政会计应设置“国有资本经营预算收入”科目。

“国有资本经营预算收入”科目属于收入类科目，本科目核算各级财政部门管理的国有资本经营预算收入。取得国有资本经营预算收入时，借记“国库存款”科目，贷记本科目。年终转账时，将本科目贷方余额全数转入“国有资本经营预算结余”科目，借记本科目，贷记“国有资本经营预算结余”科目。本科目平时贷方余额，反映当年国有资本经营预算收入累计数。本科目应按政府收支分类科目中“国有资本经营收入”款级科目下的项、目级科目设置相应明细账。

【例 2-4】某市财政局 201×年发生国有资本经营收入业务和会计分录如下：

（1）9 月 5 日，收到市属国有独资企业上缴的利润 7 800 000 元，已存入国库。

借：国库存款	7 800 000	
贷：国有资本经营预算收入		7 800 000

（2）9 月 10 日，收到转让国有股权收入 4 900 000 元，已存入国库。

借：国库存款	4 900 000	
贷：国有资本经营预算收入		4 900 000

（五）地方政府债券发行收入的核算

地方政府债券是指地方政府为了筹资财政资金而发行的政府债券。地方政府债券一般由财政部代理发行。为了核算地方政府债券，财政会计需要设置“债务收入”科目、“债务转贷收入”科目。

1. 债务收入的核算

为了核算省级财政部门作为债务主体，发行地方政府债券收到的发行收入，财政会计应设置“债务收入”科目，该科目属于收入类会计科目，应按照政府收支分类科目规定设置明细账。

省级财政部门实际收到地方政府债券发行收入时，借记“国库存款”科目，贷记“债务收入——财政部代理发行地方政府债券收入”科目；年终转账时，将本科目贷方余额全部转入“预算结余”科目，借记本科目，贷记“预算结余”科目；本科目平时贷方余额，反映省级财政部门当年实际收到的地方政府债券发行收入累计数。

地方各级财政部门上缴本级承担的地方政府债券发行手续费时，借记“一般预算支出——国内外债务发行”科目，贷记“国库存款”科目。

地方各级财政部门未按时上缴地方政府债券发行手续费，通过年终结算扣缴时，借记“暂付款——××地方政府债券发行手续费”科目，贷记“与上级往来”科目；列报支出时，对应由本级财政部门承担的发行手续费支出，借记“一般预算支出——国内外债务发行”科目，贷记“暂付款——××地方政府债券发行手续费”科目。

上级财政部门年终结算扣缴时，借记“与下级往来”科目，贷记“暂存款——××地方政府债券发行手续费”科目或“暂付款——××地方政府债券发行手续费”科目。

地方各级财政部门将债务收入或债务转贷收入安排用于本级政府实际支出时，借记

“一般预算支出”科目，贷记“国库存款”科目。

【例 2-5】 经批准 201×年某省政府发行地方政府债券 25 亿元，有关业务如下：

（1）省财政部门已收到发行债券收入 25 亿元并缴入国库。财政会计应编制如下会计分录：

借：国库存款　　2 500 000 000

　贷：债务收入——财政部代理发行地方政府债券收入　　2 500 000 000

（2）省财政部门上缴地方政府债券发行手续费 50 万元，已由国库支付。

借：一般预算支出——国内外债务发行　　500 000

　贷：国库存款　　500 000

2. 地方政府债务转贷收入的核算

为了核算省级以下财政部门（不含省级，下同）收到的来自上级财政部门转贷的债务收入，财政会计应设置“债务转贷收入”科目，该科目属于收入类会计科目，应按照“政府收支分类科目”规定设置明细账。

省级以下财政部门实际收到债务转贷收入时，借记“国库存款”科目，贷记“债务转贷收入——转贷财政部代理发行地方政府债券收入”科目；年终转账时，将本科目贷方余额全部转入“预算结余”科目，借记本科目，贷记“预算结余”科目；本科目平时贷方余额，反映省级以下财政部门当年实际收到的来自上级财政部门转贷的债务收入累计数。

【例 2-6】 201×年甲省财政部门用发行的地方政府债券收入转贷给下级乙市政府财政部门 3 亿元。

乙市财政会计应编制如下会计分录：

借：国库存款　　300 000 000

　贷：债务转贷收入——转贷财政部代理发行地方债券收入　　300 000 000

（六）财政资金调拨收入的核算

财政资金调拨是中央财政与地方财政、地方上下级财政等不同级财政之间以及同级财政不同资金项目之间调拨资金、平衡各级预算收支的一种手段。财政资金调拨主要包括：① 上下级财政之间通过上级补助和下级上解方式进行的资金调拨；② 同级财政不同资金项目之间的资金调拨，主要用于弥补预算赤字，平衡预算收支。此外，各级财政部门为了调剂年度内季节性收支差额，还要设置预算周转金等。

1. 预算补助收入的核算

（1）预算补助的内容。

预算补助是指按财政体制规定或因专项需要由上级财政补助给下级财政的款项。对于下级财政是补助收入，对于上级财政来说则是补助支出。预算补助按具体内容可分为体制补助和单项补助两种。

① 体制补助。

体制补助是指上级财政对支出大于收入的地区，在财政体制划定的预算收支范围内弥补其支出大于收入部分的款项。

② 单项补助。

单项补助是指没有纳入预算包干体制，按规定年终单独结算、由上级财政专项补助的款项，以及一些临时性补助。上级财政对下级财政的某些一次性、不宜固定包干的预算支出，可采用单项补助方式，如自然灾害、企业上划、价格调整等导致下级财政减收增支的事项，可由上级给予单项补助。

（2）预算补助收入的账务处理。

为了核算预算补助的收入，政府财政会计应设置“补助收入”科目。“补助收入”科目属于收入类会计科目，用来核算上级财政部门拨来的补助款，包括税收返还收入、按财政体制规定由上级财政补助的款项、上级财政对本级的专项补助和临时性补助。该科目贷方登记实际收到的上级财政拨来的补助款，借方登记退还上级补助数及年终转出数，平时余额在贷方，反映上级补助收入累计数，年终时，该科目贷方余额应转入“预算结余”等科目。该科目应按补助资金性质设置“一般预算补助”和“基金预算补助”两个明细科目。

政府财政会计在核算本级财政收到上级拨来的补助款时，应借记“国库存款”科目，贷记“补助收入”科目；财政部门与上级财政的往来款项中一部分转作上级补助收入时，应从“与上级往来”科目转入“补助收入”科目，借记“与上级往来”科目，贷记“补助收入”科目；财政部门退还上级补助时，应借记“补助收入”科目，贷记“国库存款”科目。年终，将“补助收入”科目余额分别转入“预算结余”等科目。借记“补助收入”科目，贷记“预算结余”科目。

【例 2-7】甲县财政局有关补助收入的业务如下：

（1）收到市财政局用一般预算资金拨来的专项补助款 200 000 元。

借：国库存款　　200 000

　贷：补助收入——一般预算补助　　200 000

（2）收到市财政局用一般预算资金拨来的居民粮油价格补助款 580 000 元。

借：国库存款　　580 000

　贷：补助收入——一般预算补助　　580 000

（3）在业务（2）的粮油价格补助款中，因计算有误，多拨了 90 000 元，甲县财政局收到市财政局通知，应将多拨 90 000 元退回市财政，先转作往来款处理。

借：补助收入——一般预算补助　　90 000

　贷：与上级往来　　90 000

（4）收到市财政局通知，将往来款 400 000 元转作对该县一般预算补助。

借：与上级往来　　400 000

　贷：补助收入——一般预算补助　　400 000

2. 预算上解收入的核算

（1）预算上解的内容。

预算上解也称下级上解，是指按财政体制规定，将下级财政的一部分预算资金解缴到上级财政。预算上解，对于上级财政来说是上解收入，而对于下级财政来说，则是上解支出。预算上解，按其具体内容和方式可分为体制上解和单项上解。

① 体制上解。

体制上解是上级财政对预算收入大于支出的地区核定上解比例或数额，由国库逐日根据预算收入的入库情况和规定的上解比例或上解数额办理分成上解，年终再按体制和已上解数额进行结算。

② 单项上解。

单项上解是指下级财政部门按规定要求专项上解的款项和其他一次性、临时性的上解款项。在国家预算执行过程中，由于国家采取某些财政经济措施或机构调整，引起上下级财政收入发生变化，如收入转移，打破了原来收入级次归属，形成原来上级的预算收入转为下级预算收入，或原来下级预算收入转为上级预算收入。这样，就要在上下级财政之间调整收支。单项上解就是下级财政部门将所增加的收入上解给上级财政部门。

（2）预算上解收入的账务处理。

政府财政会计为了核算预算上解的收入与支出情况，应设置“上解收入”科目与“上解支出”科目。

“上解收入”科目，属于收入类会计科目，用来核算下级财政上缴的预算上解款，具体包括：①按体制规定由国库在下级预算收入中直接划解给本级财政的款项；②按体制结算后下级财政补缴给本级财政的款项和各种专项上解款项。该科目贷方登记上解收入的增加数，借方登记退还数和年终结转数，平时余额在贷方，反映下级上解收入累计数。年终，该科目贷方余额应全数转入“预算结余”等科目。该科目应按上解资金类别设置明细科目。本级财政的“上解收入”应与所属下级财政的“上解支出”数额相等。

政府财政会计在核算本级财政收到下级上解款时，应借记“国库存款”科目，贷记“上解收入”科目；如果发生收入退回，应按退回数，借记“上解收入”科目，贷记“国库存款”科目。年终，将“上解收入”科目的余额全数转入“预算结余”等科目，借记“上解收入”科目，贷记“预算结余”等科目。

【例 2-8】某市财政局有关预算上解的业务和会计分录如下：

（1）市财政局收到所属甲县的一般预算上解款 600 000 元。

借：国库存款	600 000	
贷：上解收入——一般预算上解		600 000

（2）市财政局将已收到的所属乙县的一般预算上解款 530 000 元退还给乙县财政。

借：上解收入——一般预算上解	530 000	
贷：国库存款		530 000

（3）年终，市财政局将“上解收入——一般预算上解”科目贷方余额 820 000 元转入“预算结余”科目。

借：上解收入——一般预算上解	820 000	

贷：预算结余 820 000

3. 调入资金的核算

调入资金是为了平衡预算从预算外收入或自筹收入中调入资金以及按规定从其他渠道调入资金。调入资金属于预算内外资金的横向调度，不涉及上下级预算的收支变动。调入资金仅限于地方弥补财政总决算赤字。在年终决算时，一次性使用。未经财政部批准，不得扩大调入资金范围。

为了核算各级财政部门因平衡预算收支而从预算外资金结余以及其他渠道调入的资金，政府财政会计应设“调入资金”科目。该科目属于收入类会计科目，应按调入资金类别设置二级科目，如“一般预算调入资金”、“基金预算调入资金”等。调入资金时，应借记“国库存款”科目，贷记“调入资金”科目；年终，该科目贷方余额应转入“预算结余”、“基金预算结余”等科目，借记“调入资金”科目，贷记“预算结余”、“基金预算结余”等科目。

【例 2-9】某市财政局有关资金调拨的业务和会计分录如下：

市财政局将自筹资金 300 000 元调入预算内。

借：国库存款 300 000

贷：调入资金——一般预算调入资金 300 000

（七）调入预算稳定调节基金的核算

预算稳定调节基金是从财政超收收入中安排的用于调节年度预算平衡的基金。预算稳定调节基金是核算财政总预算会计中预算稳定调节基金的增减变动情况。为了核算需要，设置“调入预算稳定调节基金”科目。

“调入预算稳定调节基金”科目属于收入类科目，该科目核算为弥补财政短收年份预算执行收支缺口，调用的预算稳定调节基金。年度终了，为弥补财政短收年份预算执行收支缺口，调用预算稳定调节基金时，借记“预算稳定调节基金”科目，贷记本科目。年终转账时，将“调入预算稳定调节基金”科目余额全部转入“预算结余”科目，借记“调入预算稳定调节基金”科目，贷记“预算结余”科目。

【例 2-10】某市财政局有关预算稳定调节基金的业务和会计分录如下：

201×年市财政局为了弥补预算缺口，从预算稳定调节基金中调用 7 000 000 元。

借：预算稳定调节基金 7 000 000

贷：调入预算稳定调节基金 7 000 000

复习思考题

1．国库的职责和权限是什么？

2．财政总预算会计的含义是什么？它的特点有哪些？

3．什么是预算收入？它主要包括哪些内容？

4．财政总预算会计核算的对象是什么？

5．预算收入的缴库方式有哪几种？

6．我国预算收入是如何划分的？支库预算收入如何报解？

7．预算收入退库应遵循哪些原则？预算收入的错误如何更正？

8．什么是基金预算收入？如何核算基金预算收入？

9．国有资本经营预算收入主要核算哪些内容？

10．什么是预算补助？主要包括哪些内容?怎样进行账务处理？

11．什么是预算上解？主要包括哪些内容?怎样进行账务处理？

12．什么是调入资金？试说明调入资金账务处理程序。

13．什么是预算稳定调节基金？什么是调入预算稳定调节基金？

14．什么是专用基金收入？

15．什么是债务收入和债务转贷收入？

第三章 财政预算支出和结余的核算

一、财政预算支出的管理和核算

（一）财政预算支出的概念和内容

财政预算支出是政府为实现其职能，对财政资金的再分配，主要包括一般预算支出、基金预算支出、财政资金调拨支出等。

1. 财政预算支出的概念

一般预算支出是指列入各级政府财政预算，用预算收入安排的支出。它是国家对集中的预算收入有计划地分配和使用而安排的支出，主要用于发展经济，提高人民物质和文化生活水平，加强国家行政管理，巩固国防等方面的开支。一般预算支出项目的设置和内容，应符合政府收支分类科目的规定。

基金预算支出是用基金预算收入安排的支出，其支出内容与基金预算收入相对应。

2. 财政预算支出的分类

在现代财政学中，支出可按不同的分类标准进行多种分类，如按支出功能分类、按支出用途分类、按费用类别分类、按经济性质分类等。

从加强支付管理的目的出发，可按支出是否对资源和生产要素形成直接需求的标准，将预算支出分为购买性支出和转移性支出两大类。其中购买性支出又可按购买标准的特点进一步细分为工资支出、购买支出和零星支出三种。工资支出是指购买预算单位工作人员劳务发生的支出；购买支出是指除工资支出、零星支出以外用于购买劳务、货物和工程项目发生的支出；零星支出是指按量化指标确定的日常小额购买支出，在实际操作中，可以结合政府采购制度的规定，将未列入《政府采购品目分类表》所列政府采购品目，或列入该品目但未达到规定数额的支出，界定为零星支出。转移支出是指拨付给有关单位或下级财政部门的未指明具体用途的支出，包括拨付企业补贴和未指明具体用途的资金、中央对地方的一般性转移支付等。将预算支出划分为以上四种，既能较好地满足支付管理的要求，又与现行政府预算支出科目分类以及将来政府收支分类改革兼容。这种分类具有较强的可操作性和前瞻性。

3. 财政预算支出的内容

根据《政府收支分类科目》的规定，一般预算支出按照支出功能分类，主要包括以下内容：

（1）一般公共服务。

一般公共服务支出主要包括人大、政协、党政机关、民主党派、群众团体等组织的经费支出，以及彩票事务、国债事务等支出。

（2）外交。

外交支出主要包括外交管理事务支出，驻外机关经费支出，对外援助支出，对外合作、交流、宣传等方面的支出。

（3）国防。

国防支出主要包括现役部队、预备役部队、民兵、国防科研事业等方面的支出。

（4）公共安全。

公共安全支出主要包括武装警察、公安、国家安全、检察、法院、司法、国家保密等方面的支出。

（5）教育。

教育支出主要包括教育管理事务，各类教育等方面的经费支出。

（6）科学技术。

科学技术支出主要包括科学技术管理事务，自然科学研究，社会科学研究等方面的支出。

（7）文化体育与传媒。

文化体育与传媒支出，主要包括文化、文物、体育、广播电视、新闻出版等方面的支出。

（8）社会保障和就业。

社会保障和就业支出，主要包括人力资源和社会保障管理事务、民政管理事务、财政对社会保险基金的补助、行政事业单位离退休、就业补助、抚恤、残疾人事业、社会救济等方面的支出。

（9）医疗卫生。

医疗卫生支出，主要包括医疗卫生管理事务、医疗服务、社区卫生服务、疾病预防控制、妇幼保健等方面的支出。

（10）环境保护。

环境保护支出，主要包括环境保护管理事务、环境监测与监察、污染防治、自然生态保护、节能减排等方面的支出。

（11）城乡社区事务。

城乡社区事务支出，主要包括城乡社区管理事务、城乡社区规划、公共设施等方面的支出。

（12）农林水事务。

农林水事务支出，主要包括农业、林业、水利、扶贫等方面的支出。

（13）交通运输。

交通运输支出，主要包括公路水陆运输、铁路运输、民航运输、邮政业等方面的支出。

（14）工业、商业、金融等事务。

包括采掘业、制造业、建筑业、电力、信息产业、旅游业、涉外发展、粮油事务、商业流通事务、物资储备、金融业、烟草事务、安全生产、国有资产监管、中小企业事务、可再生能源、能源节约利用，其他工业商业金融等事务支出。

（二）财政预算支出的确认原则

政府财政会计对一般预算支出的核算应以收付实现制为主要确认原则，这有利于如实反映当期财政资金的支出情况，有利于加强预算管理，提高预算资金的利用效率。但是，对于个别预算支出事项，可以采用权责发生制进行确认。根据现行制度规定，中央财政总预算会计的下列会计事项可以采用权责发生制进行确认：

预算已经安排，由于政策性因素，当年未能实现的支出。如年初中央财政预算中已经安排，但在执行中由于国家计委未能按预算足额下达投资计划等原因，需根据权责发生制作结转处理。

预算已经安排，由于用款进度的原因，当年未能实现的支出。如在实行国库单一账户核算情况下，由于用款进度的原因，年终有一部分资金留在政府财政会计账面上拨不出去，为了不虚增财政结余，需根据权责发生制作结转处理。

动支中央预备费安排，因国务院审批较晚，当年未能及时拨付的支出。为平衡预算需要，当年未能实现的支出。

对于以上会计事项，由于年终结账前才能最后确定当年应支未支的数额，因此，在平时可不进行账务处理，待年终结账时，根据经确认的结转数额，按照权责发生制进行账务处理。

（三）财政预算支出的支付方式

在采用国库单一账户制度下，预算支出的支付方式主要分为财政直接支付、财政授权支付和划拨资金支付三种方式。

1. 财政直接支付方式

财政直接支付方式是指按照部门预算和用款计划确定的资金用途和用款进度，根据用款单位的申请，由财政部门开具支付令，通过国库单一账户体系直接将财政资金支付到收款人（商品或劳务供应单位）或用款单位账户的支付方式。一般来说，工资支出、购买支出、中央对地方的专项转移支出、拨付企业大型工程项目或大型设备采购的资金，都可以采用财政直接支付方式。

在财政直接支付方式下，预算单位应按照批准的部门预算和资金使用计划，向财政国库支付执行机构提出支付申请，财政国库支付执行机构应根据批复的部门预算和资金使用计划对预算单位的支付申请进行审核，经审核无误后，向代理银行签发支付令，通知代理银行从财政零余额账户中付款给收款人，并同时向中国人民银行国库部门发出支付信息。这样，通过全国银行清算系统的实时清算，资金先由代理银行的财政零余额账户划到收款人银行账户，再从国库单一账户拨补到代理银行财政零余额账户。

财政直接支付主要通过转账方式进行，也可以采用国库支票方式支付。在采用国库支票方式下，财政国库支付执行机构应根据预算单位的要求签发支票，并将签发给收款人的支票交给预算单位，由预算单位将支票转给收款人。收款人收到支票后，即可持支票到其开户银行入账，收款人开户银行再与代理银行进行清算。在每日营业终了前，国库单一账户应与代理银行进行清算。

2. 财政授权支付方式

财政授权支付方式是指按照部门预算和用款计划确定的资金用途和用款进度，由预算单位根据财政授权自行开具支付令，通过国库单一账户体系将资金支付到收款人账户的支付方式。通常，未实行财政直接支付方式的购买支出和零星支出，都可以采用财政授权支付方式。

在财政授权支付方式下，预算单位应当按照批复的部门预算和资金使用计划，向财政国库支付执行机构申请授权支付的月度用款限额。财政国库支付执行机构对预算单位申请的月度用款限额进行审批之后，应当通知代理银行、预算单位和中国人民银行国库部门。预算单位在月度用款限额内，可自行开具支付令，通过财政国库支付执行机构转由代理银行向收款人付款，并与国库单一账户清算。

3. 划拨资金支付方式

划拨资金支付方式是财政部门根据财政预算直接将预算单位所需要的财政资金拨付给预算单位的资金支付方式。在这种支付方式下，预算单位需要资金时向财政部门提出申请，财政部门按预算规定审核后，直接将资金从国库账户拨付到预算单位的银行账户中。

（四）财政预算支出的核算

1. 一般预算支出的核算

为了核算一般预算支出，政府财政会计应设置“一般预算支出”科目，该科目属于支出类科目，用来核算各级政府财政会计办理的应由预算资金支付的各项支出。该科目借方登记支出发生数，贷方登记支出收回或年终转出数。平时余额为借方，反映预算支出累计数额，月末该科目借方余额应全部转入“预算结余”科目。“一般预算支出”科目应根据政府收支科目中的“功能支出”（不含一般预算调拨支出类）分“类”、“款”、“项”设置明细账。

对于预算已经安排，但当年未能实现的支出，可设置“未付预算款”科目，该科目属于负债类科目，贷方登记年终未实现支出的预算资金数，借方登记结转数。

政府财政会计办理各种预算直接支出时，应借记“一般预算支出”科目，贷记“国库存款”等有关科目；支出收回或冲销转账时，应借记“国库存款”等有关科目，贷记“一般预算支出”科目；月末时，“一般预算支出”科目的借方余额应全数转入“预算结余”科目，借记“预算结余”科目，贷记“一般预算支出”科目。

【例 3-1】某市财政会计有关预算支出的业务如下：

（1）某市财政机关按预算拨付给市民政局本季度经费 50 000 元。

借：一般预算支出 50 000

贷：国库存款 50 000

（2）某市财政机关根据预算安排，拨给市机电局科技三项费用 150 000 元。

借：一般预算支出 150 000

贷：国库存款 150 000

（3）月末，将“一般预算支出”科目借方余额 500 000 元转入“预算结余”科目。

借：预算结余 500 000

贷：一般预算支出 500 000

【例 3-2】年终，中央财政总预算会计确定一项已经安排预算的资金 1 000 万元，由于用款单位用款进度的原因，未能拨付出去。

中央政府财政会计应按权责发生制将该项资金列为预算支出，其会计分录为：

借：一般预算支出 10 000 000

贷：暂存款 10 000 000

下一年度，该项资金拨付给用款单位，应作如下会计分录：

借：暂存款 10 000 000

贷：国库存款 10 000 000

2. 基金预算支出的核算

基金预算支出的会计核算，可以比照一般预算支出的会计处理方法。

政府财政会计为了核算各级财政部门用基金预算收入安排的支出，应设置“基金预算支出”科目。该科目属于支出类会计科目，借方登记发生的基金预算支出数，贷方登记支出收回或冲销数，平时余额在借方，反映基金预算支出累计数，月末应将该科目借方余额全数转入“基金预算结余”科目。“基金预算支出”科目应根据政府收支科目中的“功能支出”（不含基金预算调拨支出类）分“类”、“款”、“项”设置明细账。

政府财政会计在核算基金预算支出时，应借记“基金预算支出”科目，贷记“国库存款”或“其他财政存款”科目等；支出收回或冲销转账时，应借记有关科目，贷记“基金预算支出”科目；月末，“基金预算支出”科目借方余额转入“基金预算结余”科目时，应借记“基金预算结余”科目，贷记“基金预算支出”科目。

【例 3-3】某市财政局 201×年发生基金预算支出的业务和会计分录如下：

（1）用旅游发展基金安排的旅游发展支出 30 000 元。

借：基金预算支出——旅游发展基金支出 30 000

贷：国库存款 30 000

（2）发生水资源补偿费支出 28 500 元。

借：基金预算支出——水资源补偿费支出　　28 500

　贷：国库存款　　28 500

（3）发生文化事业建设费支出 40 000 元。

借：基金预算支出——文化事业建设费支出　　40 000

　贷：国库存款　　40 000

3. 国有资本经营预算支出和国有资本经营预算调出资金的核算

（1）国有资本经营预算支出的核算。

国有资本经营预算支出是指政府财政资金用于国有资本经营活动方面发生的支出。按照国有资本经营预算支出的功能分类，主要包括农、林、水业务支出，交通运输支出，采掘、电力、信息等事务支出，粮油物资储备及金融监管等事务支出、转移性支出。

“国有资本经营预算支出”科目属于支出类科目，本科目核算各级财政部门用国有资本经营预算收入安排的支出。发生国有资本经营预算支出时，借记本科目，贷记“国库存款”等有关科目；年终转账时，将本科目借方余额全数转入“国有资本经营预算结余”科目，借记“国有资本经营预算结余”科目，贷记本科目。本科目平时借方余额，反映当年国有资本经营预算支出累计数。本科目根据政府收支分类科目中有关国有资本经营预算支出的支出功能分类科目分行业设置明细科目。

（2）国有资本经营预算调出资金的核算。

“国有资本经营预算调出资金”科目属于支出类科目，本科目核算各级财政部门从国有资本经营预算收入中调出，用于一般预算支出的资金。调出国有资本经营预算收入时，借记本科目，贷记“调入资金”科目。年终转账时，应将本科目借方余额转入“国有资本经营预算结余”科目，借记“国有资本经营预算结余”科目，贷记本科目。

【例 3-4】某市财政局 201×年发生国有资本经营收支业务和会计分录如下：

（1）4 月 25 日，用国有资本经营预算收入安排电力监管支出 400 000 元。

借：国有资本经营预算支出　　400 000

　贷：国库存款　　400 000

（2）5 月 28 日，从国有资本经营预算收入中调出 1 200 000 元补充一般预算资金。

借：国有资本经营预算调出资金　　1 200 000

　贷：调入资金——一般预算调入　　1 200 000

4. 专用基金支出的核算

专用基金支出是指用专用基金收入安排的支出。为了核算各级财政部门的专用基金支出，政府财政会计应设置“专用基金支出”科目。该科目借方登记发生的专用基金支出数，贷方登记专用基金支出的收回或转销数，平时余额在借方，反映专用基金支出累计数。月末，该科目余额应全数转入“专用基金结余”科目。

政府财政会计在核算发生专用基金支出时，应借记“专用基金支出”科目，贷记“其他财政存款”科目；在收回支出时，应做相反的会计分录。月末转账时，将“专用基金支出”科目余额转入“专用基金结余”科目，应借记“专用基金结余”科目，贷记“专用基金支出”科目。

【例 3-5】某市财政局 201×年发生专用基金支出的业务和会计分录如下：

（1）用专用基金收入安排的支出为 100 000 元。

借：专用基金支出　　100 000

　贷：其他财政存款——专用基金存款　　100 000

（2）收回专用基金支出共计 30 000 元。

借：其他财政存款——专用基金存款　　30 000

　贷：专用基金支出　　30 000

5. 地方政府债务转贷支出和债务还本支出的核算

（1）地方政府债务转贷支出的核算。

为了核算地方各级财政部门对下级财政部门转贷的债务支出，财政会计应设置“债务转贷支出”科目，该科目属于支出类会计科目，应按照政府收支分类科目规定及下级财政部门设置明细科目。地方各级财政部门对下级财政部门进行债务转贷时，按照转出资金数，借记“债务转贷支出——转贷财政部代理发行地方政府债券支出”科目，贷记“国库存款”科目；年终转账时，应将本科目借方余额全部转入“预算结余”科目，借记“预算结余”科目，贷记本科目；本科目平时借方余额，反映地方各级财政部门当年对下级财政部门转贷的债务支出累计数。

【例 3-6】201×年 A 省财政部门用发行的地方政府债券收入转贷给下级 B 市政府财政部门 5 亿元。

A 省财政会计应编制如下会计分录：

借：债务转贷支出——转贷财政部代理发行地方政府债券支出　　500 000 000

　贷：国库存款　　500 000 000

B 市财政会计应编制如下会计分录：

借：国库存款　　500 000 000

　贷：债务转贷收入——转贷财政部代理发行地方政府债券收入　　500 000 000

（2）地方政府债务还本付息支出的核算。

首先，为了核算地方各级财政部门发生的债务还本支出，财政会计应设置“债务还本支出”科目，该科目属于支出类会计科目，应按照“政府收支分类科目”规定设置明细账。各级财政部门偿还债务本金时，借记“债务还本支出——财政部代理发行地方政府债券还本”科目，贷记“国库存款”科目；年终转账时，将本科目借方余额全部转入“预算结余”科目，借记“预算结余”科目，贷记本科目；本科目平时借方余额，反映各级财政部门当年发生的债务还本支出累计数。

上级财政部门代收地方政府债券还本资金时，借记“国库存款”科目，贷记“暂存款——××地方政府债券还本”科目；上缴代收的地方政府债券还本资金时，借记“暂存款——××地方政府债券还本”科目，贷记“国库存款”科目。上级财政部门垫付地方政府债券还本资金时，借记“暂付款——××地方政府债券还本”科目，贷记“国库存款”科目。收到下级财政部门缴来的垫付地方政府债券还本资金时，借记“国库存款”科目，贷记“暂付款——××地方政府债券还本”科目。地方各级财政部门未按时上缴地方政府债券本金，通过年终结算扣缴时，借记“暂付款——××地方政府债券还本”科目，贷记“与上级往来”科目；列报支出时，对应由本级财政部门承担的还本支出，借记“债务还本支出——财政部代理发行地方政府债券还本”科目，贷记“暂付款——××地方政府债券还本”科目。上级财政部门年终结算扣缴时，借记“与下级往来”科目，贷记“暂存款——××地方政府债券还本”科目或“暂付款——××地方政府债券还本”科目。

其次，地方各级财政部门上缴本级承担的地方政府债券付息资金时，借记“一般预算支出——财政部代理发行地方政府债券付息”科目，贷记“国库存款”科目。上级财政部门代收地方政府债券付息资金时，借记“国库存款”科目，贷记“暂存款——××地方政府债券付息”科目。上缴代收的地方政府债券付息资金时，借记“暂存款——××地方政府债券付息”科目，贷记“国库存款”科目。上级财政部门垫付地方政府债券付息资金时，借记“暂付款——××地方政府债券付息”科目，贷记“国库存款”科目。收到下级财政部门缴来的垫付地方政府债券付息资金时，借记“国库存款”科目，贷记“暂付款——××地方政府债券付息”科目。地方各级财政部门未按时上缴地方政府债券利息，通过年终结算扣缴利息时，借记“暂付款——××地方政府债券付息”科目，贷记“与上级往来”科目；列报支出时，对应由本级财政部门承担的付息支出，借记“一般预算支出——财政部代理发行地方政府债券付息”科目，贷记“暂付款——××地方政府债券付息”科目。

上级财政部门年终结算扣缴时，借记“与下级往来”科目，贷记“暂存款——××地方政府债券付息”科目或“暂付款——××地方政府债券付息”科目。地方各级财政部门未按时上缴地方政府债券还本付息资金的，通过年终结算扣缴罚息时，借记“上解支出”科目，贷记“与上级往来”科目；上级财政部门借记“与下级往来”科目，贷记“上解收入”科目。

【例 3-7】201×年 A 省财政部门发生以下地方政府债券还本付息业务：

（1）8 月 9 日省级财政偿还地方政府债券本金 17 亿元，支付利息 4 000 万元，已由国库支付。省财政会计应编制如下会计分录：

借：债务还本支出——财政部代理发行地方政府债券还本	1 700 000 000	
贷：国库存款		1 700 000 000
借：一般预算支出——财政部代理发行地方政府债券付息	40 000 000	
贷：国库存款		40 000 000

（2）8 月 19 日省财政代收下级 B 市财政交来的地方政府债券还本资金 1.1 亿元，利息 640 万元，已存入国库。省财政会计应编制如下会计分录：

借：国库存款	110 000 000	
贷：暂存款——B 市地方政府债券还本		110 000 000

借：国库存款 6 400 000

　贷：暂存款——B 市地方政府债券付息 6 400 000

（3）8 月 29 日省财政代收下级 B 市财政交来的地方政府债券还本资金 1.1 亿元，利息 640 万元已上缴，款项已从省国库划出。省财政会计应编制如下会计分录：

借：暂存款——B 市地方政府债券还本 110 000 000

　　暂存款——B 市地方政府债券付息 6 400 000

　贷：国库存款 116 400 000

（4）8 月 29 日省财政代 C 市垫付地方政府债券还本资金 7 000 万元，利息 190 万元，已从省国库划出上缴。省财政会计应编制如下会计分录：

借：暂付款——C 市地方政府债券还本 70 000 000

　　暂付款——C 市地方政府债券付息 1 900 000

　贷：国库存款 71 900 000

（5）9 月 7 日省财政收到 C 市财政缴来垫付地方政府债券还本资金 7 000 万元，利息 190 万元，已收到入库。省财政会计应编制如下会计分录：

借：国库存款 71 900 000

　贷：暂付款——C 市地方政府债券还本 70 000 000

　　　暂付款——C 市地方政府债券付息 1 900 000

6. 财政资金调拨支出的核算

（1）预算补助支出的核算。

为了核算预算补助支出，政府财政会计应设置“补助支出”科目。“补助支出”科目属于支出类会计科目，用来核算本级财政对下级财政的补助支出，包括税收返还支出、按财政体制结算应补助给下级财政的款项、专项补助或临时性补助。该科目借方登记补助支出的增加数，贷方登记补助支出的减少数，平时余额在借方，反映补助支出累计数。年终时，该科目借方余额应转入“预算结余”等科目。该科目应按补助地区及资金性质设置明细科目。上级财政的“补助支出”与所属下级财政的“补助收入”的数额应相等。

政府财政会计在核算本级财政对所属下级财政的补助支出时，应借记“补助支出”科目，贷记“国库存款”科目或“其他财政存款”科目；本级财政将其与下级财政的往来款转作对下级的补助支出时，应借记“补助支出”科目，贷记“与下级往来”科目；本级财政收到对下级财政补助支出的退回时，应借记“国库存款”科目或“其他财政存款”科目，贷记“补助支出”科目。年终，“补助支出”科目的借方余额应转入“预算结余”等科目，借记“预算结余”科目，贷记“补助支出”科目。

【例 3-8】某市财政局有关补助支出的业务如下：

（1）市财政局一般预算资金拨付给所属甲县自然灾害专项补助款 700 000 元。

借：补助支出——甲县——一般预算补助 700 000

　贷：国库存款 700 000

（2）市财政局按财政体制拨付给乙县一般预算补助款 900 000。

借：补助支出——乙县——一般预算补助　　900 000

　贷：国库存款　　900 000

（3）市财政局将与所属丙县的往来款项 200 000 元，转作对丙县的一般预算补助支出。

借：补助支出——丙县——一般预算补助　　200 000

　贷：与下级往来——丙县　　200 000

（4）在业务（3）中，市财政局通知丙县财政局将多拨款 30 000 元退回，转作往来款处理。

借：与下级往来　　30 000

　贷：补助支出——丙县——一般预算补助　　30 000

（2）预算上解支出的核算。

政府财政会计为了核算预算上解的支出情况，应设置“上解支出”科目。“上解支出”科目，属于支出类会计科目，用来核算解缴上级财政的款项，具体包括：

① 按体制由国库在本级预算收入中直接划解上级财政的款项；

② 按体制结算补解给上级财政的款项和各种专项上解款项。该科目借方登记上解支出的增加数，贷方登记上解支出退还数和年终结转数，平时余额在借方，反映上解支出累计数。年终，该科目借方余额应转入“预算结余”等科目。该科目应按上解资金类别设置明细科目。

政府财政会计在核算本级财政发生上解支出时，应借记“上解支出”科目，贷记“国库存款”科目；如果发生上解支出退还时，应按退还数，借记“国库存款”科目，贷记“上解支出”科目；年终，将“上解支出”科目余额转入“预算结余”等科目时，借记“预算结余”等科目，贷记“上解支出”科目。

【例 3-9】甲、乙两县有关上解支出的业务和会计分录如下：

① 甲县上解市财政 180 000 元一般预算上解款时，该县财政会计应作如下会计分录：

借：上解支出——一般预算上解　　180 000

　贷：国库存款　　180 000

② 乙县财政收到市财政退还的上解款 200 000 元时，乙县财政会计应作如下会计分录：

借：国库存款　　200 000

　贷：上解支出——一般预算上解　　200 000

（3）调出资金的核算。

为了核算各级财政部门从基金预算的地方财政税费附加收入结余中调出用于平衡预算收支的资金，政府财政会计应设置“调出资金”科目。该科目属于支出类会计科目，应按调出资金类别设置二级科目，如“一般预算调出资金”、“基金预算调出资金”等。调出基金预算结余时，借记“调出资金”科目，贷记“调入资金”科目，一般预算与基金预算分设存款账户的地区，应同时调整国库存款的明细账。年终转账时，应将本科目借方余额转入“预算结余”、“基金预算结余”等科目，借记“预算结余”、“基金预算结余”等科目，贷记“调出资金”科目。

【例 3-10】市财政局从基金预算结余中调出 480 000 元，用于平衡预算收支。

借：调出资金——基金预算调出资金 480 000

贷：调入资金——一般预算调入资金 480 000

同时，

借：国库存款——一般预算存款 480 000

贷：国库存款——基金预算存款 480 000

期末将调出资金转入有关结余科目。

借：调入资金——一般预算调入资金 480 000

贷：预算结余 480 000

借：基金预算结余 480 000

贷：调出资金——基金预算调出资金 480 000

7. 安排预算稳定调节基金的核算

“安排预算稳定调节基金”科目属于支出类科目，该科目核算从财政超收收入中安排的预算稳定调节基金。年度终了，从财政超收收入中安排预算稳定调节基金时，借记本科目，贷记“预算稳定调节基金”科目。年终转账时，将“安排预算稳定调节基金”科目余额全部转入“预算结余”科目，借记“预算结余”科目，贷记“安排预算稳定调节基金”科目。

【例 3-11】某市财政局有关预算稳定调节基金的业务和会计分录如下：

201×年市财政局从本财政超收收入中安排预算稳定调节基金 50 000 000 元。

借：安排预算稳定调节基金 50 000 000

贷：预算稳定调节基金 50 000 000

二、政府采购的财政预算支出核算

（一）政府采购制度概述

政府采购，也称公共采购，是指各级政府使用财政性资金，按照法定的方式和程序，为政府部门及其所属公共部门购买货物、工程或服务的行为。在西方国家，政府采购制度已有 200 多年历史，早在 1782 年英国政府就设立了文具公用局，作为专门负责政府部门所需办公用品采购的机构。美国在 1791 年也颁布了《联邦采购法》用来规范政府采购活动。在西方发达国家，政府采购支出一般占财政支出的 30%以上，通常占 GDP 的 10%左右。

我国政府采购制度起步较晚，1996 年上海、深圳等地率先开展了政府采购制度的改革试点，1999 年 4 月财政部发布了《政府采购管理暂行办法》，部分中央国家机关也开展政府采购。2002 年 6 月，我国颁布了《中华人民共和国政府采购法》，对政府采购的当事人、政府采购方式、政府采购程序、政府采购合同、质疑与投诉、监督检查、法律责任等问题作了较为全面的规定，从而使我国政府采购纳入法制轨道。

实行政府采购活动，必须有一套完整的政府采购制度进行规范。政府采购制度是对公共采购活动管理的制度，它是指采购政策、采购程序、采购过程和采购管理的制度总称。实践证明，政府采购制度是一种有效的财政支出管理制度。政府采购制度有利于加强财政支出管理，提高预算资金的使用效率。统计资料表明，实行政府采购可使财政资金支出节约10%左右。

（二）政府采购资金的来源与管理

1. 政府采购资金的来源

政府采购资金是指政府采购机关采购货物、工程或服务时支付的资金。政府采购资金的来源渠道主要有以下两个方面：

（1）财政性资金。财政性资金是政府采购资金的主要来源。财政性资金主要包括预算资金和预算外资金。预算资金是指财政预算安排的资金。预算外资金是指按照规定缴入财政专户和经财政部门批准留用的未纳入财政预算收入管理的财政性资金。

（2）单位自筹资金。单位自筹资金是指政府采购机关按照政府采购拼盘项目要求，按规定用单位自有资金安排的与财政性资金相配套的资金。

2. 政府采购资金的管理

为了保证政府采购资金的合理使用，政府采购资金需要开设政府采购资金专户进行储存与管理。政府采购资金专户是指财政国库管理机构按规定在代理银行（国有商业银行或股份制商业银行）开设的用于支付政府采购资金的专户。中国人民银行国库部门负责对商业银行办理政府采购资金划拨业务的资格进行认证，财政部门根据采购资金实际支付情况，在认证合格的商业银行中通过招标形式确定政府采购资金划拨业务的代理银行。任何部门都不得自行开设政府采购资金专户。

（三）政府采购资金的拨付方式

政府采购资金实行财政直接拨付和单位支付相结合的方式，统一管理，统一核算，专款专用。政府采购资金的财政直接拨付方式主要有财政全额直接拨付方式、财政差额直接拨付方式和采购卡支付方式三种。

1. 财政全额直接拨付方式

财政全额直接拨付方式是指财政部门和采购单位按照先集中后支付的原则，在采购活动开始前，采购单位必须先将单位自筹资金和预算外资金汇集到政府采购资金专户，在需要支付资金时，财政部门根据合同履行情况，将预算付给中标供应商的资金拨付方式。按照现行制度规定，对于实行财政全额直接拨付方式的采购项目，采购单位应当在政府采购活动开始前3个工作日内，依据政府采购计划将应分担的预算外资金及单位自筹资金足额划入政府采购资金专户。

2. 财政差额直接拨付方式

财政差额直接拨付方式是指财政部门和采购单位按照政府采购拼盘项目合同中约定的各方负担的资金比例，分别将预算资金和预算外资金及单位自筹资金支付给供应商的资金拨付方式。对于实行财政差额直接拨付方式的采购项目，采购单位应当在确保具备支付应分担资金能力的前提下开展采购活动，且应当按照先支付预算单位自筹资金和预算外资金，后支付预算资金的资金支付顺序执行，即采购单位必须经财政部门政府采购主管机构确认已先支付了单位自筹资金和预算外资金后，方可提出支付预算资金的申请。

3. 采购卡支付方式

采购卡支付方式是指采购单位使用选定的某家商业银行单位借记卡支付另购资金的支付方式。采购卡支付方式适用于采购单位经常性的零星采购项支付。

（四）政府采购的会计核算

1. 政府采购核算使用的会计科目

根据政府采购的内容，政府财政会计需要对以下几方面的业务进行核算：①预算资金拨付到政府采购资金专户的核算；②预算外资金和单位自筹资金拨付到政府采购资金专户的核算；③汇集的政府采购资金划拨到供应商账户的核算；④政府采购资金专户利息收入的核算。

为了核算政府采购业务，政府财政会计应当设置“预付政府采购款”科目和“暂存政府采购款”科目。“预付政府采购款”科目属于资产类科目，“暂存政府采购款”科目属于负债类科目，这两个会计科目分别用来核算政府采购资金专户的资金占用与来源。

2. 政府采购的账务处理

【例 3-12】某预算单位需购买一批办公设备，预计需要资金 1 200 万元。经审批采用政府采购方式采购，该批设备款由政府预算资金和单位自筹资金各负担 50%。政府采购资金采用财政全额直接拨付方式。政府采购管理部门组织了招标采购，并与中标企业签订了采购合同。该批设备采购合同的总价款为 1100 万元。通过政府采购资金专户支付供应企业设备价款。节约的 100 万元资金根据财政与单位各自负担的比例退还给国库和采购单位。

该项政府采购业务的有关会计分录如下：

（1）根据政府采购预算，政府财政会计将预算资金 600 万元划入政府采购资金专户，其会计分录为：

借：预付政府采购款	6 000 000	
贷：国库存款		6 000 000

同时，

借：其他财政存款——政府采购资金专户	6 000 000	
贷：暂存政府采购款——财政预算款		6 000 000

（2）采购单位将自筹配套资金 600 万元划入政府采购资金专户，政府财政会计的会计分录为：

借：其他财政存款——政府采购资金专户　　6 000 000

　贷：暂存政府采购款——采购单位自筹配套款　　6 000 000

（3）根据政府采购合同，将设备价款 1 100 万元从政府采购资金专户划入供应企业账户，其会计分录为：

借：暂存政府采购款——财政预算款　　5 500 000

　　　　　　　　　——采购单位自筹配套款　　5 500 000

　贷：其他财政存款——政府采购资金专户　　11 000 000

（4）政府财政会计将财政安排的政府采购预算资金 550 万元列报支出，其会计分录为：

借：一般预算支出　　5 500 000

　贷：预付政府采购款　　5 500 000

（5）政府财政会计将政府采购的结余资金 100 万元，按照财政与采购单位各自负担比例分别退还给国库和采购单位，其会计分录为：

借：暂存政府采购款——财政预算款　　500 000

　　　　　　　　　——采购单位自筹配套款　　500 000

　贷：其他财政存款——政府采购资金专户　　1 000 000

同时，

借：国库存款　　500 000

　贷：预付政府采购款　　500 000

【例 3-13】某市政府财政会计收到某国有商业银行转来的政府采购资金专户的结息凭证，列示政府采购资金的利息收入为 50 万元。

该市政府财政会计应根据有关凭证，编制如下会计分录：

借：其他财政存款——政府采购资金专户　　500 000

　贷：暂存政府采购款　　500 000

政府财政会计将政府采购资金利息收入作为预算收入缴入国库，其会计分录为：

同时，

借：暂存政府采购款　　500 000

　贷：其他财政存款——政府采购资金专户　　500 000

借：国库存款　　500 000

　贷：一般预算收入　　500 000

三、财政预算结余的核算

结余是财政收支相抵后的结果，财政结余主要包括一般预算结余、基金预算结余、专用基金结余、财政专户管理资金结余等。各项资金结余应分别核算。

（一）预算结余的核算

预算结余是财政预算收支的执行结果，每月月末应结算一次。政府财政会计应设置“预算结余”科目来核算各级财政的预算结余，该科目属于结余类会计科目。月末结转结余时，政府财政会计应将“一般预算收入”、“上解收入——一般预算上解”、“补助收入——一般预算补助”、“调入资金——一般预算调入资金”等科目贷方余额转入“预算结余”科目，借记“一般预算收入”、“上解收入——一般预算上解”、“补助收入——一般预算补助”、“调入资金——一般预算调入资金”等科目，贷记“预算结余”科目；同时，将“一般预算支出”、“上解支出——一般预算上解”、“补助支出——一般预算补助”等科目借方余额转入本科目，借记“预算结余”科目，贷记“一般预算支出”、“上解支出——一般预算上解”、“补助支出——一般预算补助”等科目。“预算结余”科目年终贷方余额，反映本年一般预算收支结余总额。

【例 3-14】某市财政局 201×年 12 月 31 日年终结账前有关收支科目的余额如下：

一般预算收入	1 200 000（贷方）
上解收入——一般预算上解	300 000（贷方）
补助收入——一般预算补助	300 000（贷方）
调入资金——一般预算调入	400 000（贷方）
一般预算支出	1 600 000（借方）
上解支出——一般预算上解	200 000（借方）

该市政府财政会计年终转账时，应作如下会计分录：

借：一般预算收入	1 200 000	
上解收入——一般预算上解	300 000	
补助收入——一般预算补助	300 000	
调入资金——一般预算调入	400 000	
贷：预算结余		2 200 000
借：预算结余	1 800 000	
贷：一般预算支出		1 600 000
上解支出——一般预算上解		200 000

（二）基金预算结余的核算

基金预算结余是财政管理的政府性基金收支的执行结果。为了核算基金预算结余，政府财政会计应设置“基金预算结余”科目。该科目属于结余类会计科目。每月月末转账时，应将“基金预算收入”科目的贷方余额转入“基金预算结余”科目，借记“基金预算收入”，贷记“基金预算结余”科目；同时，将“基金预算支出”、“调出资金——基金预算调出”科目的借方余额转入“基金预算结余”科目，借记“基金预算结余”科目，贷记“基金预算支出”、“调出资金——基金预算调出”科目。“基金预算结余”科目年终贷方余额，反映本年基金预算滚存结余。

【例 3-15】201×年年底某市财政机关办理年终转账，将“基金预算收入”科目贷方余额 510 500 元、“基金预算支出”科目借方余额 98 500 元，“调出资金——基金预算调出”科目借方余额 400 000 元，转入“基金预算结余”科目。

该市政府财政会计年终转账时，应作如下会计分录：

借：基金预算收入	510 500	
贷：基金预算结余		510 500
借：基金预算结余	498 500	
贷：基金预算支出		98 500
调出资金——基金预算调出		400 000

（三）专用基金结余的核算

专用基金结余是政府财政会计管理的专用基金执行结果，政府财政会计应设置“专用基金结余”科目。该科目属于结余类会计科目，月末转账时，将“专用基金收入”科目余额转入该科目，借记“专用基金收入”科目，贷记“专用基金结余”科目；将“专用基金支出”科目余额转入该科目，借记“专用基金结余”科目，贷记“专用基金支出”科目。“专用基金结余”科目的年终贷方余额，反映本年专用基金的滚存结余，应转入“专用基金”科目。

【例 3-16】某市财政局 201×年年终结账，将“专用基金收入——粮食风险基金”科目贷方余额 80 000 元转入“专用基金结余”科目；同时，将“专用基金支出——粮食风险基金”科目借方余额 70 000 元转入“专用基金结余”科目。该市政府财政会计应编制如下会计分录：

借：专用基金收入——粮食风险基金	80 000	
贷：专用基金结余——粮食风险基金		80 000
借：专用基金结余——粮食风险基金	70 000	
贷：专用基金支出——粮食风险基金		70 000

在【例 3-16】中，该市专用基金结余为 10 000（80 000－70 000），可以反映政府专用基金的执行结果。

（四）国有资本经营预算结余的核算

“国有资本经营预算结余”科目属于结余类科目，本科目核算各级财政部门管理的国有资本经营预算收支的年终执行结果。年终转账时，应将“国有资本经营预算收入”科目余额转入本科目贷方；将“国有资本经营预算支出”、“国有资本经营预算调出资金”科目余额转入本科目借方。本科目年终贷方余额，反映本年国有资本经营预算滚存结余，转入下年度。

【例 3-17】某市财政局 201×年年终结账，发生“国有资本经营预算收入”贷方余额 620 000 元，发生“国有资本经营预算支出”借方余额 580 000 元，“国有资本经营预算调出资金”借方余额 37 000 元，该市财政总预算会计应编制如下会计分录：

借：国有资本经营预算收入　　620 000

　贷：国有资本经营预算结余　　620 000

借：国有资本经营预算结余　　617 000

　贷：国有资本经营预算支出　　580 000

　　国有资本经营预算调出资金　　37 000

在【例 3-17】中，该市国有资本经营预算结余为 3 000 元（620 000－617 000），可以反映政府国有资本经营预算的执行结果。

（五）财政专户管理资金结余的核算

根据《财政部关于将按预算外资金管理的收入纳入预算管理的通知》（财预[2010]88 号）等有关规定，从 2011 年 1 月 1 日起，除教育收费不纳入预算实行财政专户管理外，其他按预算外资金管理的收入将全部纳入预算管理。因此，对《财政总预算会计制度》作相应调整：增设 3 个会计科目：净资产类“财政专户管理资金结余”科目，收入类“财政专户管理资金收入”科目，支出类“财政专户管理资金支出”科目。

“财政专户管理资金结余”科目核算未纳入预算并实行财政专户管理的资金收支相抵形成的结余，包括教育收费、彩票发行机构和彩票销售机构业务费用等资金的结余。年终转账时，应将“财政专户管理资金收入”等有关科目余额转入本科目贷方；将“财政专户管理资金支出”等有关科目余额转入本科目借方。本科目年终贷方余额，反映未纳入预算并实行财政专户管理的资金收支相抵后的滚存结余，转入下年度。本科目根据管理需要，按部门进行明细核算。

“财政专户管理资金收入”科目核算未纳入预算并实行财政专户管理的资金收入，包括教育收费、彩票发行机构和彩票销售机构的业务费用等收入。收到财政专户管理的资金收入时，借记“其他财政存款”科目，贷记本科目。年终转账时，将本科目贷方余额全数转入“财政专户管理资金结余”科目，借记本科目，贷记“财政专户管理资金结余”科目。本科目平时贷方余额，反映当年财政专户管理的资金收入累计数。本科目应按“政府收支分类科目”中收入分类科目设置相应明细账。同时，根据管理需要，按部门进行明细核算。

“财政专户管理资金支出”科目核算用未纳入预算并实行财政专户管理的资金安排的支出。发生财政专户管理的资金支出时，借记本科目，贷记“其他财政存款”等有关科目；年终转账时，将本科目借方余额全数转入“财政专户管理资金结余”科目，借记“财政专户管理资金结余”科目，贷记本科目。本科目平时借方余额，反映当年财政专户管理的资金支出累计数。本科目根据“政府收支分类科目”中支出功能分类科目设置相应明细账。同时，根据管理需要，按部门进行明细核算。

调整“其他财政存款”科目的使用说明，在其包括的具体核算内容中增加“未纳入预算并实行财政专户管理的资金存款”，详见第四章一（三）部分。

【例 3-18】 201×年年底某市财政机关办理年终结账，将“财政专户管理资金收入”科目贷方余额 480 000 元、“财政专户管理资金支出”科目借方余额 429 000 元，转入“财政专户管理资金结余”科目。

该市政府财政会计年终结账时，应作如下会计分录：

借：财政专户管理资金收入　　480 000

　贷：财政专户管理资金结余　　480 000

借：财政专户管理资金结余　　429 000

　贷：财政专户管理资金支出　　429 000

在【例 3-18】中，当年财政专户管理资金结余的数额为 51 000 元（480 000－429 000）。

复习思考题

1．什么是预算支出？一般预算支出的内容有哪些？

2．预算支出的支付方式有哪些？

3．什么是基金预算收入？如何核算基金预算收支？

4．政府采购的概念是什么？

5．政府采购资金的拨付方式有哪几种？

6．如何进行政府采购的核算？

第四章

财政资产负债和基金的核算

一、财政性存款的管理与核算

（一）财政性存款的管理要求

财政性存款是财政部门代表政府所掌管的财政资金，包括国库存款和其他财政存款。国家的财政收入，经过各级国家金库按规定收纳、划分、报解和上下级财政之间的调拨，形成各级财政部门的财政性存款，它是各级财政部门的可支配资金，用于各方面的预算支出。财政性存款的支配权属于同级财政部门，并由政府财政会计负责管理，统一收付。政府财政会计在管理与核算财政性存款时，应当遵循以下基本要求。

1. 集中收付，统一调度资金

根据财政国库管理制度的规定，各种财政资金都应由国库集中收付，统一调度。各级财政应建立一个统揽所有财政性资金的账户体系，即国库单一账户体系。各项财政收入应直接缴入国库或财政专户，各项财政支出应通过国库单一账户体系直接支付给商品或劳务供应者或用款单位。实行财政性资金集中收付，统一调度，有利于提高财政资金的利用效率，有利于财政分配任务的完成，有利于发挥政府财政会计的核算和监督作用。

在财政资金调度中，应首先根据事业进度和资金使用情况，保证满足计划内各项正常支出的需求，其次要尽量发挥资金效益，把资金用活用好。

2. 严格控制财政性存款账户的开设

财政部门按照国库管理制度的规定建立国库单一账户体系，所有财政性资金都应当存入国库或预算外资金财政专户，各预算单位不得擅自开设财政性存款账户。这样，才能保证财政资金的集中管理和有效使用，防止财政资金的截留、挤占和挪用，有效控制财政收入流失问题。

3. 按部门预算和用款计划拨付资金

各预算单位要根据批准的部门预算和用款计划，向财政国库部门提出拨付资金申请。政府财政会计在拨付各种款项时，也应根据审批的部门预算或单位用款计划拨付资金，不得办理超预算、无计划的拨款。按预算和计划拨款，才能保证财政预算的执行，发挥财政的监督职能，提高资金使用效率。

4. 转账结算，不提现金

财政的职能是分配资金，不直接使用资金。政府财政会计在办理各项支出时，应采用转账结算方式，不得提取现金。财政资金的支付主要使用财政直接支付凭证、财政授权支付凭证和国库支票等工具。这些支付工具都只能用于转账结算，不能用于提取现金。

（二）国库单一账户制度

1. 建立国库单一账户制度的意义

以往我国财政性资金的缴库和拨付主要是通过征收机关和预算单位设立多重账户分散进行的。随着社会主义市场经济体制下公共财政的建立和发展，这种财政资金管理体制的弊端越来越突出。具体来说，主要存在如下问题：一是重复和分散设置账户，导致财政收支活动透明度不高，不利于实施有效管理和全面监督；二是财政收支信息反馈迟缓，难以及时为预算编制、执行分析和宏观调控提供可靠依据；三是收入执行中征管不严，退库不规范，财政流失问题比较严重；四是支出执行中资金分散拨付，相当规模的财政资金滞留在预算单位，难免出现截留、挤占、挪用财政资金的问题，既降低了财政资金使用效率，又容易诱发腐败现象。

为了适应市场经济体制下公共财政发展的要求，我国财政国库管理制度应当借鉴西方发达国家的经验，建立和完善国库单一账户制度。为此，2001 年 3 月财政部和中国人民银行发布了《财政国库管理制度改革试点方案》，决定从 2001 年开始在中央部门进行改革试点，“十五”期间在中央和地方全面实施国库单一账户制度。国库单一账户制度，也称国库集中收付制度，是指通过设立国库单一账户体系对财政性资金的缴库和拨付实行集中管理的国库管理制度。建立和完善国库单一账户制度是我国财政国库管理制度改革的主要内容，这项改革具有如下重要意义：

（1）国库单一账户制度能更好地适应市场经济体制下公共财政的发展要求。公共财政是在市场经济条件下，为满足社会公共需要而进行的财政收支活动模式。财政国库管理制度贯穿于公共财政管理全过程，通过控制财政资金按规范流入和流出各个公共机构的过程来控制预算执行过程，是预算执行的根本性制度。国库单一账户制度通过国库集中进行财政资金的收付，保证各预算单位对财政资金的需求，能更好地为公共财政服务。

（2）国库单一账户制度可以促进财政资金管理的规范化。国库单一账户制度要求财政收入的收缴方式和财政支出的去向及支付方式必须建立在法制的基础上，要求合理界定征收机关、财政部门、预算单位、中央银行国库及代理银行的职责范围，对财政资金实行科学规范管理。

（3）国库单一账户制度有利于提高财政资金的运行效益，降低财政筹资成本。实行国库单一账户制度后，预算单位不再开设过渡性账户，财政资金都集中存放在国库单一账户。

这有利于财政部门对资金加强统一管理，使库款调度更加灵活，资金支付更加及时，提高了财政资金的运行效益，并能有效地降低财政筹资成本。

（4）国库单一账户制度有利于加强预算监督，提高国家宏观调控能力。实行国库单一账户制度后，可以从机制上保证财政收入及时、足额缴入国库或财政专户，改变以往将资金拨付到预算单位账户上由预算单位自行支付的做法，从而使预算监督方式由过去的事后检查、"秋后算账"转变为事前审核监督、事中实时控制、事后考核评价的全面监督方式。而且，国库单一账户制度以现代信息技术为支撑，大大提高了预算执行信息的全面性、准确性和及时性，提高了预算信息的细化程度，有利于提高国家的宏观调控能力。

2. 国库单一账户体系

国库单一账户制度的重要内容就是建立一个统揽所有财政性资金的账户体系，即国库单一账户体系。所有财政性资金的收入和支出都应当纳入这个账户体系中，由国库实行集中收付，各个征收机关和预算单位不再设立过渡性资金账户。国库单一账户体系由国库单一账户、零余额账户、预算外资金财政专户和特设专户四类账户构成。

（1）国库单一账户。国库单一账户是国库的财政性存款账户，用于记录和反映纳入预算管理的财政收入和支出活动，以及与零余额账户进行清算，实现支付。国库单一账户由财政部门在中国人民银行或其分支机构开设，未设中国人民银行分支机构的地区在金库代理银行开设。国库单一账户按收入和支出设置分类账，收入账按预算科目进行明细核算，支出账按资金使用性质设立分账册。

（2）零余额账户。零余额账户，也称夜晚零余额账户，是预算资金的日常支付账户，用于记录和反映预算资金的日常支付活动，并与国库单一账户进行清算。零余额账户分为两类：财政部门零余额账户和预算单位零余额账户。财政部门零余额账户用于财政直接支付，由财政部门在商业银行（代理银行）开设；预算单位零余额账户用于财政授权支付，可以办理转账和提取现金等规定的结算业务，该账户由财政部门在商业银行（代理银行）为预算单位开设。零余额账户每个营业日发生的借方或贷方余额在营业日终了都要通过与国库单一账户清算而扫平归零。该账户的设置，保证了财政资金在实际支付发生前不流出国库单一账户。

（3）预算外资金财政专户。预算外资金财政专户用于记录和反映预算外收入和支出活动，并对预算外资金的日常收支进行清算。预算外资金财政专户由财政部门在商业银行开设，一般按预算单位或资金性质设置收入分类账户，按预算单位设置支出分类账户。

（4）特设专户。特设专户是指经国务院和省级人民政府批准或授权财政部门开设的特殊过渡性专户。该账户用于记录和反映预算单位的特殊专项支出活动，并用于与国库单一账户清算。特设专户由财政部门在代理银行为预算单位开设。

上述四类账户中，国库单一账户和零余额账户是财政资金收支的基本账户。财政资金直接通过国库单一账户等基本账户进行收付，是国际上的普遍做法。预算外资金财政专户和特设专户是根据我国具体国情而开设的财政资金专户。开设预算外资金财政专户的原因，主要是考虑到目前仍有相当规模的财政性资金未纳入预算管理，这些预算外资金的来源比较复杂，管理上也有不同的要求，现在还难以全部纳入国库单一账户管理。因此，暂时对这部分预算外资金实行财政专户管理，随着财税改革的逐步深化，预算外资金的规模将逐步缩小，最终所有财政性资金都将纳入国库单一账户管理。开设特设专户的原因，主要是考虑到目前我国正处于改革和发展的关键时期，政策性支出项目还比较多，某些财政支出具有特殊意义，对账户和支付的管理具有特殊要求，有的需要通过政策性银行封闭运行，如粮食风险基金等。为了满足这部分资金管理的特殊要求，应当开设特设专户。

在国库单一账户制度下，征收机关的各种收入过渡性账户相应取消，财政资金收入不需要经过渡性账户中转，而是直接缴入国库，财政支出也不再拨付给各预算单位，而是直接由国库支付给商品或劳务供应商。这样，财政国库的支付业务将大量增加。按照国际上的通行做法，财政资金的直接支付，一般都由财政部门设立的国库专门支付机构具体负责实施。我国也在财政国库管理部门设立专门支付执行机构，具体从事资金支付、会计核算、监督检查等业务。

（三）财政性存款的核算

财政性存款包括国库存款、其他财政存款。财政性存款应分别设置“国库存款”科目、“其他财政存款”科目进行核算。

“国库存款”科目属于资产类科目，用来核算各级政府财政会计在国库的预算资金（含一般预算存款和基金预算）存款。该科目借方登记国库存款的增加数，贷方登记国库存款减少数，借方余额反映国库存款的结存数。政府财政会计收到预算收入时，应根据国库报来的预算收入日报表入账；办理库款支付时，根据支付凭证回单入账。该科目可按一般预算存款和基金预算存款进行明细核算。

“其他财政存款”科目属于资产类科目，用来核算各级政府财政会计未列入“国库存款”科目的各项财政性存款，包括未设国库的乡（镇）财政在专业银行的预算资金存款以及部分由财政部指定存入专业银行的专用基金存款和未纳入预算并实行财政专户管理的资金存款等。该科目借方登记其他财政存款增加数，贷方登记其他财政存款减少数。该科目借方余额反映其他财政存款的实际结存数，其年终余额结转下年。政府财政会计核算其他财政存款收入时，应根据经办银行报来的收入日报表或银行收款通知入账；核算其他财政存款支付时，应根据有关支付凭证的回单入账。为了便于分类管理，“其他财政存款”科目应按交存地点和资金性质分设明细科目。

在国库单一账户制度下，政府财政会计还应设置“财政零余额账户存款”科目和“已结报支出”科目。这两个会计科目是财政国库支付执行机构进行会计核算所使用的科目。财政国库支付执行机构会计是财政总预算会计的延伸，其会计核算执行《财政总预算会计制度》。“财政零余额账户存款”科目属于资产类会计科目，用于核算财政国库支付执行机构在银行办理财政直接支付的业务。该科目贷方登记财政国库支付执行机构当天发生直接支付的资金数；借方登记当天国库单一账户存款划入冲销数，该科目当日资金结算后余额为零。“已结报支出”科目属于负债类会计科目，用于核算财政国库资金已结清的支出数。每天业务结束后，该科目余额应等于一般预算支出和基金预算支出之和。年终转账时，作相反分录，借记该科目，贷记“一般预算支出”、“基金预算支出”科目。

【例 4-1】 某市财政总预算会计和财政国库支付执行机构会计有关财政性存款的业务和会计分录如下：

（1）201×年 8 月 12 日，某市财政国库支付执行机构为市教育局直接支付以一般预算安排的款项 80 000 元。

财政国库支付执行机构会计编制的会计分录为：

借：一般预算支出——财政直接支付　　80 000

　贷：财政零余额账户存款　　80 000

（2）201×年 8 月 12 日，某市财政国库支付执行机构汇总编制预算支出结算清单，其中汇总的财政直接支付应结算资金数额为 80 000 元。该预算支出结算清单已与中国人民银行国库划款凭证核对无误，并已送财政总预算会计结算资金。财政国库支付执行机构会计编制的会计分录为：

借：财政零余额账户存款　　80 000

　贷：已结报支出——财政直接支付　　80 000

（3）201×年 8 月 12 日，某市财政总预算会计根据财政国库支付执行机构报来的上述预算支出结算清单，在与中国人民银行国库划款凭证核对无误后，登记入账。财政总预算会计编制如下会计分录：

借：一般预算支出——市教育局　　80 000

　贷：国库存款　　80 000

（4）201×年 11 月 8 日，某市财政国库支付执行机构收到代理银行报来的财政支出日报表，列示以一般预算安排的授权支出 8 000 元，以基金预算安排的授权支出 5 000 元，经与中国人民银行国库划款凭证核对无误后，财政国库支付执行机构会计编制如下会计分录：

借：一般预算支出——单位零余额账户额度　　8 000

　　基金预算支出——单位零余额账户额度　　5 000

　贷：已结报支出——财政授权支付　　13 000

（5）201×年 11 月 8 日，某市财政总预算会计根据代理银行汇总的预算单位零余额账户授权支付数，与中国人民银行国库汇总划款凭证及财政国库支付执行机构汇总的预算支出结算清单核对无误后，编制如下会计分录：

借：一般预算支出　　8 000

　　基金预算支出　　5 000

　贷：国库存款　　13 000

（6）年终，财政国库支付执行机构将预算支出与有关方面核对一致，其中一般预算支出中的财政直接支付为 80 000 元，一般预算支出中的单位零余额账户额度支出为 8 000 元，基金预算支出中的单位零余额账户额度支出为 5 000 元。财政国库支付执行机构会计应编制如下会计分录：

借：已结报支出——财政直接支付　　60 000
　　　　　　——财政授权支付　　13 000
　贷：一般预算支出——财政直接支付　　60 000
　　　　　　　　——单位零余额账户额度　　8 000
　　基金预算支出——单位零余额账户额度　　5 000

二、有价证券的核算

有价证券是由国家指定的证券发行部门依照法定程序发行，并约定在一定期限内还本付息的信用凭证。地方各级财政可利用预算资金结余和预算外资金结余购买中央政府发行的各种有价证券。中央政府向地方政府发行国库券等有价证券，是中央财政向地方财政借款的一种方法，是平衡中央预算收支，控制地方支出规模的辅助手段。

地方财政只能用各项财政结余购买国家指定可由地方各级政府购买的有价证券。有价证券购入时，政府财政会计不能作为支出核算，应冲减相应存款。有价证券到期兑换时，其本金按原资金渠道恢复存款，利息收入也按购买时的资金性质分别作相应收入处理。

政府财政会计应设置“有价证券”这一资产类科目，用以核算各级政府按国家统一规定用各项财政结余购买的有价证券的库存数。购入有价证券时，借记“有价证券”科目，贷记“国库存款”、“其他财政存款”科目；到期兑换有价证券时，其兑付本金部分，借记“国库存款”、“其他财政存款”科目，贷记“有价证券”科目；其利息收入记入有关收入类科目。本科目借方余额反映有价证券的实际库存数。

有价证券应按实际取得时支付的价款记账，有价证券票据（含债券收款单）应视同货币妥善保管。

【例 4-2】某市财政局关于有价证券的业务和会计分录如下：

（1）用一般预算结余资金购买国库券 100 000 元。

借：有价证券　　100 000
　贷：国库存款——一般预算存款　　100 000

（2）用基金预算结余资金购买国库券 80 000 元。

借：有价证券　　80 000
　贷：国库存款——基金预算存款　　80 000

（3）市财政局以前年度购买的国库券 3 200 000 元到期兑付本金和利息，其中用一般预算结余资金购买的国库券，兑付本金 2 200 000 元，利息收入 210 000 元；用基金预算结余资金购买的国库券，兑付本金 1 000 000 元，利息收入为 230 000 元。

收回本金处理：

借：国库存款——一般预算存款　　2 200 000
　　　　　　——基金预算存款　　1 000 000

贷：有价证券 3 200 000

收到国库券利息收入处理：

借：国库存款——一般预算存款 210 000

贷：一般预算收入 210 000

借：国库存款——基金预算存款 230 000

贷：基金预算收入 230 000

三、在途款的核算

在途款是指在规定的决算清理期内，收到应属于上年度收入的款项和收回上年不应列支的款项，或需要通过“在途款”科目过渡处理的资金数。由于库款报解有一定的传递时间，就会出现本年收到的款项，但却是属于上年度的，从上年度的角度来看，这些款尚未到达，需要用“在途款”作过渡性核算。

为核算决算清理期和库款报解整理期内发生的上下年度收入、支出业务以及需要过渡处理的资金数额，总预算会计设置资产类“在途款”科目。决算清理期内收到属于上年度的收入时，借记本科目，贷记“一般预算收入”、“补助收入”、“上解收入”等收入科目；收回属于上年度拨款或支出时，借记本科目，贷记“预拨经费”或“一般预算支出”等科目；冲转在途款时，借记“国库存款”科目，贷记本科目。

【例 4-3】决算清理期中，某市国库收到属于上年度一般预算收入 1 900 000 元。

该市在上年度旧账上记：

借：在途款 1 900 000

贷：一般预算收入 1 900 000

在本年度新账上记：

借：国库存款 1 900 000

贷：在途款 1 900 000

【例 4-4】决算清理期，该市收回属于上年度多拨经费 830 000 元。

在上年度旧账上记：

借：在途款 830 000

贷：预拨经费 830 000

在本年度新账上记：

借：国库存款——一般预算存款 830 000

贷：在途款 830 000

四、预拨经费的核算

预拨经费是各级财政机关根据核定的预算计划用预算资金拨给用款单位的待结算资

金。凡是年度预算执行中财政会计用预算资金预拨出应在以后各期列支的款项，以及会计年度终了前预拨给用款单位的下年度经费款均应作为预拨经费管理。各项预拨款项应按实际预拨数额记账。预拨经费（不含预拨下年度经费）应在年终前转列支出或清理收回。

财政会计核算预拨经费，应设置“预拨经费”会计科目。“预拨经费”科目属于资产类科目，用来核算财政部门预拨给行政事业单位，尚未列作本期预算支出的经费。该科目借方登记财政预拨款数，贷方登记各单位交回财政机关数。其借方余额反映尚未转列支出或尚待收回的预拨经费数。该科目应按拨款单位名称设明细账。凡是拨出经费属于本期支出的，应直接通过有关支出科目核算，不能记入本科目。

财政会计在向用款单位预拨经费时，应借记“预拨经费”科目，贷记“国库存款”科目；转列支出或收到交回财政部门数时，借记“一般预算支出”或“国库存款”科目，贷记“预拨经费”科目。

【例 4-5】 某市财政局 201×年发生预拨经费的业务和会计分录如下：

（1）用一般预算资金预拨给市教育局教育经费 150 000 元，预拨给水利部门事业经费 40 000 元。

借：预拨经费——教育事业费	150 000	
——水利事业费	40 000	
贷：国库存款		190 000

（2）收到农业部门交回多余的预拨事业经费 12 000 元。

借：国库存款	12 000	
贷：预拨经费——农业事业费		12 000

（3）年终，市财政机关将预拨的各项事业经费 950 000 元全部转列支出。

借：一般预算支出	770 000	
贷：预拨经费		770 000

五、基建拨款的核算

基建拨款是指财政按基本建设计划预拨给受托经办基本建设支出的专业银行或拨付基本建设财务管理部门的基本建设款项。预拨基建款项时，也是按实际预拨数额记账，与预拨经费相同。但在转列支出时，实际限额管理的基建拨款部分，要求按照建设单位的银行支出数列报；不实行限额管理的基建拨款，直接按照拨付给建设单位的资金数额列为支出，也不通过基建拨款科目核算。

为了核算拨付给经办基本建设支出的专业银行或拨付基本建设财务管理部门的基本建设拨款和贷款数，总预算会计设置“基建拨款”科目（直接拨给建设单位的基本建设资金，不通过本科目核算）。拨出款项时，借记本科目，贷记“国库存款”科目；收到基本建设财务管理部门或受委托的专业银行报来拨付建设单位数及缴回财政数时，借记“一般预算支出”、“国库存款”等有关科目，贷记本科目。余额在借方，反映尚未列报支出基建拨款数。

“基建拨款”科目，应按拨款单位设置明细账。

【例 4-6】某市财政委托建行代管某类基建财务管理，预拨基建款项 3 000 万元。

借：基建拨款 30 000 000

贷：国库存款 30 000 000

【例 4-7】月末收到建行报来建设单位本月银行支出数 370 万元。

借：一般预算支出（或基金预算支出） 3 700 000

贷：基建拨款 3 700 000

六、往来款项的核算

财政机关的往来款项，是各级财政机关在执行总预算过程中发生的结算资金，一般包括两种，一种是上下级财政机关之间的往来款项，主要是预算周转借垫款和各级财政结算往来款；另一种是财政机关与预算单位之间发生的应收应付和暂存暂付款项。

（一）上下级财政间往来款项的核算

财政机关在执行总预算过程中，有时会出现年度内预算收入和预算支出不平衡的情况，如在某个时期可能支出大于收入。此时，下级财政可以向上级财政申请短期借款，上级财政也可以向有结余的下级财政借入款项。这些款项就是上下级财政之间的往来款项。

在年终决算时，全年上下级财政的实际上解或实际补助款，与应上解或应补助款之间也不完全一致，有可能出现差额。这就出现了上下级财政之间的结算款项，也属于上下级财政之间的往来款项。

各级财政机关对于上下级财政之间的往来借垫款，属于预算补助范围以内的，应直接用“补助支出”科目拨款，不得长年挂在往来账内；属于非预算补助范围内的借款，应随时清理。

为核算上下级财政之间的往来款项，政府财政会计应设置“与下级往来”和“与上级往来”科目。

“与下级往来”科目属于资产类科目，用来核算与下级财政的往来待结算款项。借给下级财政款时，借记“与下级往来”科目，贷记“国库存款”科目；体制结算中应由下级财政上缴的收入数，借记“与下级往来”科目，贷记“上解收入”科目；借款收回、转作补助支出或体制结算应补助下级财政数时，借记“国库存款”、“补助支出”等科目，贷记“与下级往来”科目。该科目借方余额反映下级财政应归还本级财政的款项；贷方余额反映本级财政欠下级财政的款项。因此，该科目不是单纯的资产类科目，它是双重性质科目，如果出现贷方余额，在“资产负债表”中应以负数反映。该科目应及时清理结算，应转作补助支出的部分，在当年结清，其他年终未能结清的余额结转下年。该科目应按资金性质和下级财政部门名称设置明细科目。

“与上级往来”科目属于负债类科目，用来核算与上级财政的往来待结算款项。向上级财政借款或体制结算中应补交上级财政款项时，借记“国库存款”、“上解支出”科目，贷记“与上级往来”科目；归还借款、转作上级补助收入数或体制结算中应由上级补给款项时，借记“与上级往来”科目，贷记“国库存款”、“补助收入”等科目。该科目可能出现借方余额，也可能出现贷方余额，因此，它不是单纯的负债类科目，是双重性质科目，贷方余额反映本级财政欠上级财政的款项，属于负债，借方余额反映上级财政欠本级财政的款项，属于资产。如为借方余额，在资产负债表中应以负数表示。该科目应及时清理结算，年终未能结清的余额结转下年。

【例 4-8】某市财政局与县财政局有关往来款项的业务和会计分录如下：

（1）市财政局同意县财政局的申请，借给该县财政局临时周转金 460 000 元。

市政府财政会计作如下会计分录：

借：与下级往来　　460 000

　贷：国库存款　　460 000

县政府财政会计收到借款时作如下会计分录：

借：国库存款　　460 000

　贷：与上级往来　　460 000

（2）市财政局将（1）中借给县财政局的款项。150 000 元转作对该县的补助。

市政府财政会计作如下会计分录：

借：补助支出——一般预算补助　　150 000

　贷：与下级往来　　150 000

县政府财政会计作如下会计分录：

借：与上级往来　　150 000

　贷：补助收入——一般预算补助　　150 000

（二）财政机关与预算单位之间往来款项的核算

财政机关在预算执行中和预算单位之间也会发生临时性的应收、暂付、应付、暂收等往来款项，政府财政会计对此也要及时办理清理和结算。

为了核算财政机关与预算单位之间的往来款项，政府财政会计应设置“暂付款”、“暂存款”科目。

“暂付款”科目属于资产类科目，用来核算各级财政部门借给所属预算单位临时急需的款项。借出款项时，借记“暂付款”科目，贷记“国库存款”、“其他财政存款”科目；收回或转作支出时，借记“国库存款”、“其他财政存款”、“一般预算支出”等科目，贷记“暂付款”科目。该科目平时借方余额反映尚未结清的暂付款数额，该科目要及时清理结算，年终时，原则上应无余额。该科目按借款单位设明细科目。

“暂存款”科目属于负债类科目，用来核算各级财政临时发生的应付、暂收和收到不明性质的款项。收到暂存款时，借记“国库存款”、“其他财政存款”科目，贷记“暂存款”科目；冲转、退还或转作收入时，借记“暂存款”科目，贷记“国库存款”、“其他财政存款”或有关收入科目。该科目贷方余额反映尚未结清的暂存款数额。该科目应按债权单位或款项来源设置明细科目。

【例 4-9】某市财政局与预算单位有关往来款项的业务和会计分录如下：

（1）某市财政局借给市教育局款项 520 000 元，用于维修中小学教室。

市政府财政会计作如下会计分录：

借：暂付款　520 000

　贷：国库存款　520 000

（2）上述市教育局借款经批准转作经费支出。

市政府财政会计作如下会计分录：

借：一般预算支出　520 000

　贷：暂付款　520 000

（3）市财政局用基金预算存款借给市公共事业部门临时用款 170 000 元。

市政府财政会计作如下会计分录：

借：暂付款　170 000

　贷：国库存款——基金预算存款　170 000

（4）上述借给公共事业部门的款项经批准转作基金预算支出。

市政府财政会计作如下会计分录：

借：基金预算支出　170 000

　贷：暂付款　170 000

（5）市财政局收到性质不清的预算缴款 80 000 元，列作暂存款。

市政府财政会计作如下会计分录：

借：国库存款　80 000

　贷：暂存款　80 000

（6）上述性质不清的款项中，有 30 000 元是市工商行政管理局错收的罚款，应退还被罚单位，经核准后办理退库，其余 50 000 元是市土地管理局交来的罚没收入，应转作预算收入处理。

市政府财政会计作如下会计分录：

借：暂存款　30 000

　贷：国库存款　30 000

借：暂存款　50 000

　贷：一般预算收入　50 000

七、借入款的核算

借入款是指根据国家法律法规，中央财政和地方财政以发行债券等方式举借的债务。这种方式取得的债务收入主要用于弥补预算赤字。

为了核算中央财政和地方财政按照法律法规向社会发行债券等方式举借的债务，政府财政会计应设置“借入款”科目。该科目属于负债类科目，贷方登记借入款数额，借方登记偿还数额，期末贷方余额反映尚未偿还的债务数额。该科目应按债券种类或债权人设置明细账。上下级财政之间临时性借垫款，不通过该科目核算。

政府财政会计在核算发行债券等方式举借债务时，应借记“国库存款”科目，贷记“借入款”科目；到期偿还本金时，借记“借入款”科目，贷记“国库存款”科目。支付借入款利息时，应列为一般预算支出，借记“一般预算支出”科目，贷记“国库存款”科目。

【例 4-10】中央财政有关债务收入的业务和会计分录如下：

（1）中央财政根据有关法律法规向社会发行 2 年期国债，共计 400 亿元。中央财政总预算会计作如下会计分录：

借：国库存款	40 000 000 000	
贷：借入款		40 000 000 000

（2）中央财政以前年度发行的国库券 60 亿元到期，偿还本金 60 亿元，并支付利息 2 亿元。中央财政总预算会计作如下会计分录：

借：借入款	6 000 000 000	
贷：国库存款		6 000 000 000
借：一般预算支出——债务利息支出	200 000 000	
贷：国库存款		200 000 000

【例 4-11】中央财政 201×年 3 月根据有关法律法规公开发行 3 年期政府债券 50 亿元，其财政会计作如下会计分录：

借：国库存款	5 000 000 000	
贷：借入款		5 000 000 000

八、预付和暂存政府采购款的核算

此部分内容已经介绍，此处略。

九、预算周转金的核算

预算周转金是各级财政部门为了调剂预算年度内季节性收入与支出的差额，保证及时用款而设置的周转资金。预算周转金一般用年度一般预算结余资金设置、补充或由上级财政部门拨入。

国家预算在年度执行过程中，由于季节性等原因，可能出现暂时的入不敷出情况。如行政事业单位的经费，一般在年初就要求按计划拨款，但往往年初的预算收入满足不了需要，需要一笔资金予以临时垫付，这就要求设置一笔供临时周转垫支使用的预算周转金。

设置必要的预算周转金，是各级财政灵活调度预算资金的重要保证。预算周转金的设置，必须经上级财政部门批准，从预算结余中提取或补充。预算周转金只供平衡预算收支的临时周转使用，不能用于安排财政开支，未经上级财政机关批准，预算周转金年终必须保证原数，不能随意减少。预算周转金的数额，应当随着预算支出规模的扩大，逐年有所补充。

为了核算预算周转金，政府财政会计设置“预算周转金”科目。该科目属于基金类会计科目。其贷方登记设置或补充预算周转金的数额，借方登记核减数或上级抽回数（一般很少发生），贷方余额反映预算周转金实有数。政府财政会计在核算设置或补充预算周转金时，应借记“预算结余”科目，贷记“预算周转金”科目。

【例 4-12】某县财政局有关预算周转金的业务和会计分录如下：

(1)县财政局经上级财政机关批准，从本县上年一般预算结余中设置预算周转金 490 000 元。

借：预算结余　　490 000

　贷：预算周转金　　490 000

（2）县财政局收到上级财政机关拨来的预算周转金 730 000 元。

借：国库存款　　730 000

　贷：预算周转金　　730 000

十、预算稳定调节基金的核算

此部分内容已经介绍，此处略。

复习思考题

1. 财政性存款的管理要求是什么?
2. 建立国库单一账户制度有何意义?
3. 国库单一账户体系的内容是什么?
4. 财政会计如何核算有价证券?
5. 财政会计如何核算借入款?
6. 地方政府债券发行如何核算?
7. 地方政府债券转贷收入与支出如何核算?
8. 地方政府债券还本付息如何核算?
9. 什么是预算补助？主要包括哪些内容?怎样进行账务处理?
10. 什么是预算上解？主要包括哪些内容?怎样进行账务处理?
11. 什么是预算周转金？如何核算?
12. 国有资本经营核算应当设置哪些会计科目?

第五章 财政会计的财务报告

一、年终清理结算

（一）年终清理

各级财政总预算会计，在会计年度结束前，应当全面进行年终清理。清理主要事项如下。

1. 核对年度预算

预算数字是考核决算和办理收支结算的依据，也是进行会计结算的依据。年终前，各级总预算会计，应配合预算管理部门把本级财政总预算与上、下级财政总预算和本级各单位预算之间的全年预算数核对清楚。追加追减、上划下划数字，必须在年度终了前核对完毕。为了便于年终清理，本年预算的追加追减和企事业单位的上划下划，一般截至 11 月底为止。各项预算拨款，一般截至 12 月 25 日为止。

2. 清理本年预算收支

凡属本年的一般预算收入，都要认真清理，年终前必须如数缴入国库。国库在年终库款报解整理期内，应迅速报齐当年的预算收入。应在本年预算支领列报的款项，非特殊原因，应在年终前办理完毕。此外，还要清理基金预算收支和专用基金收支。凡属应列入本年收入的，应及时催收，并缴入国库或指定的银行账户。

3. 组织征收机关和国库进行年度对账

年度终了后，按照国库管理制度的规定，支库应设置 10 天的库款报解整理期（设置决算清理期的年度，库款报解整理期相应顺延）。各经收处 12 月 31 日前所收款项均应在“库款报解整理期”内报达支库，列入当年决算。同时，各级国库要按年度决算对账办法编制收入对账单，分送同级财政部门、征收机关核对签章，保证财政收入数字的一致。

4. 清理核对当年拨款支出

各级政府财政会计对本级各单位的拨款支出应与单位的拨款收入核对清楚。对于当年安排的非包干使用的拨款，其结余部分应根据具体情况处理。属于单位正常周转占用的资金，可仍作为预算支出处理；属于应收回的拨款，应及时收回，并按收回数相应冲减预算支出。属于预拨下年度的经费，不得列入当年预算支出。

5. 清理往来款项

各级财政的暂收、暂付等各种往来款项，要在年度终了前认真清理结算，做到人欠收回，欠人归还。应转作各项收入或各项支出的款项，要及时转入本年有关收支账。

（二）年终结算

各级政府财政会计要在年终清理的基础上，进行年终结算。年终结算主要是结清上下级财政总预算之间的预算调拨收支和往来款项。要按照财政管理体制的规定，计算出全年应补助、应上解和应返还数额，与年度预算执行过程中已补助、已上解和已返还数额进行比较，结合借垫款项，计算出全年最后应补或应退数额，填制年终财政决算结算单，经核对无误后，作为年终财政结算凭证，据以入账。

各级政府财政会计，对年终决算清理期内发生的会计事项，应当划清会计年度。属于清理上年度的会计事项，记入上年度账内；属于新年度的会计事项，记入新账。要防止错记漏记。

【例 5-1】经 201×年年终结算，某市财政按年度预算计算应上解省财政数为 85 000 000 元。年度预算执行中实际上解数额为 62 000 000 元。省财政应专项补助该市财政 7 500 000 元（平时通过往来处理）。

该市政府财政会计年终计算应补上解数为：

应补上解数=应上解省财政数 － 市实际上解数 － 省应补助市数

=85 000 000－62 000 000－7 500 000

=15 500 000 元

201×年年终该市政府财政会计，根据经上级财政审批的财政决算结算单，通过“与上级往来”科目与省财政办理结算，作如下会计分录：

借：上解支出——一般预算上解　　23 000 000

　贷：与上级往来　　23 000 000

借：与上级往来　　7 500 000

　贷：补助收入——一般预算补助　　7 500 000

“与上级往来”科目的贷方余额 15 500 000 元，为市财政欠省财政应补上解和省财政对市财政专项补助差数。

同时，省政府财政会计也应通过“与下级往来”科目与该市办理结算，作如下会计分录：

借：与下级往来　　23 000 000

　贷：上解收入——一般预算上解　　23 000 000

借：补助支出——一般预算补助　　7 500 000

　贷：与下级往来　　7 500 000

“与下级往来”科目的借方余额 15 500 000 元，为所属市财政应补交省财政的款项。

（三）年终结账

政府财政会计经过年终清理和结算，把各项结算收支记入各有关账户后，即可办理年终结账。年终结账工作一般分为年终转账、结清旧账和记入新账三个环节。

1. 年终转账

年终转账，首先要计算出各账户 12 月份的合计数和全年累计数，结出 12 月月末余额，然后根据各账户 12 月末的余额，编制会计科目试算平衡表。经试算平衡无误后，将应转账的各个收入科目、支出科目的年末余额，按年终冲转办法，填制 12 月份的记账凭证（凭证按 12 月份连续编号，填列实际处理日期），分别转入有关结余科目，各结余科目反映各项资金的当年收支结余数额。

具体的年终转账核算内容如下：

（1）将“一般预算收入”、“上解收入——一般预算上解”、“补助收入——一般预算补助”、“调入预算稳定调节基金”、“调入资金——一般预算调入资金”、“债务收入”和“债务转贷收入”等科目的贷方余额转入“预算结余”科目贷方；将“一般预算支出”、“上解支出——一般预算上解”、“补助支出——一般预算补助”、“安排预算稳定调节基金”、“债务还本支出”和“债务转贷支出”等账户的借方余额转入“预算结余”科目借方。

（2）将“基金预算收入”、“上解收入——基金预算上解”、“补助收入——基金预算补助”等科目的贷方余额转入“基金预算结余”科目贷方；将“基金预算支出”、“上解支出——基金预算上解”、“补助支出——基金预算补助”和“调出资金——基金预算调出资金”等科目的借方余额转入“基金预算结余”科目借方。

（3）将“专用基金收入”科目的贷方余额转入“专用基金结余”科目贷方；将“专用基金支出”科目的借方余额转入“专用基金结余”科目借方。

（4）将“国有资本经营预算收入”科目贷方余额转入“国有资本经营预算结余”科目贷方；将“国有资本经营预算支出”、“国有资本经营预算调出资金”科目借方余额转入“国有资本经营预算结余”科目借方。

（5）将“财政专户管理资金收入”等科目贷方余额转入“财政专户管理资金结余”科目贷方；将“财政专户管理资金支出”等科目借方余额转入“财政专户管理资金结余”科目借方。

下面举例说明政府财政会计年终转账的会计处理。

【例 5-2】根据某市政府财政会计 201×年 12 月 31 日年终转账前有关账户的余额，按年终转账办法，编制有关年终转账会计分录如下：

（1）将“一般预算收入”科目余额 6 900 万元、“上解收入——一般预算上解”科目余额 240 万元、“调入资金——一般预算调入资金”科目余额 120 万元、“调入预算稳定调节基金”科目余额 400 万元、“债务收入”科目余额 8 000 万元和“债务转贷收入”科目余额 2 000 万元，转入“预算结余”科目。

借：一般预算收入　　69 000 000
　上解收入——一般预算上解　　2 400 000
　调入资金——一般预算调入资金　　1 200 000
　调入预算稳定调节基金　　4 000 000
　债务收入　　80 000 000
　债务转贷收入　　20 000 000
　贷：预算结余　　176 600 000

（2）将“一般预算支出”科目余额 6 800 万元、“上解支出——一般预算上解”科目余额 300 万元、“债务还本支出”科目余额 6 000 万元和“债务转贷支出”科目余额 4 000 万元，转入“预算结余”科目。

借：预算结余　　171 000 000
　贷：一般预算支出　　68 000 000
　上解支出——一般预算上解　　3 000 000
　债务还本支出　　60 000 000
　债务转贷支出　　40 000 000

（3）将“基金预算收入”科目余额 1 080 万元，转入“基金预算结余”科目。

借：基金预算收入　　10 800 000
　贷：基金预算结余　　10 800 000

（4）将“基金预算支出”科目余额 890 万元，“调出资金——基金预算调出资金”科目 120 万元，转入“基金预算结余”科目。

借：基金预算结余　　10 100 000
　贷：基金预算支出　　8 900 000
　　调出资金——基金预算调出资金　　1 200 000

（5）将“专用基金收入”科目余额 650 万元，转入“专用基金结余”科目。

借：专用基金收入　　6 500 000
　贷：专用基金结余　　6 500 000

（6）将“专用基金支出”科目余额 550 万元，转入“专用基金结余”科目。

借：专用基金结余　　5 500 000
　贷：专用基金支出　　5 500 000

（7）将“国有资本经营预算收入”科目余额 1 800 万元，转入“国有资本经营预算结余”科目。

借：国有资本经营预算收入　　18 000 000
　贷：国有资本经营预算结余　　18 000 000

（8）将“国有资本经营预算支出”科目余额 1 500 万元、“国有资本预算调出资金”科目余额 900 万元，转入“国有资本经营预算结余”科目。

借：国有资本经营预算结余　　24 000 000

贷：国有资本经营预算支出　　15 000 000
　　国有资本预算调出资金　　9 000 000

2. 结清旧账

结清旧账的基本方法是：将各个收入和支出账户的借方、贷方结出全年总计数，然后在下面划双红线，表示本账户全部结清。对年终有结余的账户，在“摘要”栏内注明“结转下年”字样，并在下面划双红线，表示旧账余额结束，转入新账。各个账户结清后，要根据各账户余额编制年终决算资产负债表。

3. 记入新账

根据本年度各个总账账户和明细账户年终转账后的余额编制年终决算资产负债表和有关明细表后，将表列各账户的余额直接记入新年度有关总账和明细账各账户预留空行的余额栏内，并在“摘要”栏注明“上年结转”字样，以区别新年度发生数。

二、财政会计的财务报告编制

（一）财政会计财务报告的概念与种类

1. 财政会计财务报告的概念

财政会计财务报告是反映各级政府财政资金状况和预算收支执行情况及其结果的定期书面报告，是各级政府和上级财政部门了解财政收支情况、制定财政政策、指导预算执行工作的重要依据，也是编制下年度预算的基础。

各级政府财政会计在日常会计核算中，通过填制和审核会计凭证、登记会计账簿等工作，可以全面地反映和监督财政总预算的执行情况。但是，日常的会计核算所提供的会计资料比较零散，如果要系统地了解和考核一定时期的财政总预算执行情况，就必须对日常的会计核算资料做进一步的加工、整理，并以一定的表格形式反映出来，这就形成了财政会计财务报告。财政会计财务报告集中、系统地反映了一定时期预算收支的执行情况，为各级政府了解财政状况、作出有关经济决策提供政府财政会计信息。

各级政府财政会计必须定期编制和汇总政府财政会计财务报告。地方各级财政部门，要定期向同级人民政府和上级财政部门报告本行政区域预算执行情况。

2. 财政会计财务报告的种类

财政会计财务报告可以按不同的标准进行分类。按其性质不同，可分为资产负债表、一般预算收支决算总表、政府性基金收支决算总表、预算外财政专户资金收支决算总表及其他附表和预算执行情况说明书等。

财政会计财务报告按编报的时间可分为旬报、月报和年报。

（二）财政会计财务报告的编制要求

财政会计财务报表必须做到数字正确、报送及时、内容完整。编制财政会计财务报表应符合如下要求：

（1）各级政府财政会计要加强日常会计核算工作。督促有关单位及时记账、结账。所有预算会计单位都应在规定的期限内报出报表，以便主管部门和财政部门及时汇总。

（2）财政会计财务报告的数字，必须根据核对无误的账户记录汇总。切实做到账表相符，有根有据。不能估列代编，更不能弄虚作假。

（3）财政会计财务报表要严格按照统一规定的种类、格式、内容、计算方法和编制口径填制，以保证全国统一汇总和分析。汇总报表的单位，要把所属单位的报表汇集齐全，防止漏报。

（三）财政会计财务报告的编报程序

财政会计财务报告由乡（镇）、县（市）、市（设区的市）、省（自治区、直辖市）以及计划单列市财政机关，根据统一的会计科目、统一的编制口径、统一的报送时间，从基层单位开始，逐级汇总编报，不得估列代编。各预算单位会计财务报表是同级财政总预算会计财务报表的组成部分，由各级行政事业单位逐级汇总，各主管部门向同级财政机关报送。此外，参与国家预算执行的国家金库，也要分别向同级财政机关报送预算收入和预算支出的各种报表，这些报表也是财政总预算会计报表的组成部分。逐级汇总编成定期的国家预算收支决算表，由财政部报送国务院。地方各级政府的预算收支决算表，由财政机关报送同级人民政府。

（四）财政会计财务报告的编制方法

1. 资产负债表

资产负债表是反映各级人民政府财政资金状况的会计报表，它提供某一特定日期各级政府所控制的资产、承担的负债以及拥有的净资产情况。资产负债表以“资产=负债+净资产（结余）”平衡公式为依据，左方反映资产总额，右方反映负债及净资产（结余）总额。资产负债表只要求编制和汇总月报和年报。

月末时，应将各收入类和支出类账户的当月余额分别转入相应的结余账户，因此，资产负债表应反映各类资产、负债和净资产（结余）项目的余额，该余额表示期末各类项目的余额数。

财政会计应先编出本级财政的资产负债表，然后与经审核无误的所属下级总预算会计汇总的资产负债表汇总编成本地区财政汇总的资产负债表。在汇编中，应将本级财政的“与下级往来”和下级财政的“与上级往来”核对无误后互相冲销，以免重复汇总。

某市政府财政会计 20××年度的资产负债表，见表 5-1。

表 5-1　资产负债表

编制单位：　　　　　　　××年 12 月 31 日　　　　　　　单位：万元

资产部类			负债部类		
科目名称	年初数	期末数	科目名称	年初数	期末数
资产类：			负债类：		
国库存款			暂存款		
其他财政存款			与上级往来		
财政零余额账户存款			已结报支出		
有价证券			借入款		
在途款			暂存政府采购款		
暂付款			负债合计		
与下级往来			净资产类：		
预拨经费			预算结余		
基建拨款			基金预算结余		
预付政府采购款			专用基金结余		
资产合计			预算周转金		
			国有资本经营预算结余		
			预算稳定调节基金		
			财政专户管理资金结余		
			净资产合计		
资产部类总计			负债部类总计		

2. 一般预算收支决算总表

一般预算收支决算总表是财政会计用于反映年度一般预算收支情况的会计报表。该报表按预算收入和预算支出科目反映全年一般预算收支的调整预算数和决算数。

财政会计在编制一般预算收支决算总表后，还应当编制一般预算收入变动情况表、一般预算收入决算明细表等报表。

3. 政府性基金收支决算总表

政府性基金收支决算总表反映年度政府性基金的收入和支出的调整预算数和决算数。其格式如表 5-2 所示。

表 5-2　政府性基金收支决算总表

单位：亿元

预算科目	调整预算数	决算数	预算科目	调整预算数	决算数
政府性基金收入			教育		
			文化体育与传媒		
			社会保障和就业		
			城乡社区事务		

续表

预算科目	调整预算数	决算数	预算科目	调整预算数	决算数
			农林水事务		
			交通运输		
本年收入合计					
上级补助收入			本年支出合计		
省补助计划单列市收入			上解上级支出		
上年结余			计划单列市上解省支出		
调入资金			调出资金		
1. 一般预算调入			年终结余		
2. 预算外调入					
3. 其他调入					
总计			总计		

财政会计在编制政府性基金收支决算总表时，还应当编制政府性基金收入预算变动情况表、政府性基金支出预算变动情况表等报表。

三、财政会计财务报表的审核和汇总

（一）财政会计财务报表的审核

财政会计在审核会计报表时，应着重于以下两方面。

1. 政策性审核

政策性审核是审核会计报表反映的预算收支执行情况及其结果是否符合有关的法律法规。

（1）预算收入的审核。对预算收入应主要审核以下内容：

第一，审核本年度的预算收入是否按照国家政策、预算管理体制的规定，及时足额地缴入国库，是否有无故拖欠、截留、挪用预算收入的情况，有无将应缴的收入以暂存款挂在往来账上的现象。

第二，审核预算收入的划分、报解是否符合财政管理体制的规定，有无错误划分报解预算收入的情况。

第三，审核收入退库是否符合国家规定范围，有无办理不符合规定的收入退库情况。

第四，审核一般预算收入与其他各项收入是否划分清楚，有无混淆各种收入的情况。

第五，审核年终决算的收入数和12月份会计报表中的累计收入数是否一致，如有较大出入，应具体查明原因。

（2）预算支出的审核。对预算支出应主要审核以下内容：

第一，审核列入本年预算支出是否符合规定，有无错列预算支出情况。

第二，审核预算支出是否按规定的列报口径列支。

第三，审核一般预算支出与其他支出是否划分清楚，有无将一般预算支出与其他支出相混淆的情况。

第四，审核预算支出是否编列齐全，有无漏报的现象。

第五，审核年终决算支出数和12月份会计报表所列全年累计支出数是否一致，查明超支和增支中有无违反财经纪律的现象。

2. 技术性审核

技术性审核是从会计报表的数字关系、数字计算的准确程度等方面，对会计报表反映的各项预算收支情况进行审核。对政府财政会计报表的技术性审核主要包括以下内容：

（1）审核决算报表之间的有关数字是否一致。

（2）审核上下年度之间的有关数字是否一致。

（3）审核上下级财政总决算之间、财政部门决算与单位决算之间有关上解、补助、暂收、暂付等往来款项数字是否一致。

（4）审核财政总决算报表的有关数字与其他有关部门年报的有关数字是否一致。

（5）审核会计报表的正确性与完整性。

（二）财政会计报表的汇总

会计报表经审核无误后，县以上各级财政总会计还要根据本级报表和所属各级上报的会计报表进行汇总，编制汇总会计报表。在编制汇总会计报表时，应将上下级之间对应科目的数字予以冲销，以避免重复计列收支。需要冲销的项目有：本级报表中的“上解收入”和所属下级报表中的“上解支出”应冲销；本级报表中的“补助支出”与下级报表中的“补助收入”应冲销，本级报表中的“与下级往来”与所属下级报表中的“与上级往来”应冲销。

各级财政部门应将汇总编制的本级决算草案及时报本级政府审定。然后，各级财政部门应按照上级财政部门规定的时限和份数，将经本级人民政府审定的本行政区域决算草案逐级报送备案。

复习思考题

1. 试述财政总预算会计年终清理的内容。
2. 财政总预算会计如何进行年终结算？

3．年终结账包括哪几个环节?

4．简述政府财政会计报表的种类。

5．试述政府财政会计编制资产负债表的程序。

6．如何审核政府财政会计报表?

第三篇

行政单位会计

第六章

行政单位收支和结转结余的核算

一、行政单位会计概述

（一）行政单位的定义

行政单位是指进行国家行政管理、组织经济和文化建设、维护社会公共秩序的单位。包括国家权力机关，即全国人民代表大会和地方各级人民代表大会及其常务委员会；国家行政机关，即国务院和地方各级人民政府及其工作机构；各级审判机关和检察机关；军队等。

（二）行政单位会计的定义

行政单位会计是指以货币为计量单位，对国家各级行政单位各项业务进行确认、计量和报告的会计。有些单位就其本身性质而言不属于行政单位，如各党派、人民团体、各种协会等，但因其经费来源主要为国家财政拨款，或财务收支业务与行政单位类似，也视同行政单位核算，实行与行政单位相类似的会计核算办法。

（三）行政单位会计科目

本书使用的会计科目以财政部最新修订发布（财库[2013]218 号）、于 2014 年 1 月 1 日正式施行的《行政单位会计制度》为依据。如表 6-1 所示。

表 6-1　行政单位会计科目表

序　号	编　号	会计科目名称	序　号	编　号	会计科目名称
一、资产类			21	2301	应付账款
1	1001	库存现金	22	2302	应付政府补贴款
2	1002	银行存款	23	2305	其他应付款
3	1011	零余额账户用款额度	24	2401	长期应付款
4	1021	财政应返还额度	25	2901	受托代理负债
	102101	财政直接支付	三、净资产类		
	102102	财政授权支付	26	3001	财政拨款结转
5	1212	应收账款	27	3002	财政拨款结余
6	1213	预付账款	28	3101	其他资金结转结余
7	1215	其他应收款	29	3501	资产基金
8	1301	存货		350101	预付款项

续表

序　号	编　号	会计科目名称	序　号	编　号	会计科目名称
9	1501	固定资产		350111	存货
10	1502	累计折旧		350121	固定资产
11	1511	在建工程		350131	在建工程
12	1601	无形资产		350141	无形资产
13	1602	累计摊销		350151	政府储备物资
14	1701	待处理财产损溢		350152	公共基础设施
15	1801	政府储备物资	30	3502	待偿债净资产
16	1802	公共基础设施	四、收入类		
17	1901	受托代理资产	31	4001	财政拨款收入
二、负债类			32	4011	其他收入
18	2001	应缴财政款	五、支出类		
19	2101	应缴税费	33	5001	经费支出
20	2201	应付职工薪酬	34	5101	拨出经费

各行政单位因没有相关业务不需要使用的总账科目可以不设；在不影响会计处理和编报财务报表的前提下，行政单位可以根据实际情况自行增设制度规定以外的明细科目，或者自行减少、合并本制度规定的明细科目。行政单位会计制度统一规定会计科目的编号，以便于填制会计凭证、登记账簿、查阅账目、实行会计信息化管理。行政单位不得随意打乱重编制度规定的会计科目编号。

二、行政单位经费收入的管理

行政单位履行公务所需的资金由国家财政供给。行政单位必须按国家规定取得资金，按规定用途使用资金。行政单位这些资金均为财政拨款，由财政部门按照单位预算和分月用款计划采取拨款、直接支付或授权支付的方式满足行政单位的经常性支出。根据目前国库管理制度改革的要求，都应该通过国库单一账户体系由财政直接支付或授权支付。

（一）行政单位预算资金管理方式

预算资金是国家为了实现其职能，通过国家预算所集中的资金。其特点是收入和支出均纳入国家预算管理。预算资金是行政单位行使职能的主要资金来源。我国目前国库管理制度改革对行政单位预算资金领拨和使用方式进行了改革，因此目前存在传统和改革后的预算资金管理办法并存的现象。

（二）行政单位预算外资金管理方式

根据《财政部关于将按预算外资金管理的收入纳入预算管理的通知》（财预[2010]88 号）

等有关规定，从2011年1月1日起，除教育收费、彩票发行机构和彩票销售机构业务费用等资金不纳入预算，实行财政专户管理外，其他按预算外资金管理的收入将全部纳入预算管理。我国财政从根本上取消了存在了几十年的预算外资金。

（三）国库单一账户体系下行政单位经费的获取程序

在国库单一账户体系管理方式下，行政单位的经费通过财政直接支付和财政授权支付两种方式获得。

财政直接支付是指财政部门向中国人民银行和财政零余额账户代理银行签发支付指令，代理银行根据支付指令通过国库单一账户体系将资金直接支付到收款人（即商品或劳务供应商等）或用款单位（即具体申请和使用财政性资金的预算单位）账户。预算单位实行财政直接支付的财政性资金包括工资支出、工程采购支出、物品和服务采购支出。财政授权支付是指预算单位按照财政部的授权，向预算单位零余额账户代理银行签发支付指令，代理银行根据支付指令，在财政部批准的用款额度内，通过国库单一账户体系将资金支付到收款人账户。预算单位实行财政授权支付的有：未纳入工资支出，工程采购支出，按物品、服务采购支出管理的购买支出和零星支出。财政直接支付的金额以及财政授权支付的额度构成预算单位的经费收入。

三、行政单位经费支出的管理

（一）经费支出的分类和管理

1. 基本支出和项目支出

从资金管理的角度出发，行政单位需要根据资金用途的不同，将资金使用分为基本支出和项目支出两大类。

（1）基本支出。基本支出是行政单位为保障机构正常运转，完成日常工作任务发生的支出。它是行政单位进行公务活动必需的日常资金消耗，是组织和领导经济建设、文化建设、社会管理的基本资金保证，也是单位支出管理的重点和上级有关部门考核、检查行政单位预算执行情况的重要依据。 从预算管理的角度出发，属于基本支出的经费必须是能够实行定员或定额管理的经费，分为人员经费和日常公用经费两部分。

（2）项目支出。在基本支出之外为完成其特定的任务所发生的支出作为项目支出。包括基本建设、专项业务费、大型修缮、大型购置、大型会议等支出。它们通常是不易实行定员定额管理的支出项目。

2. 经费支出的经济分类

根据政府预算收支科目以及部门预算编制的分类要求，经费支出需要按照经济用途分类，即按政府收支分类科目表中的“支出经济分类科目”进行分类。政府行政事业单位涉及的支出经济分类的类级科目主要包括工资福利支出、对个人和家庭的补助、商品和服务支出、资本性支出、其他资本性支出等。类以下再分若干款级科目。

（二）工资支出的程序

行政单位由财政拨款供养的在编人员的工资实行财政直接支付方式。工资支出应该严格执行国家规定的工资标准和有关政策。

一级预算单位根据编制部门和人事部门的要求，在每月规定时间内提供下月本单位的人员编制、实有人数、工资标准和代扣款项（包括按国家规定必须由个人缴纳的住房公积金、医疗保险、养老保险、失业保险和依法缴纳的个人所得税等）等数据，报编制部门和人事部门审核。编制部门对一级预算单位的人员编制数进行审核。人事部门根据编制部门核定的编制数、人员和工资计划管理的政策规定审核各单位所报人员和应发工资额，在规定时间内将审核结果报送财政部门。财政部门的国库支付执行机构根据人事部门核定的各单位在编实有人员有关等级的工资额，按照预算科目分类生成发放工资汇总表，计算代扣款项，列出应由财政部门发放的工资清单，通知代理银行办理资金支付。代理银行通过财政部零余额账户将工资分解到个人工资账户，并根据所列代扣款项分别将个人所得税、医疗保险、养老保险、失业保险和住房公积金等划入财政部门认定的相关账户。同时，代理银行在工资支付的次日为各单位出具工资明细表，向各单位传送个人工资支付信息。

二级和二级以下预算单位的人员编制、实有人数和工资标准等，由预算单位报上级主管单位人事部门逐级审核汇总，一级预算单位填写财政直接支付汇总申请书（附各基层预算单位应由财政发放的工资清单），按固定程序报财政部门，财政部门审核无误后，签发支付指令，通知代理银行办理有关支付手续。

预算执行中，各单位发生增人增资、减人减资、正常工资变动及津贴变化等情况，一级预算单位要在变动当月规定日期前将变动情况和变动后的人员工资一并汇总报人事部门审核，人事部门在当月规定日期前将审核结果报财政部门；二级及二级以下预算单位要在变动当月将变动情况和变动后的人员工资一并汇总报上一级主管单位人事部门，经逐级审核汇总后，按规定程序在当月规定日期前报财政部门，财政部门及时向代理银行提供下月工资发放清单。

（三）物品、服务采购支出的程序

行政单位实行财政直接支付的物品和服务采购支出包括列入财政部门颁发的“政府采购品目分类表”的商品、服务采购支出（单件商品或单项服务购买额不足规定金额的除外），或未列入“政府采购品目分类表”但单件商品或单项服务购买额超过规定金额的支出。

1. 政府采购资金财政直接支付方式

行政单位使用财政性资金集中采购目录以内或者采购限额标准以上的货物、工程和服务需要按照《政府采购法》的规定进行政府集中采购或分散采购。行政单位采购所需支付的资金（政府采购资金）实行财政直接支付，由财政部门按照政府采购合同约定，将政府采购资金通过代理银行直接支付给中标供应商。财政直接支付采购资金的方式有两种，即财政全额直接支付和财政差额直接支付。

（1）财政全额直接支付方式。指财政部门和采购机关（需要采购商品或服务的行政单位）按照先集中后支付的原则，在采购活动开始前，先将单位自筹资金汇集到政府采购资金专户；需要支付资金时，财政部门根据合同履行情况，将预算资金和已经汇集的单位自筹资金，通过政府采购资金专户一并拨付给中标供应商。

（2）财政差额支付方式。指财政部门和采购单位按照政府采购拼盘项目合同中约定的各方负担的资金比例，分别将预算资金及单位自筹资金支付给中标供应商。

2. 政府采购资金支付程序

（1）资金汇集。实行全额支付方式的采购项目，采购机关应当在政府采购活动开始前规定的工作日内，依据政府采购计划将应分担的单位自筹资金足额划入财政部门的政府采购资金专户。实行差额支付方式的采购项目，采购机关应当在确保具备支付应分担资金能力的前提下开展采购活动。

（2）支付申请。采购机关根据合同约定需要付款时，应当向同级财政部门政府采购主管机构提交预算拨款申请书和有关采购文件（包括购货票证、购货合同、验收结算书或质检报告、接受履行报告、采购机关已支付应分担资金的付款凭证等）。采购机关为基层预算单位的，依据年度单位预算、分月用款计划和有关支付凭证，提出支付申请，填写基层预算单位财政直接支付申请书，按规定程序报上级预算单位审核汇总。一级预算单位审核汇总后，填写财政直接支付汇总申请书，附基层预算单位财政直接支付申请书，报财政部门国库支付执行机构。采购机关为一级预算单位的，其物品、服务采购支出支付申请，可直接报财政部门国库支付执行机构审核。

（3）支付。财政部门的国库管理机构审核一级预算单位提出的财政直接支付汇总申请无误后，向代理银行开具财政直接支付凭证，由代理银行将资金支付到收款人或用款单位。

行政单位基本支出中未纳入工资支出，物品、服务采购支出管理的购买支出和零星支出采取财政授权支付的方式，其有关程序可参见本章有关经费获取程序的内容。

3. 日常公务支出的程序

行政单位日常公用经费支出采用财政授权支付的方式，通过单位零余额账户进行支付。为了减少现金支付结算，提高支付透明度，加强财政监督，方便预算单位用款，我国目前正在试行公务卡结算方式，即将原使用现金结算的差旅费、会议费、招待费和零星购买支出等日常公用经费，使用公务卡结算。

公务卡是指行政单位工作人员持有的，主要用于日常公务支出和财务报销业务的信用卡。

公务卡按照持卡人的身份，分为单位卡和个人卡。单位卡用于单位水电费、邮电费等委托代付项目支出，以及与个人卡的结算，不直接用于消费，不提取现金。单位卡以行政事业单位的名义开立，单位作为持卡人承担相应法律责任。个人卡主要用于职工办理原使用现金结算的零星商品服务支出，以及办理原使用转账结算的 5 万元以下的小额商品服务支出。职工个人为个人卡的持卡人，对该卡负有相应的法律责任。

四、经费收支的账务处理

（一）经费收支核算的会计科目

尽管行政单位的经费实行财政部门国库单一账户管理方式，大部分资金不进入行政单位的银行账户，但是这种资金使用方式上的改变并不等于行政单位对资金使用权和管理权的改变。行政单位依旧要履行财务管理、会计核算的职能，仍然是会计主体。行政单位应设置相应的会计科目，核算和监督有关资金的收支情况。

1. 经费收入核算的会计科目

行政单位获得的各项经费为财政预算资金。为了按来源区分核算行政单位获得的基本经费拨款，行政单位需要设置“财政拨款收入”总账科目。“财政拨款收入”科目核算行政单位从同级财政部门取得的财政预算资金；为了满足与国库和银行对账的需要，应按财政拨款方式设置“财政直接支付”和“财政授权支付”二级明细科目；同时，为了满足部门决算对基本支出业务和项目支出业务资金及其结余分别管理和报告的需要，以及政府报告中对支出功能分类数据的需要，行政单位需要在二级科目下设“基本支出拨款”和“项目支出拨款”两个三级明细科目，区分经费收入限定的不同用途，再在三级科目下按照支出功能分类的项级科目设置四级明细科目。

尽管现在越来越多的行政单位取得资金的方式已经采用国库单一账户管理方式下的财政直接支付和财政授权支付，但是，仍有部分行政单位实行领拨经费的拨款方式，因此这些单位不仅需要核算从同级财政部门取得的财政预算经费，而且还要设置“拨出经费”科目来核算财政拨入的、需由本单位向所属单位拨出的、纳入单位预算管理的非同级财政拨款资金，如拨给所属单位的专项经费和补助经费等。“拨出经费”科目也需按照“基本支出”和“项目支出”进行明细核算。

行政单位在日常业务中除了财政拨款收入之外，还可能存在从非同级财政部门、上级主管部门等取得的用于完成项目或专项任务的资金、以及库存现金溢余、银行存款的利息等收入，行政单位需要设置“其他收入”科目核算这些零星的非财政拨款收入。

“财政拨款收入”科目的本年发生额转入“财政拨款结转”科目，“其他收入”和“拨出经费”科目的余额年末应转入“其他资金结转结余”科目。年终结账后，收入科目应无余额。

2. 经费支出核算的会计科目

行政单位的预算经费在使用的时候，一般情况下全部纳入单位和部门预算，因此使用上只需要设置“经费支出”科目进行支出核算，为了方便不同类型的支出预算编制和管理需要，该总账科目下需设置“财政拨款支出”和“其他资金支出”、“基本支出”和“项目支出”等分类进行明细分类核算，并按照《政府收支分类科目》中“支出功能分类科目”的项级科目进行明细核算；“基本支出”和“项目支出”明细科目下应当按照《政府收支分类科目》中“支出经济分类科目”的款级科目进行明细核算。同时在“项目支出”明细科目下按照具体项目进行明细核算。有公共财政预算拨款、政府性基金预算拨款等两种或两种以上财政拨款的行政单位，还应当按照财政拨款的种类分别进行明细核算。

行政单位因退货等原因发生支出收回的，属于当年支出收回的，借记“财政拨款收入”、“零余额账户用款额度”、“银行存款”等科目，贷记“经费支出”科目；属于以前年度支出收回的，借记“财政应返还额度”、“零余额账户用款额度”、“银行存款”等科目，贷记“财政拨款结转”、“财政拨款结余”、“其他资金结转结余”等科目。

年末将“经费支出”科目本年发生额分别转入“财政拨款结转”和“其他资金结转结余”科目。年终结账后，支出科目应无余额。

（二）国库单一账户管理方式下的基本收支核算

在财政直接支付的经费支出发生时，行政单位应根据财政国库支付执行机构委托代理银行转来的财政直接支付入账通知书及原始凭证（工资支出凭代发工资银行盖章转回的工资发放明细表），根据经费来源借记“经费支出”科目，贷记“财政拨款收入”科目，并根据经费用途记录各科目的二级或三级科目金额。如果财政直接支付购买的是大宗材料、物资，以及达不到固定资产标准的工具、器具等，应先借记“存货”科目，不能直接列为基本支出。如果购买的是固定资产，在列入基本支出的同时，还需借记“固定资产”，贷记“资产基金——固定资产”科目。

采用财政授权支付时，行政单位需设置“零余额账户用款额度”，其性质类似“银行存款”账户。财政部门根据批准的一级预算单位用款计划中各基层预算单位的月度财政授权支付额度向行政单位下达授权支付额度，行政单位接到财政授权支付额度到账通知书确定的月度财政授权支付额度时，借记“零余额账户用款额度”科目，贷记“财政拨款收入”科目；当行政单位从零余额账户支取使用时，借记“经费支出”科目，贷记“零余额账户用款额度”科目，并记录相应用途的明细科目。如果单位职工使用个人公务卡进行日常公用经费结算，则在职工报销当时无须做分录，在单位签发财政授权支付指令办理公务卡报销还款手续时，借记“经费支出”科目，贷记“零余额账户用款额度”科目。

如果单位使用单位公务卡进行支付，则可以设立“单位公务卡存款”科目，根据支付凭证借记“经费支出”科目，贷记“单位公务卡存款”科目；当单位还款时，借记“单位公务卡存款”科目，贷记“零余额账户用款额度”科目。

【例 6-1】某市政府机关有关基本收支业务如下：

（1）代发工资银行盖章转回的工资发放明细表表明，发放基本工资总额 300 000 元，其中包括 50 000 元单位后勤中心职工基本工资。转入个人账户的工资总额 270 000 元，代扣住房公积金 30 000 元，单位配套补贴住房公积金 30 000 元。款项已通过财政直接支付转入个人工资账户和住房公积金个人账户。根据规定，单位发放的工资都需要经过“应付职工薪酬”科目进行核算。

借：经费支出——基本支出——基本工资　300 000
　贷：应付职工薪酬　300 000
借：应付职工薪酬　270 000
　贷：财政拨款收入——财政直接支付——基本支出——行政运行　225 000
　　财政拨款收入——财政直接支付——基本支出——机关服务　45 000
借：应付职工薪酬　30 000
　贷：其他应付款——代扣住房公积金　30 000
借：经费支出——基本支出——住房公积金　30 000
　贷：财政拨款收入——财政直接支付——基本支出——行政运行　25 000
　　财政拨款收入——财政直接支付——基本支出——机关服务　5 000

（2）支付退休人员工资 120 000 元，从零余额账户转账。

借：经费支出——基本支出——退休费　120 000
　贷：应付职工薪酬　120 000
借：应付职工薪酬　120 000
　贷：零余额账户用款额度　120 000

（3）从零余额账户向工会账户划拨工会经费 10 000 元。

借：经费支出——基本支出——工会经费　10 000
　贷：零余额账户用款额度　10 000

（4）办理职工个人公务卡报销还款手续，报销职工使用公务卡支出的差旅费 2 400 元，从单位公务卡向职工个人公务卡还款。

借：经费支出——基本支出——差旅费　2 400
　贷：单位公务卡存款　2 400

（5）从零余额账户向单位公务卡还款，金额 26 400 元。

借：单位公务卡存款　26 400
　贷：零余额账户用款额度　26 400

（三）划拨资金方式下相关业务的核算

一些行政单位目前仍通过划拨资金的方式获取资金。在这种情况下，当行政单位收到财政部门或上级单位拨来的财政预算资金时，借记“银行存款”科目，贷记“财政拨款收入”科目；当行政单位使用这些经费时，借记“经费支出”科目，贷记“银行存款”科目；如果行政单位将经费拨付下级单位，则借记“拨出经费”科目，贷记“银行存款”科目。

在划拨资金管理方式下，行政单位发生业务开支通过单位开户银行存款进行结算，发生开支时，行政单位应借记相关支出科目，贷记“银行存款”科目。

【例 6-2】某行政单位尚未纳入国库管理改革试点的范围。其有关基本经费收支业务如下：

（1）收到财政部门通过银行拨入预算资金基本业务经费 500 000 元。

借：银行存款 500 000

贷：财政拨款收入——基本支出 500 000

（2）开出转账支票支付单位职工年终奖金 390 000 元，支付单位物业费 30 000 元。

借：经费支出——基本支出——行政运行——奖金 390 000

经费支出——基本支出——行政运行——物业费 30 000

贷：银行存款 420 000

（3）向下属单位拨出经费 300 000 元，用于下属单位的行政运行。

借：拨出经费——基本支出——行政运行 300 000

贷：银行存款 300 000

（四）项目收支的核算

行政单位收到代理银行转来的财政直接支付入账通知书后，借记“经费支出——项目支出——××项目”科目，并按支出的经济内容登记明细账，同时贷记“财政拨款收入——财政直接支付——项目支出”科目，并按项目设置明细账，同时按照拨款对应的支出功能分类登记明细账；如果行政单位是以财政授权支付的形式获得项目经费，则在收到代理银行财政授权支付额度到账通知书时，借记“零余额账户用款额度”科目，贷记“财政拨款收入——财政授权支付——项目支出”科目。从零余额账户支用资金时，借记“经费支出——项目支出”科目，贷记“零余额账户用款额度”科目。年末及项目完工时，将该项目对应的“经费支出——项目支出”科目金额、“财政拨款收入——项目支出”科目金额转入“财政拨款结转——项目支出结转”科目。

【例 6-3】某市政府机关根据项目预算，使用办公楼维修及大型设备购置专项资金进行办公楼维修并购置安装有关设备。

（1）取得代理银行送来的财政授权额度到账通知书，本月获得财政授权额度 90 000 元用于单位办公楼大修业务。

借：零余额账户用款额度 90 000

贷：财政拨款收入——财政授权支付——项目支出——办公楼大修 90 000

（2）购买维修材料 140 000 元，已由财政直接支付。

借：存货 140 000

贷：资产基金——存货 140 000

借：经费支出——项目支出——办公楼大修 140 000

贷：财政拨款收入——财政直接支付——项目支出——办公楼大修 140 000

（3）施工单位领用材料 70 000 元。

借：资产基金——存货 70 000

贷：存货 70 000

（4）收到财政直接支付入账通知书，支付购买大型中央空调的有关费用 160 000 元。

借：经费支出——项目支出——办公楼大修　160 000

　贷：财政拨款收入——财政直接支付——项目支出——办公楼大修　160 000

借：固定资产　160 000

　贷：资产基金——固定资产　160 000

（5）从零余额账户支付施工单位劳务费 40 000 元。

借：经费支出——项目支出——办公楼大修——维修费　40 000

　贷：零余额账户用款额度　40 000

五、行政单位结余资金的管理与核算

行政单位结余资金有两种概念，一种是指在财政直接支付和财政授权支付方式下，行政单位年度内获得的经费与预算额度不一致，因此在年底形成了尚未确认为经费收入的预算额度结余，详见第七章“货币资金的核算”；另一种是指行政单位的经费收入与经费支出之间的差额形成的经费结转结余。行政单位年末对结余资金的核算也相应分为两部分，一是对按照预算财政应支付但尚未支付行政单位的预算额度结余进行核算；二是对单位经费收支的差额进行核算。

（一）预算额度结余的核算

1. 预算额度结余的科目

对于未使用完的预算额度，行政单位应设置“财政应返还额度”科目进行核算（事业单位也有此类业务）。财政直接支付年终结余资金账务处理时，借方登记单位本年度财政直接支付预算指标数与财政直接支付实际支出数的差额，贷方登记下年度实际支出的冲减数；财政授权支付年终结余资金账务处理时，借方登记单位零余额账户注销额度数，贷方登记下年度恢复额度数（如单位本年度财政授权支付预算指标数大于零余额账户用款额度下达数，借方需同时登记两者差额，贷方登记下年度单位零余额账户用款额度下达数）。

2. 财政直接支付年终结余资金的核算

行政（或事业）单位年终依据本年度财政直接支付预算指标数与当年财政直接支付实际支出数的差额作相关账务处理，借记“财政应返还额度——财政直接支付”，根据经费用途贷记“财政拨款收入——财政直接支付——基本支出”或“财政拨款收入——财政直接支付——项目支出”科目（事业单位记入“财政补助收入”科目）。下年度恢复财政直接支付额度后，单位暂不做账务处理，待发生实际支出时，借记“经费支出”科目，贷记“财政应返还额度——财政直接支付”科目。

【例 6-4】财政直接支付年终结余资金账务处理的有关业务如下：

（1）本年度通过政府采购购置一批办公用计算机，财政直接支付 240 000 元，其中需要本单位动用上年结余支付 120 000 元。计算机已到，财政已支付资金。

借：经费支出——基本支出——办公设备购置　　240 000

　贷：财政应返还额度——财政直接支付　　120 000

　财政拨款收入——财政直接支付——基本支出——行政运行　　120 000

（2）某市政府机关本年末确认本年用于基本支出的财政直接支付预算指标为 10 000 000 元，本年财政直接支付的实际数为 9 850 000 元，财政应返还额度为 150 000 元

借：财政应返还额度——财政直接支付　　150 000

　贷：财政拨款收入——财政直接支付——基本支出——行政运行　　150 000

（3）次年初行政单位获得财政部门批复同意恢复财政直接支付额度 500 000 元，一月份可用额度 160 000 元。行政单位使用恢复额度支付办公费 980 元。

借：经费支出　　980

　贷：财政应返还额度——财政直接支付　　980

3. 财政授权支付年终结余资金的核算

行政（或事业）单位年终零余额账户用款额度尚未用完的情况下，依据代理银行提供的对账单作相关注销额度的会计账务处理，借记“财政应返还额度——财政授权支付”科目，贷记“零余额账户用款额度”科目。如果单位本年度财政授权支付预算指标数大于零余额账户用款额度下达数，根据两者间的差额作相关会计分录，借记“财政应返还额度——财政授权支付”，根据经费用途贷记“财政拨款收入”科目及相关明细科目（事业单位记入“财政补助收入”科目）；到下一年初，单位依据该年度年初代理银行提供的额度恢复到账通知书作相关恢复额度的账务处理，借记“零余额账户用款额度”科目，贷记“财政应返还额度——财政授权支付”科目。

【例 6-5】零余额账户用款额度的注销和恢复核算举例如下：

（1）年初，某市政府收到代理银行通知，恢复零余额账户用款额度 28 000 元。

借：零余额账户用款额度　　28 000

　贷：财政应返还额度——财政授权支付　　28 000

（2）根据银行对账单，确定年末尚未使用的财政零余额用款额度 40 000 元，已被代理银行注销。

借：财政应返还额度——财政授权支付　　40 000

　贷：零余额账户用款额度　　40 000

（二）经费结转结余的核算

行政单位的经费结转结余是行政单位全部收入与全部支出相抵后的余额，具体内容包括：财政拨款结转、财政拨款结余和其他资金结转结余。

1. 财政拨款结转的核算

财政拨款结转是行政单位当年预算已执行但尚未完成，或因故未执行，下一年度需要

按照原用途继续使用的财政拨款滚存资金。包括基本支出结转和项目支出结转。

本科目应当设置“基本支出结转”、“项目支出结转”两个明细科目；在“基本支出结转”明细科目下按照“人员经费”和“日常公用经费”进行明细核算，在“项目支出结转”明细科目下按照具体项目进行明细核算；本科目还应当按照《政府收支分类科目》中“支出功能分类科目”的项级科目进行明细核算。本科目期末贷方余额，反映行政单位滚存的财政拨款结转资金数额。

有公共财政预算拨款、政府性基金预算拨款等两种或两种以上财政拨款的行政单位，还应当按照财政拨款种类分别进行明细核算。主要账务处理如下：

年末，将财政拨款收入本年发生额转入本科目，借记“财政拨款收入——基本支出拨款、项目支出拨款”，贷记本科目。与此同时，将财政拨款支出本年发生额转入本科目，借记本科目，贷记“经费支出——财政拨款支出——基本支出、项目支出”。

如果有因发生差错更正，以前年度支出收回等原因，需要调整财政拨款结转的，按照实际调增财政拨款结转的金额，借记有关科目，贷记本科目；按照实际调减财政拨款结转的金额，借记本科目，贷记有关科目。

此外行政单位还有可能出现从其他单位调入财政拨款结余资金和上缴财政拨款结转的情况，前者按照实际调增的额度数额或调入的资金数额，借记“零余额账户用款额度”、“银行存款”等科目，贷记本科目；后者按照实际核销的额度数额或上缴的资金数额，借记本科目，贷记“财政应返还额度”、“零余额账户用款额度”、“银行存款”等科目。

年末完成上述财政拨款收支转账后，对各项目执行情况进行分析，按照有关规定将符合财政拨款结余性质的项目余额转入财政拨款结余，借记本科目，贷记“财政拨款结余”。

2. 财政拨款结余的核算

财政拨款结余是指行政单位当年预算工作目标已完成，或因故终止，剩余的财政拨款滚存资金。按照具体项目、《政府收支分类科目》中“支出功能分类科目”的项级科目等进行明细核算。本科目期末贷方余额，反映行政单位滚存的财政拨款结余资金数额。主要账务处理如下：

财政拨款结余也可能发生差错更正、以前年度支出收回等情况，需要调整的，按照实际调增财政拨款结余的金额，借记有关科目，贷记本科目；按照实际调减财政拨款结余的金额，借记本科目，贷记有关科目。

此外还可能发生上缴财政拨款结余业务和单位内部调剂结余资金业务。前者按照实际核销的额度数额或上缴的资金数额，借记本科目，贷记“财政应返还额度”、“零余额账户用款额度”、“银行存款”等科目。后者经财政部门批准将本单位完成项目结余资金调整用于基本支出或其他未完成项目支出时，按照批准调剂的金额，借记本科目，贷记“财政拨款结转”。

年末，对财政拨款各项目执行情况进行分析，按照有关规定将符合财政拨款结余性质的项目余额转入本科目，借记“财政拨款结转”科目，贷记本科目。

3. 其他资金结转结余的核算

其他资金结转结余是行政单位除财政拨款收支以外的其他各项收支相抵后剩余的滚存资金。应设置“项目结转”和“非项目结余”明细科目，分别对项目资金和非项目资金进行明细核算。对于项目结转，还应当按照具体项目进行明细核算。本科目期末贷方余额，反映行政单位滚存的各项非财政拨款资金结转结余数额。主要账务处理如下：

年末，将其他收入中的项目资金收入本年发生额转入本科目，借记“其他收入”科目及其明细，贷记本科目（项目结转）及其明细；将其他收入中的非项目资金收入本年发生额转入本科目，借记“其他收入”科目及其明细，贷记本科目（非项目结余）。将其他资金支出中的项目支出本年发生额转入本科目，借记本科目（项目结转）及其明细，贷记“经费支出——其他资金支出”科目（项目支出）及其明细、“拨出经费”科目（项目支出）及其明细；将其他资金支出中的基本支出本年发生额转入本科目，借记本科目（非项目结余），贷记“经费支出——其他资金支出”科目（基本支出）、“拨出经费”科目（基本支出）。

完成上述转账后，对本年末各项目执行情况进行分析，区分年末已完成项目和尚未完成项目，在此基础上，对完成项目的剩余资金根据不同情况进行账务处理：

（1）需要缴回原项目资金出资单位的，按照缴回的金额，借记本科目（项目结转）及其明细，贷记“银行存款”、“其他应付款”等科目。

（2）将项目剩余资金留归本单位用于其他非项目用途的，按照剩余的项目资金金额，借记本科目（项目结转）及其明细，贷记本科目（非项目结余）。

此外还可能发生用非项目资金结余补充项目资金的业务，按照实际补充项目资金的金额，借记本科目（非项目结余），贷记本科目（项目结转）及其明细。

【例 6-6】某市政府机关有关财政拨款业务如下：年末“财政拨款收入——财政直接支付——基本支出”账户贷方余额 10 000 000 元，“财政拨款收入——财政授权支付——基本支出”账户贷方余额 2 000 000 元，“经费支出——基本支出”账户借方余额为 12 000 000 元，将上述金额进行结转结余处理。

借：财政拨款收入——财政直接支付——基本支出	10 000 000	
财政拨款收入——财政授权支付——基本支出	2 000 000	
贷：财政拨款结转——基本支出结转		12 000 000
借：财政拨款结转——基本支出结转	12 000 000	
贷：经费支出——财政拨款支出——基本支出		12 000 000

承前例，年末“其他收入——项目资金”账户贷方余额 40 000 元，“经费支出——其他资金支出——基本支出”账户借方余额为 38 000 元，“拨出经费——其他资金支出”账户借方余额为 7 000 元，将上述金额进行结转结余处理。

借：其他收入——项目资金	40 000	
贷：其他资金结转结余——项目结转		40 000
借：其他资金结转结余——项目结转——收支转账	38 000	
贷：经费支出——其他资金支出——基本支出		38 000

借：其他资金结转结余——项目结转　　7 000

　贷：拨出经费——其他资金支出　　7 000

年末，对完成项目的剩余资金缴回原项目资金出资单位。

借：其他资金结转结余——项目结转　　16 000

　贷：银行存款　　16 000

【例 6-7】某市政府机关本年度举办的国际大型会议已成功结束，相关财政拨款收支如下："财政拨款收入——财政授权支付——项目支出——国际会议"账户贷方发生额 100 000 元，"经费支出——项目支出——国际会议"账户借方发生额 90 400 元。

（1）年末核算项目经费结转业务。

借：财政拨款收入——财政授权支付——项目支出——国际会议　　100 000

　贷：财政拨款结转——项目支出结转　　100 000

借：财政拨款结转——项目支出结转　　90 400

　贷：经费支出——项目支出——国际会议　　90 400

（2）按照规定将此国际会议项目余额（100 000−90 400= 9 600）转入"财政拨款结余"科目。

借：财政拨款结转——项目支出结转　　9 600

　贷：财政拨款结余——项目支出结余　　9 600

复习思考题

1. 行政单位收入和支出如何管理？
2. 行政单位预算资金管理的管理方式有哪几种?
3. 行政单位经费支出如何分类管理?
4. 行政单位的其他收入是如何核算的？
5. 什么是行政单位的结余资金管理？有哪几种方法?
6. 财政拨款收入的概念和核算内容。
7. 行政单位的经费结转结余是如何核算的？

第七章 行政单位资产负债和净资产的核算

行政单位的资产包括：货币资金、应收预付款项、存货、固定资产、无形资产和其他资产等。

一、货币资金的核算

行政单位目前采取零余额账户用款额度、库存现金、银行存款、财政应返还额度等多种资金使用形式。零余额账户用款额度适用于实行国库单一账户管理的行政单位当年财政资金的取得和使用。库存现金、银行存款主要用于行政单位其他来源的资金的取得和使用，以及实行传统划拨资金方式的行政单位。行政单位年末拥有但尚未使用的预算额度也构成行政单位的一类货币资金，即财政应返还额度。（事业单位也有以上相关业务内容）。

（一）财政应返还额度的核算

预算额度是行政单位根据预算可以从财政部门获得的资金数额，代表存在于财政部门国库单一账户中的行政单位尚可使用资金数。行政单位可以通过财政直接支付或财政授权支付的形式使用该额度。行政单位的预算额度由于预算的批准而增加，由其转为财政直接支付和零余额账户用款额度而减少。行政单位取得的财政资金以预算指标或账户额度形式存在，实际的资金存在于财政国库单一账户中，而不是以现金或银行存款的形式存在。在国库单一账户管理体制下，行政单位尽管没有取得现金或银行存款，但部门预算和单位预算被批准后，行政单位就对预算中的资金依法拥有相应的资金使用权，并履行财务管理、会计核算职能。因此行政单位需要在账户上反映这种使用权所代表的资产。尽管这种预算指标目前未在下达当时确认为资产，但是年底行政单位如果存在未使用完的预算指标，应该在年末确认为单位资产。

为了核算行政单位年末根据预算取得但未使用的预算额度，行政单位应设置资产类科目“财政应返还额度”，其核算内容见第六章的“预算额度结余的核算”。

（二）零余额账户用款额度的核算

1. 零余额账户的管理

零余额账户用于行政单位的财政授权支付，该账户每日发生的支付，于当日营业终了前由代理银行在财政部门批准的用款额度内于国库单一账户清算。预算单位零余额账户可以办理转账、提取现金等结算业务；可以按账户管理规定划拨工会经费、住房公积金及提租补贴，以及经财政部门批准的特殊款项。零余额账户不得违反规定向本单位其他账户和上级主管单位、所属下级单位账户划拨资金。

行政单位对财政授权支付额度到账通知书确定的月度财政授权支付额度在年度内可以累加使用。年度终了，代理银行和行政单位对截至 12 月 31 日 24 点财政授权支付额度的下达、支用、余额等情况进行对账签证。代理银行将行政单位零余额账户财政授权支付额度余额全部注销，银行对账签证单作为行政单位年终余额注销的记账凭证。

行政单位支用财政授权支付额度可通过转账或现金等方式结算。财政授权支付的资金，因凭证要素填写错误而在支付之前退票的，由行政单位核实原因后重新通知代理银行办理支付；财政授权支付的资金由代理银行支付后，因收款单位的账户名称或账号填写错误等原因而发生资金退回预算单位零余额账户的，代理银行在当日将资金退回国库单一账户并通知行政单位，按原渠道恢复预算单位零余额账户财政授权支付额度。

2. 零余额账户用款额度的核算

为了核算零余额账户用款额度的取得和支用，行政单位应设置资产类科目“零余额账户用款额度”。行政单位每月月末收到下月的零余额账户用款额度后，借记“零余额账户用款额度”科目，贷记“财政拨款收入——财政授权支付”科目及相关明细科目。从零余额账户支用资金时，借记“经费支出”科目。年末，将未使用的零余额账户用款额度注销，借记“财政应返还额度”科目，贷记“零余额账户用款额度”科目。“零余额账户用款额度”年末无余额。

【例 7-1】某市政府机关零余额账户用款额度业务如下：

（1）月初根据财政授权支付额度到账通知书登记本月获得的财政授权支付额度 600 000 元，用于基本支出。

借：零余额账户用款额度	600 000	
贷：财政拨款收入——财政授权支付——基本支出		600 000

（2）从零余额账户支用资金购买日常消耗性办公用品 2 000 元。

借：经费支出——基本支出——办公费	2 000	
贷：零余额账户用款额度		2 000

（3）从零余额账户支取现金 3 000 元。

借：库存现金	3 000	
贷：零余额账户用款额度		3 000

（4）年末，注销尚未用完的零余额账户用款额度 28 000 元。

借：财政应返还额度	28 000	
贷：零余额账户用款额度		28 000

（三）库存现金的核算

行政单位的库存现金指存于单位内部，用于日常零星开支的货币资金。

为了核算库存现金，应设置“库存现金”科目。收到时，借记本科目，贷记有关科目；支出时，借记有关科目，贷记本科目。收到受托代理的现金时，借记本科目，贷记“受托代理负债”科目；支付受托代理的现金时，借记“受托代理负债”科目，贷记本科目。本科目借方余额反映行政单位库存现金数额。行政单位应设置现金日记账，由出纳人员根据收、付款凭证，按照业务的发生顺序逐笔登记。每日业务终了，应计算当日的库存现金收入合计数、支出合计数和结余数，并将结余数与实际库存数核对，做到账款相符。如果核对库存现金时发现有待查明原因的现金短缺或溢余，应通过“待处理财产损溢”科目核算。有外币现金的行政单位，应分别按人民币、各种外币设置“现金日记账”进行明细核算。

（四）银行存款的核算

行政单位的货币资金除少量按核定的限额保留库存现金以供日常零星开支之外，超过限额的现金必须存入国家核定设立的银行或其他金融机构。除国家规定的可以用现金办理的结算外，其余都必须办理转账结算。

目前，实行国库集中支付改革的行政单位，其财政资金都以预算额度和零余额账户用款额度的形式存在，行政单位收取的税收、行政性收费、财政专户收入等财政资金也都采用收支两条线、收缴分离的管理方式，因此这些行政单位一般不存在银行存款形式的财政资金。行政单位银行存款主要为改革以前的年度结余、其他收入、往来款项。实行传统的划拨资金方式管理的行政单位，仍有大量的银行存款，银行存款仍是单位主要的结算资金。

行政单位应设置“银行存款”科目，将款项存入银行时，借记本科目，贷记“其他收入”、“库存现金”等相关科目；提取或支出存款时，借记“库存现金”、“经费支出”等有关科目，贷记本科目。收到银行存款利息，借记本科目，贷记“其他收入”等科目；支付银行手续费或银行扣收罚金等时，借记“经费支出”科目，贷记本科目。收到受托代理的银行存款时，借记本科目，贷记“受托代理负债”科目；支付受托代理的存款时，借记“受托代理负债”科目，贷记本科目。本科目借方余额反映行政单位银行存款的实有数额。有外币存款的行政单位，应在本科目下分别为人民币和各种外币设置银行存款日记账进行明细核算。

二、应收预付款项的核算

（一）应收账款

应收账款是流动资产的一项重要组成部分，它是单位在未来一定时间内拥有的一项债权。应收账款所收回的权利多为货币资金，且它是伴随着单位相关交易行为而发生的，因此应在其发生时确认。行政单位的应收账款主要是指出租资产、出售物资等应当收取的款项。收到的商业汇票也通过本科目进行核算。

行政单位应设立“应收账款”总账，并按照购货、接受劳务单位（或个人）和开出、承兑商业汇票的单位等进行明细核算，在资产已出租或物资已出售、且尚未收到款项时确认。此科目属于资产类账户，期末余额在借方，表示行政单位尚未收回的应收账款。

应收账款的主要核算业务如下：

1. 出租资产发生的应收账款

出租资产尚未收到款项时，按照应收未收金额，借记本科目，贷记“其他应付款”科目；收回应收账款时，借记“银行存款”等科目，贷记本科目；同时，借记“其他应付款”科目，按照应缴的税费，贷记“应缴税费”科目，按照扣除应缴税费后的净额，贷记“应缴财政款”科目。

2. 出售物资发生的应收账款

物资已发出并到达约定状态且尚未收到款项时，按照应收未收金额，借记本科目，贷记“待处理财产损溢”科目；收回应收账款时，借记“银行存款”等科目，贷记本科目。

3. 收到商业汇票

出租资产收到商业汇票，按照商业汇票的票面金额，借记本科目，贷记“其他应付款”科目。出售物资收到商业汇票，按照商业汇票的票面金额，借记本科目，贷记“待处理财产损溢”科目；商业汇票到期收回款项时，借记“银行存款”等科目，贷记本科目。其中，出租资产收回款项的，还应当同时借记“其他应付款”科目，按照应缴的税费，贷记“应缴税费”科目，按照扣除应缴税费后的净额，贷记“应缴财政款”科目。

行政单位应当设置“商业汇票备查簿”，逐笔登记每一笔应收商业汇票的种类、号数、出票日期、到期日、票面金额、交易合同号等相关信息资料。商业汇票到期结清票款或退票后，应当在备查簿内逐笔注销。

【例 7-2】某行政单位发生应收账款业务如下：

（1）向 A 单位出售一批物资价值 30 000 元，对方已验收入库，款项尚未收到。

借：应收账款　　30 000

　贷：待处理财产损溢　　30 000

（2）3 日后收到 A 单位物资款，存入银行。

借：银行存款　　30 000

　贷：应收账款　　30 000

逾期 3 年或以上、有确凿证据表明确实无法收回的应收账款，按规定报经批准后予以核销。核销的应收账款应在备查簿中保留登记。转入待处理财产损溢时，按照待核销的应收账款金额，借记“待处理财产损溢”科目，贷记本科目；已核销的应收账款在以后期间收回的，借记“银行存款”科目，贷记“应缴财政款”等科目。

（二）预付账款

预付账款是提前支付给供货单位的购货款或预付给施工单位的工程价款和材料款，它与应收账款科目同为单位的一项债权，所不同的是它所收回的通常为商品或劳务，行政单位设立的预付账款科目主要核算按照购货、劳务合同规定预付给供应单位（或个人）的款项。对于行政单位依据合同支付的定金的核算应区分收回与不收回两种情形，不收回的定金通过本科目进行核算，可收回的定金应当通过“其他应收款”科目核算。

行政单位应设立“预付账款”总账，并按照供应单位（或个人）及其采购项目进行明细核算。此科目属于资产类账户，期末余额在借方，反映行政单位实际预付但尚未结算的款项。

预付账款主要核算如下：

（1）发生预付账款时，借记本科目，贷记“资产基金——预付款项”科目；同时，借记“经费支出”科目，贷记“财政拨款收入”、“零余额账户用款额度”、“银行存款”等科目。

【例 7-3】某行政单位按照购货合同规定通过单位零余额账户预付给供应单位设备款 1 000 元。

借：预付账款　　5 000

　贷：资产基金——预付款项　　5 000

借：经费支出　　5 000

　贷：零余额账户用款额度　　5 000

（2）收到所购物资或服务时，按照相应预付账款金额，借记“资产基金——预付款项”科目，贷记本科目；发生补付款项的，按照实际补付的款项，借记“经费支出”科目，贷记“财政拨款收入”、“零余额账户用款额度”、“银行存款”等科目。收到物资的，同时按照收到所购物资的成本，借记有关资产科目，贷记“资产基金”及相关明细科目。

【例 7-4】承上例，该行政单位收到设备并验收入库，以单位零余额账户补付设备款不足部分 30 000 元。

借：资产基金——预付款项　　5 000

　贷：预付账款　　5 000

借：经费支出　　30 000

　贷：零余额账户用款额度　　30 000

借：固定资产　　35 000

　贷：资产基金——固定资产　　35 000

（3）发生当年预付账款退回的，借记“资产基金——预付款项”科目，贷记本科目；同时，借记“财政拨款收入”、“零余额账户用款额度”、“银行存款”等科目，贷记“经费支出”科目。发生以前年度预付账款退回的，借记“资产基金——预付款项”科目，贷记本科目；同时，借记“财政应返还额度”、“零余额账户用款额度”、“银行存款”等科目，贷记“财政拨款结转”、“财政拨款结余”、“其他资金结转结余”等科目。

逾期 3 年或以上、有确凿证据表明确实无法收到所购物资和服务，且无法收回的预付账款，按照规定报经批准后予以核销。核销的预付账款应在备查簿中保留登记。

① 转入待处理财产损溢时，按照待核销的预付账款金额，借记“待处理财产损溢”科目，贷记本科目。

② 已核销的预付账款在以后期间又收回的，借记“零余额账户用款额度”、“银行存款”等科目，贷记“财政拨款结转”、“财政拨款结余”、“其他资金结转结余”等科目。

（三）其他应收款

行政单位对于除应收账款、预付账款以外的，如职工预借的差旅费、拨付给内部有关部门的备用金、应向职工收取的各种垫付款项等应收及暂付款项时，应设立“其他应收款”账户，此账户同为资产类账户，应当按照其类别以及债务单位（或个人）进行明细核算，本科目期末借方余额，反映行政单位尚未收回的其他应收款。

发生其他应收及暂付款项时，借记本科目，贷记“零余额账户用款额度”、“银行存款”等科目；收回或转销上述款项时，借记“银行存款”、“零余额账户用款额度”或有关支出等科目，贷记本科目；行政单位内部实行备用金制度的，有关部门使用备用金以后应当及时到财务部门报销并补足备用金。财务部门核定并发放备用金时，借记本科目，贷记“库存现金”等科目。根据报销数用现金补足备用金定额时，借记“经费支出”科目，贷记“库存现金”等科目，报销数和拨补数都不再通过本科目核算。

【例 7-5】某行政单位职工王某借差旅费 600 元。

借：其他应收款——王某	600	
贷：库存现金		600

【例 7-6】承上例，王某出差回来报账，差旅费 590 元，交回现金 10 元。

借：库存现金	10	
经费支出	590	
贷：其他应收款——王某		600

对于逾期 3 年或以上、有确凿证据表明确实无法收回的其他应收款，按规定报经批准后予以核销。核销的其他应收款应在备查簿中保留登记。

（1）转入待处理财产损溢时，按照待核销的其他应收款金额，借记“待处理财产损溢”科目，贷记本科目。

（2）已核销的其他应收款在以后期间又收回的，如属于在核销年度内收回的，借记“银行存款”等科目，贷记“经费支出”科目；如属于在核销年度以后收回的，借记“银行存款”等科目，贷记“财政拨款结转”、“财政拨款结余”、“其他资金结转结余”等科目。

三、存货的核算

（一）存货的内容

存货是指行政单位在开展业务活动及其他活动中为耗用而储存的各种物资，包括材料、燃料、包装物和低值易耗品及未达到固定资产标准的家具、用具、装具等的实际成本。

行政单位应设置“存货”科目，用于核算存货的实际成本。该科目借方登记验收入库的存货的实际成本；贷方登记发出、领用、盘亏、毁损等各种原因而减少的存货成本；期末余额在借方，反映行政单位存货的实际成本，存货应当在其到达存放地点并验收时确认。

行政单位应当按照存货的种类、规格和保管地点等进行明细核算。行政单位有委托加工存货业务的，应当在本科目下设置“委托加工存货成本”科目。出租、出借的存货，应当设置备查簿进行登记。行政单位接受委托人指定受赠人的转赠物资，应当通过“受托代理资产”科目核算；行政单位随买随用的零星办公用品等，可以在购进时直接列作支出，不通过该科目核算。

（二）存货的核算

1. 取得存货的核算

存货在取得时，应当按照其实际成本入账。

（1）购入的存货，其成本包括购买价款、相关税费、运输费、装卸费、保险费以及其他使得存货达到目前场所和状态所发生的支出。

购入的存货验收入库，按照确定的成本，借记本科目，贷记“资产基金——存货”科目；同时，按照实际支付的金额，借记“经费支出”科目，贷记“财政拨款收入”、“零余额账户用款额度”、“银行存款”等科目；对于尚未付款的，应当按照应付未付的金额，借记“待偿债净资产”科目，贷记“应付账款”科目。

【例 7-7】某行政单位自行购入丁材料一批，价值 10 000 元，支付税款 1 700 元，款项已用支票付讫，另用库存现金支付装卸费 150 元。丁材料已验收入库。根据有关凭证编制会计分录：

借：存货——丁材料	11 850	
贷：资产基金——存货		11 850
借：经费支出	11850	
贷：银行存款		11 700
库存现金		150

（2）置换换入的存货，其成本按照换出资产的评估价值，加上支付的补价或减去收到的补价，加上为换入存货支付的其他费用（运输费等）确定。

换入的存货验收入库，按照确定的成本，借记本科目，贷记“资产基金——存货”科目；同时，按实际支付的补价、运输费等金额，借记“经费支出”科目，贷记“财政拨款收入”、“零余额账户用款额度”、“银行存款”等科目。

（3）接受捐赠、无偿调入的存货，其成本按照有关凭据注明的金额加上相关税费、运输费等确定；没有相关凭据可供取得，但依法经过资产评估的，其成本应当按照评估价值加上相关税费、运输费等确定；没有相关凭据可供取得、也未经评估的，其成本比照同类或类似存货的市场价格加上相关税费、运输费等确定；没有相关凭据也未经评估，其同类或类似存货的市场价格无法可靠取得，该存货按照名义金额入账。

接受捐赠、无偿调入的存货验收入库，按照确定的成本，借记本科目，贷记“资产基金——存货”科目；同时，按实际支付的相关税费、运输费等金额，借记“经费支出”科目，贷记“财政拨款收入”、“零余额账户用款额度”、“银行存款”等科目。

【例 7-8】某行政单位接受捐赠材料一批，价值 1 000 元，另用现金支付运费 50 元，材料已验收入库。

借：存货　　1 050

　贷：资产基金——存货　　1 050

借：经费支出　　50

　贷：库存现金　　50

（4）委托加工的存货，其成本按照未加工存货的成本加上加工费用和往返运输费等确定。

委托加工的存货出库，借记本科目下的“委托加工存货成本”明细科目，贷记本科目下的相关明细科目。支付加工费用和相关运输费等时，借记“经费支出”科目，贷记“财政拨款收入”、“零余额账户用款额度”、“银行存款”等科目；同时，按照相同的金额，借记本科目下的“委托加工存货成本”明细科目，贷记“资产基金——存货”科目。委托加工完成的存货验收入库时，按照委托加工存货的成本，借记本科目下的相关明细科目，贷记本科目下的“委托加工存货成本”明细科目。

2. 发出存货的核算

存货发出时，应当根据实际情况采用先进先出法、加权平均法或者个别计价法确定发出存货的实际成本。计价方法一经确定，不得随意变更。

（1）开展业务活动等领用、发出存货，按照领用、发出存货的实际成本，借记“资产基金——存货”科目，贷记本科目。

（2）经批准对外捐赠、无偿调出存货时，按照对外捐赠、无偿调出存货的实际成本，借记“资产基金——存货”科目，贷记本科目。

对外捐赠、无偿调出存货发生由行政单位承担的运输费等支出，借记“经费支出”科目，贷记“财政拨款收入”、“零余额账户用款额度”、“银行存款”等科目。

（3）经批准对外出售、置换换出的存货，应当转入待处理财产损溢，按照相关存货的实际成本，借记“待处理财产损溢”科目，贷记本科目。

行政单位对于发出存货的单价，大多采用全月一次加权平均法计算。加权平均法是以本月（期）初累计的库存存货总金额与本月（期）收入的存货总金额之和，除以月初库存存货总数量与本月（期）收入总数量之和，求得存货加权平均单价，以此作为计价标准计算当月发出存货的成本和期末结存存货成本的一种方法。

【例 7-9】某行政单位 8 月 1 日库存乙材料 200 千克，单价 20 元；8 日购进乙材料 200 千克，单价 15 元；15 日购进乙材料 100 千克，单价 16 元；12 日，发出乙材料 200 千克；21 日，发出乙材料 100 千克；25 日，发出乙材料 100 千克。

要求：计算该行政单位本期发出乙材料和结存乙材料的实际成本，并编制该单位开展业务活动发出乙材料时应编制的会计分录。

乙材料加权平均单价=（4 000+4 600）/（200+300）=17.2（元）

期末结存乙材料实际成本=100×17.2=1 720（元）

本期发出乙材料实际成本=400×17.2=6 880（元）

领用时，根据上述资料，编制如下会计分录：

借：资产基金——存货 6 880
　贷：存货——乙材料 6 880

3. 存货清查的核算

各行政单位的存货应定期进行清查盘点，每年至少应当清点一次。对于发生的存货盘盈、盘亏，应当及时查明原因，按规定报经批准后进行账务处理。存货的清查一般采用实地盘点法和技术推算盘点法等技术方法。

（1）盘盈的存货，按照取得同类或类似存货的实际成本确定入账价值；没有同类或类似存货的实际成本，按照同类或类似存货的市场价格确定入账价值；同类或类似存货的实际成本或市场价格无法可靠取得，按照名义金额入账。

盘盈的存货，按照确定的入账价值，借记本科目，贷记“待处理财产损溢”科目。

（2）盘亏的存货，转入待处理财产损溢时，按照其账面余额，借记“待处理财产损溢”科目，贷记本科目。

【例 7-10】某行政单位年终盘点甲材料，发现盘盈、盘亏情况如下：盘盈甲材料，金额为 270 元；盘亏乙材料 150 元。经单位领导批准，列入经费支出处理。

盘盈甲材料时：

借：存货——甲材料 270
　贷：待处理财产损溢 270

审批后：

借：待处理财产损溢 270
　贷：经费支出 270

盘亏乙材料时：

借：待处理财产损溢 150
　贷：存货——乙材料 150

审批后：

借：经费支出 150
　贷：待处理财产损溢 150

4. 存货处置的核算

为了压缩存货库存，节约存货资金占用，行政单位对于多余不用的存货应及时调拨或变价处置。行政单位处置的存货如为国有资产，应当严格履行审批手续，未经批准不得自行处置。行政单位国有资产处置，是指行政单位对其占有、使用的国有资产进行产权转让或者注销产权的行为。处置方式包括出售、出让、转让、对外捐赠、报废、报损以及货币性资产损失核销等。

报废、毁损的存货，应当转入待处理财产损溢，按照相关存货的账面余额，借记“待处理财产损溢”科目，贷记本科目。

四、固定资产的核算

（一）固定资产的含义和标准

固定资产是指使用期限超过 1 年（不含 1 年）、单位价值在规定标准以上，并在使用过程中基本保持原有物质形态的资产。

根据《行政单位财务规则》和《行政单位会计制度》规定，固定资产的具体标准为：

① 一般设备：单价在 1000 元以上（含 1000 元），耐用时间在一年以上的设备。

② 专用设备：单价在 1500 元以上（含 1500 元），耐用时间在一年以上的设备。

③ 单位价值虽未达到规定标准，但是耐用时间在一年以上的大批同类物资，也作为固定资产进行核算与管理，如图书等。

（二）固定资产的分类

行政单位的固定资产按其自然属性、用途和管理要求，一般可分为以下六类：

① 房屋和构筑物，是指行政单位拥有占有权或者使用权的房屋、建筑物及其附属设施，包括办公用房、职工食堂、职工宿舍、水塔等。

② 专用设备，是指行政单位根据工作的实际需要购置的各种具有专门性能和专门用途的设备。

③ 通用设备，是指行政单位在业务活动中使用的各类通用型设备，如复印机等。

④ 文物和陈列品，包括古物、字画、纪念品等。

⑤ 图书、档案，包括业务用书、阅览室的图书等。

⑥ 家具、用具、装具及动植物。

（三）固定资产的相关账户设置和管理

为了对行政单位固定资产的增加、减少和清查等业务进行核算，应设置“固定资产”和“资产基金”两个总账账户，并根据固定资产的分类设置明细账户。需要安装的固定资产，还应当先设置“在建工程”账户。实行计提固定资产折旧的还应设立“累计折旧”账户。

“固定资产”账户，用来核算行政单位固定资产原值的增减变动情况，该账户属于资产类账户，其借方登记固定资产原值的增加数，贷方登记固定资产原值的减少数，借方余额反映单位现有实存的固定资产原值的总额。

“资产基金”账户，用来核算行政单位各种来源所形成的固定资产基金，该账户属于净资产类账户，固定资产增加记贷方，减少记借方，贷方余额反映行政单位拥有固定资产基金总值。“资产基金”和“固定资产”是两个对应的账户，分别反映固定资产来源和分布情况。

固定资产的各组成部分具有不同的使用寿命、适用不同折旧率的，应当分别将各组成部分确认为单项固定资产；购入需要安装的固定资产，应当先通过“在建工程”科目核算，安装完毕交付使用时再转入固定资产核算；行政单位的软件，如果其构成相关硬件不可缺少的组成部分，应当将该软件的价值包括在所属的硬件价值中，一并作为固定资产核算；如果其不构成相关硬件不可缺少的组成部分，应当将该软件作为无形资产，通过“无形资产”科目核算；行政单位购建房屋及构筑物不能够分清支付价款中的房屋及构筑物与土地使用权部分的，应当全部作为固定资产核算；能够分清支付价款中的房屋及构筑物与土地使用权部分的，应当将其中的房屋及构筑物部分作为固定资产核算，将其中的土地使用权部分作为无形资产，通过“无形资产”科目核算；境外行政单位购买具有所有权的土地，作为固定资产核算；行政单位借入、以经营租赁方式租入的固定资产，不通过固定资产核算，应当设置备查簿进行登记。

（四）固定资产的核算

1. 固定资产取得的核算

（1）外购固定资产的核算。

外购固定资产其成本包括实际支付的购买价款、相关税费、使固定资产交付使用前所发生的可归属于该项资产的运输费、装卸费、安装费和专业人员服务费等。以一笔款项购入多项没有单独标价的固定资产，按照各项固定资产同类或类似固定资产市场价格的比例对总成本进行分配，分别确定各项固定资产的入账价值。

应注意购置固定资产过程中发生的差旅费，不计入固定资产价值。

① 购入不需要安装的固定资产。

行政单位购入不需安装的固定资产，按照确定的固定资产成本，借记本科目，贷记“资产基金——固定资产”科目；同时，按照实际支付的金额，借记“经费支出”科目，贷记“财政拨款收入”、“零余额账户用款额度”、“银行存款”等科目。

【例 7-11】某行政单位通过政府采购取得办公楼一幢，造价 5 000 000 元，款项由财政直接支付，该办公楼已验收并交付使用。根据有关凭证编制会计分录：

借：经费支出	5 000 000	
贷：财政拨款收入		5 000 000
同时：		
借：固定资产	5 000 000	
贷：资产基金——固定资产		5 000 000

② 购入需要安装的固定资产。

行政单位购入需要安装的固定资产，先通过“在建工程”科目核算。安装完工交付使用时，借记本科目，贷记“资产基金——固定资产”科目；同时，借记“资产基金——在建工程”科目，贷记“在建工程”科目。

③ 购入固定资产分期付款或扣留质量保证金。

购入固定资产分期付款或扣留质量保证金的，在取得固定资产时，按照确定的固定资产成本，借记本科目（不需安装）或“在建工程”科目（需要安装），贷记“资产基金——固定资产、在建工程”科目；同时，按照已实际支付的价款，借记“经费支出”科目，贷记“财政拨款收入”、“零余额账户用款额度”、“银行存款”等科目；按照应付未付的款项或扣留的质量保证金等金额，借记“待偿债净资产”科目，贷记“应付账款”或“长期应付款”科目。

【例 7-12】某行政单位购入一台不需要安装设备，价款 200 000 元，扣留质量保证金 2 年，金额 30 000 元。同时取得固定资产全款发票，上述价款均通过财政直接支付进行支付，不考虑相关税费，其会计分录：

借：固定资产	200 000	
贷：资产基金——固定资产		200 000
借：经费支出	200 000	
贷：财政拨款收入		200 000
借：待偿债净资产	3 000	
贷：长期应付款		3 000

（2）自行建造固定资产的核算。

行政单位自行建造的固定资产，其成本包括建造该项资产至交付使用前所发生的全部必要支出。

固定资产的各组成部分需要分别核算的，按照各组成部分固定资产造价确定其成本；没有各组成部分固定资产造价的，按照各组成部分固定资产同类或类似固定资产市场造价的比例对总造价进行分配，确定各组成部分固定资产的成本。

工程完工交付使用时，按照自行建造过程中发生的实际支出，借记本科目，贷记“资产基金——固定资产”科目；同时，借记“资产基金——在建工程”科目，贷记“在建工程”科目；已交付使用但尚未办理竣工决算手续的固定资产，按照估计价值入账，待确定实际成本后再进行调整。

（3）自行繁育的动植物。

自行繁育的动植物，其成本包括在达到可使用状态前所发生的全部必要支出。

① 购入需要繁育的动植物，按照购入的成本，借记本科目（未成熟动植物），贷记“资产基金——固定资产”科目；同时，按照实际支付的金额，借记“经费支出”科目，贷记“财政拨款收入”、“零余额账户用款额度”、“银行存款”等科目。

② 发生繁育费用，按照实际支付的金额，借记本科目（未成熟动植物），贷记“资产基金——固定资产”科目；同时，借记“经费支出”科目，贷记“财政拨款收入”、“零余额账户用款额度”、“银行存款”等科目。

③ 动植物达到可使用状态时，借记本科目（成熟动植物），贷记本科目（未成熟动植物）。

（4）在原有固定资产基础上进行改建、扩建、修缮的固定资产。

在原有固定资产基础上进行改建、扩建、修缮的固定资产，其成本按照原固定资产的账面价值（“固定资产”科目账面余额减去“累计折旧”科目账面余额后的净值）加上改建、扩建、修缮发生的支出，再扣除固定资产拆除部分账面价值后的金额确定。

将固定资产转入改建、扩建、修缮时，按照固定资产的账面价值，借记“在建工程”科目，贷记“资产基金——在建工程”科目；同时，按照固定资产的账面价值，借记“资产基金——固定资产”科目，按照固定资产已计提折旧，借记“累计折旧”科目，按照固定资产的账面余额，贷记本科目。

工程完工交付使用时，按照确定的固定资产成本，借记本科目，贷记“资产基金——固定资产”科目；同时，借记“资产基金——在建工程”科目，贷记“在建工程”科目。

（5）置换取得的固定资产。

置换取得的固定资产，其成本按照换出资产的评估价值加上支付的补价或减去收到的补价，加上为换入固定资产支付的其他费用（运输费等）确定，借记本科目（不需安装）或“在建工程”科目（需安装），贷记“资产基金——固定资产、在建工程”科目；按照实际支付的补价、相关税费、运输费等，借记“经费支出”科目，贷记“财政拨款收入”、“零余额账户用款额度”、“银行存款”等科目。

（6）接受捐赠、无偿调入的固定资产。

接受捐赠、无偿调入的固定资产，其成本按照有关凭据注明的金额加上相关税费、运输费等确定；没有相关凭据可供取得，但依法经过资产评估的，其成本应当按照评估价值加上相关税费、运输费等确定；没有相关凭据可供取得、也未经评估的，其成本比照同类或类似固定资产的市场价格加上相关税费、运输费等确定；没有相关凭据也未经评估，其同类或类似固定资产的市场价格无法可靠取得，所取得的固定资产应当按照名义金额入账。

接受捐赠、无偿调入的固定资产，按照确定的成本，借记本科目（不需安装）或“在建工程”科目（需要安装），贷记“资产基金——固定资产、在建工程”科目；按照实际支付的相关税费、运输费等，借记“经费支出”科目，贷记“财政拨款收入”、“零余额账户用款额度”、“银行存款”等科目。

【例 7-13】某行政单位收到国外一个团体赠送的轿车一辆，价值 700 000 元，同时该行政单位支付关税和国内运杂费 5 000 元，已转账支付。

借：固定资产　　705 000

　贷：资产基金——固定资产　　705 000

同时，

借：经费支出　　5 000

　贷：银行存款　　5 000

2. 固定资产的折旧

实行计提固定资产折旧的行政单位应设立“累计折旧”资产类总账，同时按照固定资产、公共基础设施的类别、项目等进行明细核算。占有公共基础设施的行政单位，应当在本科目下设置“固定资产累计折旧”和“公共基础设施累计折旧”两个一级明细科目，分别核算对固定资产和公共基础设施计提的折旧。本科目期末贷方余额，反映行政单位计提的固定资产、公共基础设施折旧累计数。

（1）行政单位计提折旧的范围。

行政单位应当对除下列固定资产（包括：文物及陈列品；图书、档案；动植物；以名义金额入账的固定资产；境外行政单位持有的能够与房屋及构筑物区分、拥有所有权的土地）以外的其他固定资产计提折旧。

（2）行政单位计提累计折旧的规定。

固定资产计提折旧是指在固定资产预计使用寿命内，按照确定的方法对应折旧金额进行系统分摊。有关说明如下：

① 行政单位应当根据固定资产、公共基础设施的性质和实际使用情况，合理确定其折旧年限。省级以上财政部门、主管部门对行政单位固定资产、公共基础设施折旧年限作出规定的，从其规定。

② 行政单位一般应当采用年限平均法或工作量法计提固定资产、公共基础设施折旧。

③ 行政单位固定资产、公共基础设施的应折旧金额为其成本，计提固定资产、公共基础设施折旧不考虑预计净残值。

④ 行政单位一般应当按月计提固定资产、公共基础设施折旧。当月增加的固定资产、公共基础设施，当月不提折旧，从下月起计提折旧；当月减少的固定资产、公共基础设施，当月照提折旧，从下月起不提折旧。

⑤ 固定资产、公共基础设施提足折旧后，无论能否继续使用，均不再计提折旧；提前报废的固定资产、公共基础设施，也不再补提折旧；已提足折旧的固定资产、公共基础设施，可以继续使用的，应当继续使用，规范管理。

⑥ 固定资产、公共基础设施因改建、扩建或修缮等原因而提高使用效能或延长使用年限的，应当按照重新确定的固定资产、公共基础设施成本以及重新确定的折旧年限，重新计算折旧额。

（3）累计折旧的核算。

按月计提固定资产、公共基础设施折旧时，按照应计提折旧金额，借记“资产基金——固定资产、公共基础设施”科目，贷记本科目。

【例 7-14】某行政单位 2013 年 8 月份机器设备计提折旧 2 700 元，其会计分录为：

借：资产基金——固定资产　　2 700

　贷：累计折旧　　2 700

3. 固定资产的后续支出

① 为增加固定资产使用效能或延长其使用寿命而发生的改建、扩建或修缮等后续支出，应当计入固定资产成本，通过“在建工程”科目核算，完工交付使用时转入本科目。

② 为维护固定资产正常使用而发生的日常修理等后续支出，应当计入当期支出但不计入固定资产成本，借记“经费支出”科目，贷记“财政拨款收入”、“零余额账户用款额度”、“银行存款”等科目。

4. 固定资产处置的核算

行政单位处置固定资产如为国有资产，应当严格履行审批手续，未经批准不得自行处置。行政单位国有资产处置，是指行政单位对其占有、使用的国有资产进行产权转让或者注销产权的行为。处置方式包括出售、出让、转让、对外捐赠、报废、报损以及货币性资产损失核销等。行政单位占有、使用的房屋建筑物、土地和车辆的处置，货币性资产损失的核销，以及单位价值或者批量价值在规定限额以上的资产的处置，经主管部门审核后报同级财政部门审批；规定限额以下的资产的处置报主管部门审批，主管部门将审批结果定期报同级财政部门备案。

固定资产、公共基础设施处置时，按照所处置固定资产、公共基础设施的账面价值，借记“待处理财产损溢”科目（出售、置换换出、报废、毁损、盘亏）或“资产基金——固定资产、公共基础设施”科目（无偿调出、对外捐赠），按照固定资产、公共基础设施已计提折旧，借记本科目，按照固定资产、公共基础设施的账面余额，贷记“固定资产”、“公共基础设施”科目。

（1）出售、置换换出固定资产。

经批准出售、置换换出的固定资产转入待处理财产损溢时，按照固定资产的账面价值，借记“待处理财产损溢”科目，按照已计提折旧，借记“累计折旧”科目，按照固定资产的账面余额，贷记本科目。

【例 7-15】某行政单位经批准转让一批计算机，原值 200 000 元，已计提折旧 150 000 元，转让价款为 40 000 元，并以银行存款支付清理费 5 000 元，按有关规定将该固定资产出售的净收入上缴国库。根据“固定资产报废单”和“送款单”填制记账凭证，会计分录为：

① 将固定资产转入待处置资产时：

借：待处理财产损溢	50 000	
累计折旧	150 000	
贷：固定资产		200 000

② 实际处置该项固定资产时：

借：资产基金——固定资产	50 000	
贷：待处理财产损溢		50 000

③ 收到处置固定资产的价款时：

借：银行存款	40 000	
贷：待处理财产损溢		40 000

④ 支付相关费用时：

借：待处理财产损溢	5 000	
贷：银行存款		5 000

⑤ 确认处置固定资产的净收入时：

处置净收入=40 000−5 000=35 000

借：待处理财产损溢　　35 000

　贷：应缴财政款　　35 000

⑥ 将处置净收入上缴国库：

借：应缴财政款　　35 000

　贷：银行存款　　35 000

（2）无偿调出、对外捐赠固定资产。

经批准无偿调出、对外捐赠固定资产时，按照固定资产的账面价值，借记“资产基金——固定资产”科目，按照已计提折旧，借记“累计折旧”科目，按照固定资产的账面余额，贷记本科目。

无偿调出、对外捐赠固定资产发生由行政单位承担的拆除费用、运输费等，按照实际支付的金额，借记“经费支出”科目，贷记“财政拨款收入”、“零余额账户用款额度”、“银行存款”等科目。

【例 7-16】某行政单位拟向希望小学捐赠一项 1 年前购入的固定资产，账面原值 100 000 元，计划使用年限为 10 年，按年限平均法计提折旧，已计提折旧 10 000 元，账面价值为 90 000 元，不考虑相关税费，会计分录为：

借：资产基金——固定资产　　90 000

　累计折旧　　10 000

　贷：固定资产　　100 000

（3）报废、毁损固定资产。

报废、毁损的固定资产转入待处理财产损溢时，按照固定资产的账面价值，借记“待处理财产损溢”科目，按照已计提折旧，借记“累计折旧”科目，按照固定资产的账面余额，贷记本科目。

【例 7-17】某行政单位经批准报废设备一台，该设备账面原值 100 000 元，已计提折旧 60 000 元，取得变价收入 5 000 元存入银行，按规定将处置款项上缴国库。

① 将固定资产转入待处置资产时：

借：待处理财产损溢　　40 000

　累计折旧　　60 000

　贷：固定资产　　100 000

② 实际处置该项固定资产时：

借：资产基金——固定资产　　40 000

　贷：待处理财产损溢　　40 000

③ 收到处置固定资产的价款时：

借：银行存款　　5 000

　贷：待处理财产损溢　　5 000

④ 确认应上缴国库款时：

借：待处理财产损溢　　5 000

贷：应缴财政款 5 000

⑤ 将处置净收入上缴国库：

借：应缴财政款 5 000

贷：银行存款 5 000

5. 固定资产的清查

行政单位的固定资产应当定期进行清查盘点，每年至少盘点一次。对于固定资产发生盘盈、盘亏的，应当及时查明原因，按照规定报经批准后进行账务处理。

（1） 盘盈的固定资产，按照取得同类或类似固定资产的实际成本确定入账价值；没有同类或类似固定资产的实际成本，按照同类或类似固定资产的市场价格确定入账价值；同类或类似固定资产的实际成本或市场价格无法可靠取得，按照名义金额入账。盘盈的固定资产，按照确定的入账价值，借记本科目，贷记“待处理财产损溢”科目。

（2） 盘亏的固定资产，按照盘亏固定资产的账面价值，借记“待处理财产损溢”科目，按照已计提折旧，借记“累计折旧”科目，按照固定资产账面余额，贷记本科目。

【例 7-18】某行政单位根据年终财产清查盘点结果，盘盈空调一台，重置完全价值 3 000 元。会计分录为：

借：固定资产 3 000

贷：待处理财产损溢 3 000

五、无形资产的核算

无形资产是指行政单位不具有实物形态而能为行政单位提供某种权利的非货币性资产，包括著作权、土地使用权、专利权、非专利技术等。行政单位购入的不构成相关硬件不可缺少组成部分的软件，也应当作为无形资产核算。

1. 无形资产的计价

无形资产按取得的实际成本计价。具体标准为：

（1）事业单位购入的无形资产，应当按照购入时发生的实际成本计价，包括实际支付的购买价款、相关税费以及可归属于该项资产达到预定用途所发生的其他支出。

（2）自行开发并按法律程序申请取得的无形资产，按照依法取得时发生的注册费、聘请律师费等费用确定成本。

（3）置换取得的无形资产，其成本按照换出资产的评估价值加上支付的补价或减去收到的补价，加上为换入无形资产支付的其他费用（登记费等）确定。

（4）接受捐赠、无偿调入的无形资产，其成本按照有关凭据注明的金额加上相关税费确定；没有相关凭据可供取得，但依法经过资产评估的，其成本应当按照评估价值加上相关税费确定；没有相关凭据可供取得，也未经评估的，其成本比照同类或类似资产的市场价格加上相关税费确定；没有相关凭据也未经评估，其同类或类似无形资产的市场价格无法可靠取得，所取得的无形资产应当按照名义金额入账。

2. 无形资产的核算

为核算无形资产业务，行政单位应设置“无形资产”、“资产基金——无形资产”和“累计摊销”科目进行核算。

（1）无形资产取得的核算。

行政单位位购入或自行开发并按法律程序申请取得的无形资产，按照确定的无形资产成本，借记“无形资产”科目，贷记“资产基金——无形资产”科目；同时，按照实际支付的金额，借记“经费支出”科目，贷记“财政拨款收入”、“零余额账户用款额度”、“银行存款”等科目。

（2）无形资产摊销的核算。

无形资产计价入账后，其价值应从单位受益之日起，在一定时期采用年限平均法进行摊销。无形资产的应摊销金额为其成本，不考虑净残值。其摊销期按以下原则确定：

① 法律规定了有效年限的，按照法律规定的有效年限作为摊销年限；

② 法律没有规定有效年限的，按照相关合同或单位申请书中的受益年限作为摊销年限；

③ 法律没有规定有效年限、相关合同或单位申请书也没有规定受益年限的，按照不少于 10 年的期限摊销。

④ 非大批量购入、单价小于 1000 元的无形资产，可以于购买的当期，一次将成本全部摊销。

行政单位按月摊销无形资产时，借记“资产基金——无形资产”科目，贷记“累计摊销”科目。

【例 7-19】某单位采用财政授权支付方式购入价值 60 万的一项无形资产。会计分录为：

借：无形资产	600 000	
贷：资产基金——无形资产		600 000
借：经费支出	600 000	
贷：零余额账户用款额度		600 000

承前例，上述无形资产其摊销期限为 12 年，每年摊销额 5 万元，会计分录为：

借：资产基金——无形资产	50 000	
贷：累计摊销		50 000

（3）无形资产转让的核算。

报经批准出售、置换换出无形资产时，将其账面价值转入“待处理财产损溢”科目核算。无偿调出、对外捐赠无形资产时，直接冲销无形资产的账面价值。

【例 7-20】 某行政单位转让一项无形资产。其账面价值为 19 万元，已计提摊销 5 万元，转让时取得价款 17 万元，发生的相关税费 1.3 万元。会计分录为：

① 无形资产转入待处置资产时：

借：待处理财产损溢	140 000	
累计摊销	50 000	
贷：无形资产		190 000

② 结转出售无形资产对应的资产基金时：

借：资产基金——无形资产　　140 000

　贷：待处理财产损溢　　140 000

③ 取得收入时：

借：银行存款　　170 000

　贷：待处理财产损溢　　170 000

④ 支付相关税费时：

借：待处置资产损溢　　13 000

　贷：银行存款　　13 000

⑤ 结转出售净收入时：

借：待处理财产损溢　　157 000

　贷：应缴财政款　　157 000

（4）无形资产的后续支出。

与无形资产有关的后续支出，应分为以下情况处理：

① 资本化的后续支出

为增加无形资产的使用效能而发生的后续支出，如对软件进行升级改造或扩展其功能等所发生的支出，应当计入无形资产的成本。

② 费用化的后续支出

为维护无形资产的正常使用而发生的后续支出，如对软件进行漏洞修补、技术维护等所发生的支出，应当计入当期支出但不计入无形资产成本。

六、其他资产的核算

新《行政单位会计制度》增加了对行政单位直接负责管理的为社会提供公共服务的资产会计核算的相关内容，与行政单位自用资产相区分，弥补相关信息缺失，有利于政府摸清家底，加强此类资产的管理，为此增设了“政府储备物资”、“公共基础设施”和“受托代理资产”等科目，单独核算反映为社会提供公共服务资产情况。

（一）政府储备物资

1. 政府储备物资的管理

政府储备物资是指行政单位直接储存管理的各项政府应急或救灾储备物资。政府储备物资应当按照政府储备物资的种类、品种和存放地点等进行明细核算，并在其到达存放地点并验收时予以确认。本科目期末借方余额，反映行政单位管理的政府储备物资的实际成本。

如果行政单位买断储备物资产权并指定物资经营企业储备的储备物资，应当作为政府储备物资进行核算；负责采购并拥有储备物资调拨权力的行政单位（简称“采购单位”），交由其他行政事业单位（简称“代储单位”）代为储备的政府储备物资，可以选择由采购单位核算政府储备物资，代储单位将受托代储的政府储备物资作为受托代理资产核算。

2. 政府储备物资的核算

（1）购入政府储备物资时，应当按照其成本入账。购入成本包括购买价款、相关税费、运输费、装卸费、保险费以及其他使政府储备物资达到目前场所和状态所发生的支出；单位支付的政府储备物资保管费、仓库租赁费等日常储备费用，不计入政府储备物资的成本。

购入的政府储备物资验收入库，按照确定的成本，借记本科目，贷记“资产基金——政府储备物资”科目；同时，按实际支付的金额，借记“经费支出”科目，贷记“财政拨款收入”、“零余额账户用款额度”、“银行存款”等科目。

与此同时，接受捐赠、无偿调入取得的政府储备物资，其成本按照有关凭据注明的金额加上相关税费、运输费等确定；没有相关凭据可供取得，但依法经过资产评估的，其成本应当按照评估价值加上相关税费、运输费等确定；没有相关凭据可供取得、也未经评估的，其成本比照同类或类似政府储备物资的市场价格加上相关税费、运输费等确定。

【例 7-21】中央政府紧急购入抗洪救灾物资一批，价值 7000 万元，物资已验收入库，采用财政授权支付形式付款。

借：政府储备物资	70 000 000	
贷：资产基金——政府储备物资		70 000 000
同时：		
借：经费支出	70 000 000	
贷：零余额账户用款额度		70 000 000

（2）发出政府储备物资时，应当根据实际情况采用先进先出法、加权平均法、个别计价法确定发出储备物资的实际成本。计价方法一经确定，不得随意变更。会计处理与取得物资时相反，即借记“资产基金——政府储备物资”科目，贷记本科目。发生的由行政单位承担的运输费等支出时，借记“经费支出”科目，贷记“财政拨款收入”、“零余额账户用款额度”、“银行存款”等科目。

【例 7-22】立即向黑龙江省洪水重灾区发出政府储备物资 3500 万元援助，同时发生储备物资运输费 28 万元，由财政直接支付。

借：资产基金—政府储备物资	35 000 000	
贷：政府储备物资		35 000 000
同时：		
借：经费支出	280 000	
贷：财政拨款收入		280 000

（3）清查盘点政府储备物资，每年至少盘点一次。对于发生的政府储备物资盘盈、盘亏或者报废、毁损，应当及时查明原因，按规定报经批准后进行账务处理。

盘盈的政府储备物资，按照取得同类或类似政府储备物资的实际成本确定入账价值；没有同类或类似政府储备物资的实际成本，按照同类或类似政府储备物资的市场价格确定入账价值。盘盈的政府储备物资，按照确定的入账价值，借记本科目，贷记“待处理财产损溢”科目。盘亏或者报废、毁损的政府储备物资，转入待处理财产损溢时，按照其账面余额，借记“待处理财产损溢”科目，贷记本科目。

（二）公共基础设施

1. 公共基础设施的管理

公共基础设施是指由行政单位占有并直接负责维护管理、供社会公众使用的工程性公共基础设施资产，包括城市交通设施、公共照明设施、环保设施、防灾设施、健身设施、广场及公共构筑物等其他公共设施。本科目应当按照公共基础设施的类别和项目进行明细核算。期末本科目借方余额，反映行政单位管理的公共基础设施的实际成本。

与公共基础设施配套使用的修理设备、工具器具、车辆等动产，与公共基础设施配套、供行政单位在公共基础设施管理中自行使用的房屋构筑物等，能够与公共基础设施分开核算的，都作为行政单位的固定资产核算，不属于公共基础设施。公共基础设施应当在对其取得占有权利时确认。

2. 公共基础设施的核算

（1）取得公共基础设施时，应当按照其成本入账。自行建设的公共基础设施，其成本包括建造该公共基础设施至交付使用前所发生的全部必要支出。公共基础设施的各组成部分需要分别核算的，按照各组成部分公共基础设施造价确定其成本；没有各组成部分公共基础设施造价的，按照各组成部分公共基础设施同类或类似市场造价的比例对总造价进行分配，确定各组成部分公共基础设施的成本。

公共基础设施建设完工交付使用时，按照确定的成本，借记本科目，贷记“资产基金——公共基础设施”科目；同时，借记“资产基金——在建工程”科目，贷记“在建工程”科目。已交付使用但尚未办理竣工决算手续的公共基础设施，按照估计价值入账，待确定实际成本后再进行调整。

接受其他单位移交的公共基础设施，其成本按照公共基础设施的原账面价值确认，借记本科目，贷记“资产基金——公共基础设施”科目。

【例 7-23】哈尔滨市政府为市民兴建一批大众健身设施，价值 690 万元，健身设施安装工程款 15 万元。上述公共健身设施建设完工，已经投入使用，财政已直接支付。

① 兴建时的处理：

借：公共基础设施	6 900 000	
贷：资产基金——公共基础设施		6 900 000
同时：		
借：资产基金——在建工程	150 000	
贷：在建工程		150 000

② 完工使用后的处理：

借：公共基础设施	7 050 000	
贷：资产基金——公共基础设施		7 050 000
同时：		
借：资产基金——在建工程	7 050 000	

贷：在建工程 7 050 000

（2）公共基础设施的后续支出，若发生为增加公共基础设施使用效能或延长其使用寿命而发生的改建、扩建或大型修缮等后续支出，应当计入公共基础设施成本，通过“在建工程”科目核算，完工交付使用时转入本科目。还可以发生为维护公共基础设施的正常使用而发生的日常修理等后续支出，应当计入当期支出，借记有关支出科目，贷记“财政拨款收入”、“零余额账户用款额度”、“银行存款”等科目。公共基础设施也像固定资产一样，需要计提折旧，具体内容见固定资产折旧部分的介绍。

（3）处置公共基础设施时，经批准向其他单位移交公共基础设施时，按照移交公共基础设施的账面价值，借记“资产基金——公共基础设施”科目，按照已计提折旧，借记“累计折旧”科目，按照公共基础设施的账面余额，贷记本科目。

报废、毁损的公共基础设施，转入待处理财产损溢时，按照待处理公共基础设施的账面价值，借记“待处理财产损溢”科目，按照已计提折旧，借记“累计折旧”科目，按照公共基础设施的账面余额，贷记本科目。

（三）受托代理资产

1. 受托代理资产的管理

受托代理资产是指行政单位接受委托方委托管理的各项资产，包括受托指定转赠的物资、受托储存管理的物资等。行政单位收到受托代理资产为现金和银行存款的，不通过本科目核算，应当通过“库存现金”、“银行存款”科目进行核算。本科目应当按照资产的种类和委托人进行明细核算；属于转赠资产的，还应当按照受赠人进行明细核算。本科目期末借方余额，反映单位受托代理资产中实物资产的价值。

2. 受托代理资产的核算

（1）受托转赠物资。

接受委托人委托需要转赠给受赠人的物资，其成本按照有关凭据注明的金额确定；没有相关凭据可供取得的，其成本比照同类或类似物资的市场价格确定。接受委托转赠的物资验收入库，按照确定的成本，借记本科目，贷记“受托代理负债”科目；受托协议约定由行政单位承担相关税费、运输费等的，还应当按照实际支付的相关税费、运输费等金额，借记“经费支出”科目，贷记“银行存款”等科目。将受托转赠物资交付受赠人时，按照转赠物资的成本，借记“受托代理负债”科目，贷记本科目。转赠物资的委托人取消了对捐赠物资的转赠要求，且不再收回捐赠物资的，应当将转赠物资转为存货或固定资产，按照转赠物资的成本，借记“受托代理负债”科目，贷记本科目；同时，借记“存货”、“固定资产”科目，贷记“资产基金——存货、固定资产”科目。

【例 7-24】接受委托人委托需要转赠给受赠人的物资 500 万元，接受物资已验收入库。

借：受托代理资产 5 000 000

贷：受托代理负债 5 000 000

（2）受托储存管理物资。

接受委托人委托储存管理的物资，其成本按照有关凭据注明的金额确定。接受委托储存的物资验收入库，按照确定的成本，借记本科目，贷记“受托代理负债”科目。支付由受托单位承担的与受托储存管理的物资相关的运输费、保管费等费用时，按照实际支付的金额，借记“经费支出”科目，贷记“银行存款”等科目。根据委托人要求交付受托储存管理的物资时，按照储存管理物资的成本，借记“受托代理负债”科目，贷记本科目。

【例 7-25】根据委托人要求交付受托储存管理的物资 26 万。

借：受托代理负债 260 000

贷：受托代理资产 260 000

（四）待处理财产损溢的核算

本科目核算行政单位待处理财产的价值及财产处理损溢。

行政单位财产的处理包括资产的出售、报废、毁损、盘盈、盘亏，以及货币性资产损失核销等。本科目应当按照待处理财产项目进行明细核算。行政单位财产的处理，一般应当先记入本科目，按照规定报经批准后及时进行相应的账务处理。年终结账前一般应处理完毕。

待处理财产损溢的主要账务处理见上述资产部分。

除了资产以外，行政单位的负债内容较旧制度也更加全面系统，主要包括：应缴款项、应付款项和受托代理负债等。

七、应缴款项的核算

应缴款项是指行政单位依法取得并应当上缴国家财政的款项和税费，包括应缴财政款和应缴税费。

（一）应缴财政款

1. 应缴财政款的管理

应缴财政款是行政单位取得的按规定应当上缴财政的款项，包括罚没收入、行政事业性收费、政府性基金、国有资产处置和出租收入等。应当按照应缴财政款项的类别进行明细核算。本科目贷方余额，反映行政单位应当上缴财政但尚未缴纳的款项。年终清缴后，本科目一般应无余额。

2. 应缴财政款的核算

取得按照规定应当上缴财政的款项时，借记“银行存款”等科目，贷记本科目。处置资产取得应当上缴财政的处置净收入的账务处理，参见“待处理财产损溢”科目。上缴应缴财政的款项时，按照实际上缴的金额，借记本科目，贷记“银行存款”科目。

【例 7-26】① 某行政单位收到发放证照的规费 7 500 元，次日才能上缴。

借：银行存款 7 500

贷：应缴财政款 7 500

② 次日将应缴财政款 7 500 元上缴财政。

借：应缴财政款 7 500

贷：银行存款 7 500

（二）应缴税费

1. 应缴税费的管理

应缴税费是行政单位按照税法等规定应当缴纳的各种税费，包括营业税、城市维护建设税、教育费附加、房产税、车船税、城镇土地使用税等。行政单位代扣代缴的个人所得税，也通过本科目核算。应当按照应缴纳的税费种类进行明细核算。本科目期末贷方余额，反映行政单位应缴未缴的税费金额。

2. 应缴税费的核算

因资产处置等发生营业税、城市维护建设税、教育费附加等缴纳义务的，按照税法等规定计算的应缴税费金额，借记“待处理财产损溢”科目，贷记本科目；实际缴纳时，借记本科目，贷记“银行存款”等科目。出租资产等发生营业税、城市维护建设税、教育费附加等缴纳义务的，按照税法等规定计算的应缴税费金额，借记“应缴财政款”等科目，贷记本科目；实际缴纳时，借记本科目，贷记“银行存款”等科目。代扣代缴个人所得税，按照税法等规定计算的应代扣代缴的个人所得税金额，借记“应付职工薪酬”科目（从职工工资中代扣个人所得税）或“经费支出”科目（从劳务费中代扣个人所得税），贷记本科目。实际缴纳时，借记本科目，贷记“财政拨款收入”、“零余额账户用款额度”、“银行存款”等科目。

【例 7-27】行政单位从职工工资中代扣本月个人所得税 8 760 元，并交纳。

① 代扣时处理：

借：应付职工薪酬 8 760

贷：应缴税费 8 760

② 实际缴纳时处理：

借：应缴税费 8 760

贷：财政拨款收入 8 760

八、应付款项的核算

行政单位在实际工作中会发生各种应该支付暂存的款项，包括：应付职工薪酬、应付账款、应付政府补贴款、其他应付款和长期应付款。

（一）应付职工薪酬

1. 应付职工薪酬的管理

应付职工薪酬是指行政单位按照有关规定应付给职工及为职工支付的各种薪酬，包括基本工资、奖金、国家统一规定的津贴补贴、社会保险费、住房公积金等。按照“工资（离退休费）”、“地方（部门）津贴补贴”、“其他个人收入”以及“社会保险费”、“住房公积金”等进行明细核算。期末贷方余额，反映行政单位应付未付的职工薪酬。

2. 应付职工薪酬的核算

发生应付职工薪酬时，按照计算出的应付职工薪酬金额，借记“经费支出”科目，贷记本科目。向职工支付工资、津贴补贴等薪酬时，按照实际支付的金额，借记本科目，贷记“财政拨款收入”、“零余额账户用款额度”、“银行存款”等科目。从应付职工薪酬中代扣为职工垫付的水电费、房租等费用时，按照实际扣除的金额，借记本科目（工资），贷记“其他应收款”等科目。从应付职工薪酬中代扣代缴个人所得税，按照代扣代缴的金额，借记本科目（工资），贷记“应缴税费”科目。从应付职工薪酬中代扣代缴社会保险费和住房公积金，按照代扣代缴的金额，借记本科目（工资），贷记“其他应付款”科目。缴纳单位为职工承担的社会保险费和住房公积金时，借记本科目（社会保险费、住房公积金），贷记“财政拨款收入”、“零余额账户用款额度”、“银行存款”等科目。

【例 7-28】某行政单位本月应付职工薪酬 13 万元，其中包括代扣代缴住房公积金 7 500 元。

借：经费支出	130 000	
贷：应付职工薪酬		130 000
借：应付职工薪酬	130 000	
贷：财政拨款收入		122 500
其他应付款		7 500
借：其他应付款	7 500	
贷：银行存款		7 500

（二）应付账款

1. 应付账款的管理

应付账款是指行政单位因购买物资或服务、工程建设等而应付的偿还期限在 1 年以内（含 1 年）的款项。应付账款应当在收到所购物资或服务、完成工程时确认。该科目属负债类科目，贷方登记应支付的款项，借方登记已偿还数，期末贷方余额表示尚未偿还的应付账款，该科目应按债权单位（或个人）进行明细核算。

2. 应付账款的核算

收到所购物资或服务、完成工程但尚未付款时，按照应付未付款项的金额，借记“待偿债净资产”科目，贷记本科目。偿付应付账款时，借记本科目，贷记“待偿债净资产”

科目；同时，借记“经费支出”科目，贷记“财政拨款收入”、“零余额账户用款额度”、“银行存款”等科目。无法偿付或债权人豁免偿还的应付账款，应当按照规定报经批准后进行账务处理。经批准核销时，借记本科目，贷记“待偿债净资产”科目。核销的应付账款应在备查簿中保留登记。

例题见“待偿债净资产”核算部分。

（三）应付政府补贴款

1. 应付政府补助款的管理

应付政府补助款是指负责发放政府补贴的行政单位，按照规定应当支付给政府补贴接受者的各种政府补贴款。应付政府补贴款应当在规定发放政府补贴的时间确认。期末贷方余额表示应付未付的政府补助款，该科目除了按照应支付的政府补贴种类进行明细核算外，还应当按照补贴接受者建立备查簿，进行相应明细核算。

2. 应付政府补助款的核算

发生应付政府补贴时，按照规定计算出的应付政府补贴金额，借记“经费支出”科目，贷记本科目。支付应付的政府补贴款时，借记本科目，贷记“零余额账户用款额度”、“银行存款”等科目。

【例 7-29】 某行政单位按照相关政策给受补贴者发放政府补助款 3 600 元，以银行存款支付。

借：应付政府补助款	3 600	
贷：银行存款		3 600

（四）其他应付款

1. 其他应付款的管理

其他应付款是指行政单位除应缴财政款、应缴税费、应付职工薪酬、应付政府补贴款、应付账款以外的其他各项偿还期在 1 年以内（含 1 年）的应付及暂存款项，如收取的押金、保证金、未纳入行政单位预算管理的转拨资金、代扣代缴职工社会保险费和住房公积金等。期末贷方余额反映行政单位尚未支付的其他应付款。本科目应按照其他应付款的类别以及债权单位（或个人）进行明细核算。

2. 其他应付款的核算

发生其他各项应付及暂存款项时，借记“银行存款”等科目，贷记本科目。支付其他各项应付及暂存款项时，借记本科目，贷记“银行存款”等科目。因故无法偿付或债权人豁免偿还的其他应付款项，应当按规定报经批准后进行账务处理。经批准核销时，借记本科目，贷记“其他收入”科目。核销的其他应付款应在备查簿中保留登记。

例题见【例 7-28】。

（五）长期应付款的核算

1. 长期应付款的管理

长期应付款指行政单位发生的偿还期限超过1年（不含1年）的应付款项，如跨年度分期付款购入固定资产的价款等。应当按照长期应付款的类别以及债权单位（或个人）进行明细核算。本科目期末贷方余额，反映行政单位尚未支付的长期应付款。

2. 长期应付款的核算

发生长期应付款时，按照应付未付的金额，借记“待偿债净资产”科目，贷记本科目。

偿付长期应付款时，借记“经费支出”科目，贷记“财政拨款收入”、“零余额账户用款额度”、“银行存款”等科目；同时，借记本科目，贷记“待偿债净资产”科目。无法偿付或债权人豁免偿还的长期应付款，应当按照规定报经批准后进行账务处理。经批准核销时，借记本科目，贷记“待偿债净资产”科目。核销的长期应付款应在备查簿中保留登记。

例题见“待偿债净资产”核算部分。

（六）受托代理负债的核算

受托代理负债是行政单位接受委托，取得受托管理资产时形成的负债。详见受托代理资产部分介绍。

九、净资产的核算

行政单位净资产除了前面已经介绍的结转结余以外，还包括：资产基金和待偿债净资产。

（一）资产基金的核算

资产基金是指行政单位的预付账款、存货、固定资产、在建工程、无形资产、政府储备物资、公共基础设施等非货币性资产在净资产中占用的金额。

为核算资产基金的增减变化，行政单位应设置“资产基金”科目。该科目贷方登记资产基金增加数，借方登记减少数，贷方余额表示行政单位所拥有的非流动资产占用的金额。该科目应当设置“预付款项”、“存货”、“固定资产”、“在建工程”、“无形资产”、“政府储备物资”、“公共基础设施”等明细科目，进行明细核算。

具体核算内容详见相关资产的介绍。

（二）待偿债净资产的核算

1. 待偿债净资产的管理

待偿债净资产是指行政单位因发生应付账款和长期应付款而相应需在净资产中冲减的金额。为核算待偿债净资产的增减变化，行政单位应设置“待偿债净资产”科目。该科目贷方登记发生应付账款和长期应付款的增加数，借方登记偿付应付账款、长期应付款的减少数，期末借方余额，反映行政单位因尚未支付的应付账款和长期应付款而需相应冲减净资产的金额。

2. 待偿债净资产的核算

发生应付账款、长期应付款时，按照实际发生的金额，借记本科目，贷记“应付账款”、“长期应付款”等科目。偿付应付账款、长期应付款时，按照实际偿付的金额，借记“应付账款”、“长期应付款”等科目，贷记本科目；同时，按照实际支付的金额，借记“经费支出”科目，贷记“财政拨款收入”、“零余额账户用款额度”、“银行存款”等科目。因债权人原因，核销确定无法支付的应付账款、长期应付款时，按照报经批准核销的金额，借记“应付账款”、“长期应付款”科目，贷记本科目。

【例 7-30】某行政单位购买 5 万元设备一台，款项未付。同时，跨年度分期付款购入另一项固定资产，本期需支付价款 9 万元。采用财政授权支付方式支付上述价款。

①借：待偿债净资产	50 000	
贷：应付账款		50 000
同时：		
借：固定资产	50 000	
贷：资产基金——固定资产		50 000
②借：待偿债净资产	90 000	
贷：长期付账款		90 000
③借：应付账款	50 000	
长期付账款	90 000	
贷：待偿债净资产		140 000
同时：		
借：经费支出	140 000	
贷：零余额账户用款额度		140 000

复习思考题

1. 行政单位的财政应返还额度是如何形成的?
2. 行政单位哪些资产负债科目年末无余额?
3. 简述行政单位的存货有关规定。
4. 行政单位的薪酬如何管理和核算？
5. 行政单位待偿债净资产是如何核算的？

6．什么是行政单位的应付款项？

7．行政单位负债主要内容包括哪些？

8．简述应缴财政款的主要内容和管理要求。

9．行政单位的固定资产包括哪些内容？

10．简述行政单位固定资产计价的有关规定。

11．为什么行政单位对固定资产的核算除设置“固定资产”账户外，还需设置“资产基金”账户，这两个账户之间有什么关系？

12．行政单位的无形资产如何核算？

13．什么是行政单位的政府储备物资和公共基础设施？

第八章

行政单位财务报表

一、财务报表的作用和内容

财务报表是反映行政单位财务状况和预算执行结果的书面文件，通常由会计报表及其附注构成。会计报表是财务报表的主要组成内容，它包括资产负债表、收入支出表、财政拨款收入支出表、经费支出明细表和附注等，有项目支出（包括基建支出）业务的，还应按项目和工程种类编报项目支出明细表；附注是指对在会计报表中列示项目的文字描述或明细资料，以及对未能在会计报表中列示项目的说明等。

（一）财务报表的作用

编制和披露会计报告，对于加强预算管理和单位财务管理具有重要作用，它提供行政单位资金供给者及行政单位管理层监督、管理所需的会计信息。

（1）财务报表可集中提供关于行政单位财务状况和收支情况的信息，便于各级管理者分析使用。行政单位通过日常会计工作，以凭证、账簿的形式提供各项资金活动的大量资料，但这些资料信息零星分散，不能集中、总括地反映单位资金活动的全貌。会计报表及相应的文字说明定期对日常会计核算资料进行综合汇总和分析，使之形成完整的指标体系。

（2）财务报表可提供行政单位履行职责的效果及各方面业绩的信息，有助于资金供给者评价行政单位的内部管理，考核行政单位遵守有关规章制度及遵守其他限制条件的情况，促使行政单位充分利用资金达到资金供给者所制定的组织目标。

（3）财务报表可为资金供给者提供决策信息。行政单位的主管单位乃至财政机关可利用行政单位提供的会计报告，及时了解预算的执行情况以及行政单位提供服务能力的持续状况，从而为日后及来年供应财政资金的决策积累必要的信息。

（二）财务报表编制要求

（1）行政单位资产负债表、财政拨款收入支出表和附注应当至少按照年度编制，收入支出表应当按照月度和年度编制。

（2）行政单位应当根据本制度编制并提供真实、完整的财务报表。行政单位不得违反规定，随意改变本制度规定的会计报表格式、编制依据和方法，不得随意改变本制度规定的会计报表有关数据的会计口径。

（3）行政单位的财务报表应当根据登记完整、核对无误的账簿记录和其他有关资料编制，要做到数字真实、计算准确、内容完整、报送及时。

（4）行政单位财务报表应当由单位负责人和主管会计工作的负责人、会计机构负责人（会计主管人员）签名并盖章。

二、年终清理结算和结账

（一）年终清理的内容

年终清理是行政单位在年度终了前，根据财政部门或主管单位的决算编审工作要求，对各收入支出、往来款项、货币资金和财产物资所进行的全面清理结算。年终清理是编制年度决算的一个重要环节，各行政单位应在年度终了前，做好年终清理结算工作，并在此基础上办理年度结账，编报决算。年终清理主要包括以下内容：

（1）清理核对各项收支款项。凡属本年的各项收入，都要及时入账。属于本年的各项支出，要按规定的支出渠道如实列报。未完工基建工程当年的开支需列入当年基建支出。年度单位支出决算，一律以基层用款单位截至 12 月 31 日的本年实际支出数为准。

（2）清理各项往来款项。行政单位的往来款项，年终前应尽量清理完毕。按照有关规定应当转作各项收入或各项支出的往来款项要及时转入各有关账户，编制本年决算。

（3）清查银行账户的额度和货币资金。年终，行政单位要及时同开户银行对账，零余额账户账面余额、银行存款账面余额要与银行对账单余额相符。注销零余额账户剩余的用款额度。库存现金账面余额，要同库存现金核对相符。

（4）清查财产物资。年终前，应对各项财产物资进行全面清点，发生盘盈、盘亏的，要及时查明原因，按规定作出处理，调整账务，做到账账相符，账实相符。

（二）年终结账

年终结账包括年终转账、结清旧账和转入新账三个环节。

1. 年终转账

年终转账是年末账项结束和结转工作，主要是将各支出科目余额与其对应的收入科目余额通过有关结余科目对冲计算出收支结余，并结转入有关基金科目，具体步骤是：

（1）计算预算额度余额，确认拨入经费和财政应返还额度；

（2）计算各账户借方或贷方发生额的 12 月份合计数和全年累计数，并结出 12 月末余额。

（3）编制结账前的科目余额表，试算平衡。

（4）将应对冲结转的各个收支账户的余额结转冲账，填制记账凭单。

2. 结清旧账

对于转账后无余额的账户结出全年总累计数，然后在下面划双红线，表示本账户全部结清。对于年终转账后仍有余额的账户，在“全年累计数”下行的摘要栏内注明“结转下年”字样，再在下面划双红线，表示年终余额转入新账，旧账结束。

3. 转入新账

根据本年度各账户余额，编制年终决算的资产负债表等报表。根据表列各账户的年终余额（不编记账凭单），直接记入新年度相应的各有关账户，并在摘要栏注明“上年结账”字样，以区别新年度发生额。

三、主要会计报表的编制

（一）资产负债表

资产负债表是反映行政单位在某一特定日期财务状况的报表。资产负债表主要反映行政单位在某一特定日期所掌握的各项财产的分布情况、负债情况及资金供给者供给资金的构成情况等。通过资产负债表，行政单位的资金供给者及单位主管人员可以全面了解行政单位资产的总量及分布情况、负债及各项资金来源的供给情况，从而判断行政单位提供服务能力的大小，为未来资金供应提供决策依据。

资产负债表的格式有两种基本类型，即账户式与垂直式。按照我国惯例，行政单位与企业一样，采用账户式资产负债表，即分左、右两方。左方是资产类的各个项目，右方是负债类和净资产类的各个项目，左右两方金额合计数保持平衡。具体格式见表 8-1。

资产负债表“年初余额”栏内各项数字，应当根据上年年末资产负债表“期末余额”栏内数字填列。如果本年度资产负债表规定的各个项目的名称和内容同上年度不相一致，应对上年年末资产负债表各项目的名称和数字按照本年度的规定进行调整，填入本表“年初余额”栏内。资产负债表“期末余额”栏各项目的内容和填列方法如下：

1. 资产类项目

（1）“库存现金”项目，反映行政单位期末库存现金的金额。本项目应当根据“库存现金”科目的期末余额填列；期末库存现金中有属于受托代理现金的，本项目应当根据“库存现金”科目的期末余额减去其中属于受托代理的现金金额后的余额填列。

（2）“银行存款”项目，反映行政单位期末银行存款的金额。本项目应当根据“银行存款”科目的期末余额填列；期末银行存款中有属于受托代理存款的，本项目应当根据“银行存款”科目的期末余额减去其中属于受托代理的存款金额后的余额填列。

（3）“财政应返还额度”项目，反映行政单位期末财政应返还额度的金额。本项目应当根据“财政应返还额度”科目的期末余额填列。

（4）“应收账款”项目，反映行政单位期末尚未收回的应收账款金额。本项目应当根据

“应收账款”科目的期末余额填列。

（5）“预付账款”项目，反映行政单位预付给物资或者服务提供者款项的金额。本项目应当根据“预付账款”科目的期末余额填列。

（6）“其他应收款”项目，反映行政单位期末尚未收回的其他应收款余额。本项目应当根据“其他应收款”科目的期末余额填列。

（7）“存货”项目，反映行政单位期末为开展业务活动耗用而储存的存货的实际成本。本项目应当根据“存货”科目的期末余额填列。

（8）“固定资产”项目，反映行政单位期末各项固定资产的账面价值。本项目应当根据“固定资产”科目的期末余额减去“累计折旧”科目中“固定资产累计折旧”明细科目的期末余额后的金额填列。

“固定资产原价”项目，反映行政单位期末各项固定资产的原价。本项目应当根据“固定资产”科目的期末余额填列。

“固定资产累计折旧”项目，反映行政单位期末各项固定资产的累计折旧金额。本项目应当根据“累计折旧”科目中“固定资产累计折旧”明细科目的期末余额填列。

（9）“在建工程”项目，反映行政单位期末除公共基础设施在建工程以外的尚未完工交付使用的在建工程的实际成本。本项目应当根据“在建工程”科目中属于非公共基础设施在建工程的期末余额填列。

（10）“无形资产”项目，反映行政单位期末各项无形资产的账面价值。本项目应当根据“无形资产”科目的期末余额减去“累计摊销”科目的期末余额后的金额填列。

“无形资产原价”项目，反映行政单位期末各项无形资产的原价。本项目应当根据“无形资产”科目的期末余额填列。

“累计摊销”项目，反映行政单位期末各项无形资产的累计摊销金额。本项目应当根据“累计摊销”科目的期末余额填列。

（11）“待处理财产损溢”项目，反映行政单位期末待处理财产的价值及处理损溢。本项目应当根据“待处理财产损溢”科目的期末借方余额填列；如“待处理财产损溢”科目期末为贷方余额，则以“－”号填列。

（12）“政府储备物资”项目，反映行政单位期末储存管理的各种政府储备物资的实际成本。本项目应当根据“政府储备物资”科目的期末余额填列。

（13）“公共基础设施”项目，反映行政单位期末占有并直接管理的公共基础设施的账面价值。本项目应当根据“公共基础设施”科目的期末余额减去“累计折旧”科目中“公共基础设施累计折旧”明细科目的期末余额后的金额填列。

“公共基础设施原价”项目，反映行政单位期末占有并直接管理的公共基础设施的原价。本项目应当根据“公共基础设施”科目的期末余额填列。“公共基础设施累计折旧”项目，反映行政单位期末占有并直接管理的公共基础设施的累计折旧金额。本项目应当根据“累计折旧”科目中“公共基础设施累计折旧”明细科目的期末余额填列。

（14）“公共基础设施在建工程”项目，反映行政单位期末尚未完工交付使用的公共基础设施在建工程的实际成本。本项目应当根据“在建工程”科目中属于公共基础设施在建工程的期末余额填列。

（15）“受托代理资产”项目，反映行政单位期末受托代理资产的价值。本项目应当根据“受托代理资产”科目的期末余额（扣除其中受托储存管理物资的金额）加上“库存现金”、“银行存款”科目中属于受托代理资产的现金余额和银行存款余额的合计数填列。

2. 负债类项目

（1）“应缴财政款”项目，反映行政单位期末按规定应当上缴财政的款项（应缴税费除外）。本项目应当根据“应缴财政款”科目的期末余额填列。

（2）“应缴税费”项目，反映行政单位期末应缴未缴的各种税费。本项目应当根据“应缴税费”科目的期末贷方余额填列；如“应缴税费”科目期末为借方余额，则以“－”号填列。

（3）“应付职工薪酬”项目，反映行政单位期末尚未支付给职工的各种薪酬。本项目应当根据“应付职工薪酬”科目的期末余额填列。

（4）“应付账款”项目，反映行政单位期末尚未支付的偿还期限在1年以内（含1年）的应付账款的金额。本项目应当根据“应付账款”科目的期末余额填列。

（5）“应付政府补贴款”项目，反映行政单位期末尚未支付的应付政府补贴款的金额。本项目应当根据“应付政府补贴款”科目的期末余额填列。

（6）“其他应付款”项目，反映行政单位期末尚未支付的其他各项应付及暂收款项的金额。本项目应当根据“其他应付款”科目的期末余额填列。

（7）“一年内到期的非流动负债”项目，反映行政单位期末承担的1年以内（含1年）到偿还期的非流动负债。本项目应当根据“长期应付款”等科目的期末余额分析填列。

（8）“长期应付款”项目，反映行政单位期末承担的偿还期限超过1年的应付款项。本项目应当根据“长期应付款”科目的期末余额减去其中1年以内（含1年）到偿还期的长期应付款金额后的余额填列。

（9）“受托代理负债”项目，反映行政单位期末受托代理负债的金额。本项目应当根据“受托代理负债”科目的期末余额（扣除其中受托储存管理物资对应的金额）填列。

3. 净资产类项目

（1）“财政拨款结转”项目，反映行政单位期末滚存的财政拨款结转资金。本项目应当根据“财政拨款结转”科目的期末余额填列。

（2）“财政拨款结余”项目，反映行政单位期末滚存的财政拨款结余资金。本项目应当根据“财政拨款结余”科目的期末余额填列。

（3）“其他资金结转结余”项目，反映行政单位期末滚存的除财政拨款以外的其他资金结转结余的金额。本项目应当根据“其他资金结转结余”科目的期末余额填列。

“项目结转”项目，反映行政单位期末滚存的非财政拨款未完成项目结转资金。本项目应当根据“其他资金结转结余”科目中“项目结转”明细科目的期末余额填列。

（4）“资产基金”项目，反映行政单位期末预付账款、存货、固定资产、在建工程、无形资产、政府储备物资、公共基础设施等非货币性资产在净资产中占用的金额。本项目应当根据“资产基金”科目的期末余额填列。

（5）“待偿债净资产”项目，反映行政单位期末因应付账款和长期应付款等负债而相应需在净资产中冲减的金额。本项目应当根据“待偿债净资产”科目的期末借方余额以“－”号填列。

行政单位按月编制资产负债表的，应当遵照以下规定编制：

① 月度资产负债表应在资产部分“银行存款”项目下增加“零余额账户用款额度”项目。

②“零余额账户用款额度”项目，反映行政单位期末零余额账户用款额度的金额。本项目应当根据“零余额账户用款额度”科目的期末余额填列。

③“财政拨款结转”项目。本项目应当根据“财政拨款结转”科目的期末余额，加上“财政拨款收入”科目本年累计发生额，减去“经费支出——财政拨款支出”科目本年累计发生额后的余额填列。

④“其他资金结转结余”项目。本项目应当根据“其他资金结转结余”科目的期末余额，加上“其他收入”科目本年累计发生额，减去“经费支出——其他资金支出”科目本年累计发生额，再减去“拨出经费”科目本年累计发生额后的余额填列。

“项目结转”项目。本项目应当根据“其他资金结转结余”科目中“项目结转”明细科目的期末余额，加上“其他收入”科目中项目收入的本年累计发生额，减去“经费支出——其他资金支出”科目中项目支出本年累计发生额，再减去“拨出经费”科目中项目支出本年累计发生额后的余额填列。

⑤ 月度资产负债表其他项目的填列方法与年度资产负债表的填列方法相同。

表 8-1 资产负债表

编制单位： 年 月 日 单位：元

资 产	年初余额	期末余额	负债和净资产	年初余额	期末余额
流动资产：			流动负债：		
库存现金			应缴财政款		
银行存款			应缴税费		
财政应返还额度			应付职工薪酬		
应收账款			应付账款		
预付账款			应付政府补贴款		
其他应收款			其他应付款		
存货			一年内到期的非流动负债		
流动资产合计			流动负债合计		
固定资产			非流动负债：		
固定资产原价			长期应付款		
减：固定资产累计折旧			受托代理负债		
在建工程			负债合计		

续表

资　　产	年初余额	期末余额	负债和净资产	年初余额	期末余额
无形资产					
无形资产原价					
减：累计摊销					
待处理财产损溢			财政拨款结转		
政府储备物资			财政拨款结余		
公共基础设施			其他资金结转结余		
公共基础设施原价			其中：项目结转		
减：公共基础设施累计折旧			资产基金		
公共基础设施在建工程			待偿债净资产		
受托代理资产			净资产合计		
资产总计			负债和净资产总计		

（二）收入支出表

收入支出表是反映行政单位在某一会计期间全部预算收支执行结果的报表。收入支出表应当按照收入、支出的构成和结转结余情况分类、分项列示。具体格式见表 8-2。

收入支出表“本月数”栏反映各项目的本月实际发生数。在编制年度收入支出表时，应当将本栏改为“上年数”栏，反映上年度各项目的实际发生数；如果本年度收入支出表规定的各个项目的名称和内容同上年度不一致，应对上年度收入支出表各项目的名称和数字按照本年度的规定进行调整，填入本年度收入支出表的“上年数”栏。

本表“本年累计数”栏反映各项目自年初起至报告期末止的累计实际发生数。编制年度收入支出表时，应当将本栏改为“本年数”。

收入支出表“本月数”栏各项目的内容和填列方法如下：

1.“年初各项资金结转结余”项目及其所属各明细项目，反映行政单位本年初所有资金结转结余的金额。各明细项目应当根据“财政拨款结转”、“财政拨款结余”、“其他资金结转结余”及其明细科目的年初余额填列。本项目及其所属各明细项目的数额，应当与上年度收入支出表中“年末各项资金结转结余”中各明细项目的数额相等。

2.“各项资金结转结余调整及变动”项目及其所属各明细项目，反映行政单位因发生需要调整以前年度各项资金结转结余的事项，以及本年因调入、上缴或交回等导致各项资金结转结余变动的金额。

（1）“财政拨款结转结余调整及变动”项目，根据“财政拨款结转”、“财政拨款结余”科目下的“年初余额调整”、“归集上缴”、“归集调入”明细科目的本期贷方发生额合计数减去本期借方发生额合计数的差额填列；如为负数，以“－”号填列。

（2）“其他资金结转结余调整及变动”项目，根据“其他资金结转结余”科目下的“年初余额调整”、“结余调剂”明细科目的本期贷方发生额合计数减去本期借方发生额合计数的差额填列；如为负数，以“－”号填列。

3.“收入合计”项目，反映行政单位本期取得的各项收入的金额。本项目应当根据“财政拨款收入”科目的本期发生额加上“其他收入”科目的本期发生额的合计数填列。

（1）“财政拨款收入”项目及其所属明细项目，反映行政单位本期从同级财政部门取得的各类财政拨款的金额。本项目应当根据“财政拨款收入”科目及其所属明细科目的本期发生额填列。

（2）“其他资金收入”项目及其所属明细项目，反映行政单位本期取得的各类非财政拨款的金额。本项目应当根据“其他收入”科目及其所属明细科目的本期发生额填列。

4.“支出合计”项目，反映行政单位本期发生的各项资金支出金额。本项目应当根据“经费支出”和“拨出经费”科目的本期发生额的合计数填列。

（1）“财政拨款支出”项目及其所属明细项目，反映行政单位本期发生的财政拨款支出金额。本项目应当根据“经费支出——财政拨款支出”科目及其所属明细科目的本期发生额填列。

（2）“其他资金支出”项目及其所属明细项目，反映行政单位本期使用各类非财政拨款资金发生的支出金额。本项目应当根据“经费支出——其他资金支出”和“拨出经费”科目及其所属明细科目的本期发生额的合计数填列。

5.“本期收支差额”项目及其所属各明细项目，反映行政单位本期发生的各项资金收入和支出相抵后的余额。

（1）“财政拨款收支差额”项目，反映行政单位本期发生的财政拨款资金收入和支出相抵后的余额。本项目应当根据本表中“财政拨款收入”项目金额减去“财政拨款支出”项目金额后的余额填列；如为负数，以“－”号填列。

（2）“其他资金收支差额”项目，反映行政单位本期发生的非财政拨款资金收入和支出相抵后的余额。本项目应当根据本表中“其他资金收入”项目金额减去“其他资金支出”项目金额后的余额填列；如为负数，以“－”号填列。

6.“年末各项资金结转结余”项目及其所属各明细项目，反映行政单位截至本年末的各项资金结转结余金额。各明细项目应当根据“财政拨款结转”、“财政拨款结余”、“其他资金结转结余”科目的年末余额填列。

上述“年初各项资金结转结余”、“年末各项资金结转结余”项目及其所属各明细项目，只在编制年度收入支出表时填列。

表 8-2 收入支出表

编制单位： 年 月 单位：元

项 目	本 月 数	本年累计数
一、年初各项资金结转结余		
（一）年初财政拨款结转结余		
1. 财政拨款结转		
2. 财政拨款结余		
（二）年初其他资金结转结余		
二、各项资金结转结余调整及变动		
（一）财政拨款结转结余调整及变动		

续表

项　目	本 月 数	本年累计数
（二）其他资金结转结余调整及变动		
三、收入合计		
（一）财政拨款收入		
1. 基本支出拨款		
2. 项目支出拨款		
（二）其他资金收入		
1. 非项目收入		
2. 项目收入		
四、支出合计		
（一）财政拨款支出		
1. 基本支出		
2. 项目支出		
（二）其他资金支出		
1. 非项目支出		
2. 项目支出		
五、本期收支差额		
（一）财政拨款收支差额		
（二）其他资金收支差额		
六、年末各项资金结转结余		
（一）年末财政拨款结转结余		
1. 财政拨款结转		
2. 财政拨款结余		
（二）年末其他资金结转结余		

（三）财政拨款收入支出表

财政拨款收入支出表是反映行政单位在某一会计期间财政拨款收入、支出、结转及结余情况的报表。具体格式见表 8-3。

财政拨款收入支出表“项目”栏内各项目，应当根据行政单位取得的财政拨款种类分项设置；其中“项目支出”下，根据每个项目设置；行政单位取得除公共财政预算拨款和政府性基金预算拨款以外的其他财政拨款的，应当按照财政拨款种类增加相应的资金项目及其明细项目。财政拨款收入支出表各栏及其对应项目的内容和填列方法如下：

1.“年初财政拨款结转结余”栏中各项目，反映行政单位年初各项财政拨款结转和结余的金额。各项目应当根据“财政拨款结转”、“财政拨款结余”及其明细科目的年初余额填列。本栏目中各项目的数额，应当与上年度财政拨款收入支出表中“年末财政拨款结转结余”栏中各项目的数额相等。

2.“调整年初财政拨款结转结余”栏中各项目，反映行政单位对年初财政拨款结转结余的调整金额。各项目应当根据“财政拨款结转”、“财政拨款结余”科目中“年初余额调整”科目及其所属明细科目的本年发生额填列。如调整减少年初财政拨款结转结余，以“－”号填列。

3.“归集调入或上缴”栏中各项目，反映行政单位本年取得主管部门归集调入的财政拨款结转结余资金和按规定实际上缴的财政拨款结转结余资金金额。各项目应当根据“财政拨款结转”、“财政拨款结余”科目中“归集上缴”和“归集调入”科目及其所属明细科目的本年发生额填列。对归集上缴的财政拨款结转结余资金，以“－”号填列。

4.“单位内部调剂”栏中各项目，反映行政单位本年财政拨款结转结余资金在内部不同项目之间的调剂金额。各项目应当根据“财政拨款结转”和“财政拨款结余”科目中的“单位内部调剂”及其所属明细科目的本年发生额填列。对单位内部调剂减少的财政拨款结转结余项目，以“－”号填列。

5.“本年财政拨款收入”栏中各项目，反映行政单位本年从同级财政部门取得的各类财政预算拨款金额。各项目应当根据“财政拨款收入”科目及其所属明细科目的本年发生额填列。

6.“本年财政拨款支出”栏中各项目，反映行政单位本年发生的财政拨款支出金额。各项目应当根据“经费支出”科目及其所属明细科目的本年发生额填列。

7.“年末财政拨款结转结余”栏中各项目，反映行政单位年末财政拨款结转结余的金额。各项目应当根据“财政拨款结转”、“财政拨款结余”科目及其所属明细科目的年末余额填列。

表 8-3　财政拨款收入支出表

编制单位：　　　　　　　　　　　　＿＿＿＿年度　　　　　　　　　　　　单位：元

项目	年初财政拨款结转结余		调整年初财政拨款结转结余	归集调入或上缴	单位内部调剂		本年财政拨款收入	本年财政拨款支出	年末财政拨款结转结余	
	结转	结余			结转	结余			结转	结余
一、公共财政预算资金										
（一）基本支出										
1. 人员经费										
2. 日常公用经费										
（二）项目支出										
1. ××项目										
2. ××项目										
………										
二、政府性基金预算资金										
（一）基本支出										
1. 人员经费										
2. 日常公用经费										
（二）项目支出										
1. ××项目										
2. ××项目										
………										
总计										

四、报表附注

行政单位的报表附注是指对在会计报表中列示项目的文字描述或明细资料，以及对未能在会计报表中列示项目的说明等。报表附注应当至少披露下列内容：

（1）遵循《行政单位会计制度》的声明；

（2）单位整体财务状况、预算执行情况的说明；

（3）会计报表中列示的重要项目的进一步说明，包括其主要构成、增减变动情况等；

（4）重要资产处置、资产重大损失情况的说明；

（5）以名义金额计量的资产名称、数量等情况，以及以名义金额计量理由的说明；

（6）或有负债情况的说明、1 年以上到期负债预计偿还时间和数量的说明；

（7）以前年度结转结余调整情况的说明；

（8）有助于理解和分析会计报表的其他需要说明事项。

复习思考题

1．行政单位财务报表包括哪些内容？

2．行政单位如何进行年终清理结算和结账？

3．行政单位主要会计报表各项目如何填列？

第四篇

事业单位会计

第九章 事业单位收支和结转结余的核算

一、事业单位会计概述

（一）事业单位会计概念

事业单位会计是指以事业单位实际发生的各项业务活动为核算对象，反映和监督各级各类事业单位财务活动、预算执行情况及其结果的专业会计。

所谓事业单位是指主要以精神产品和各种劳务的形式，以实现社会效益为宗旨，向社会提供生产性或生活性服务的单位。

事业单位按其具体的业务性质表述大体上分为以下几类：

（1）科学研究事业单位。主要包括研究自然科学、社会科学等方面的科研单位。它所包括的范围极为广泛，从事经济建设的各个部委的科研院所都在其中。

（2）文教卫生事业单位。主要包括博物馆、文物保管研究单位、广播电视单位、文艺团体、文艺活动场所、体育训练机构、各类高等学校、中小学校、职业学校、幼儿保育、医院、防疫站、药品检验、妇幼保健、计划生育等单位。

（3）经济建设方面事业单位。包括为农业服务的种子推广站、技术推广站、气象服务单位、地质勘探、地震、水文、计量、环保等单位。

（4）社会福利事业单位。主要包括福利院、孤儿院、社会救济机构等社会福利事业单位。

（5）其他事业单位。主要包括交通管理、劳教劳改、咨询服务等单位。

（二）事业单位会计的特点

事业单位会计核算的特点主要表现在以下几个方面：

（1）资金来源渠道较多。主要来源于财政预算拨款、上级部门的补助、从事专业业务活动及其辅助活动取得的事业收入、附属单位缴款、经营收入及社会组织和个人的捐款等。

（2）会计核算组织结构多层次。一个事业单位通常有下属的二级核算单位、三级核算单位，同时事业单位还受国家总预算、地方各级预算的监督管理，形成多层次的会计核算组织结构。

（3）业务活动不以营利为目的。事业单位是以向社会和特定对象提供某种服务为目的的组织，虽然事业单位也开展经济业务活动，但不是以营利为最终目标，更多偏重于社会效益。

（4）两种会计核算基础并行。会计核算一般采用收付实现制，但经营性收支业务核算可采用权责发生制。

（三）事业单位会计任务

事业单位会计主要反映非物资生产领域的业务收支，根据事业单位经济活动的特点，事业单位会计主要有以下四项任务：

1. 组织资金供应，合理使用资金

为保证年度财务收支计划的完成，事业单位要根据事业发展目标和单位预算，依法组织收入，努力节约支出，增强经费自给能力。建立健全财务制度，合理地安排使用资金，贯彻勤俭节约方针，加强经济核算，实施绩效评价，提高资金使用效益。

2. 保护财产物资安全，合理分配结余

加强资产管理，合理配置和有效利用资产，防止资产流失，是提高资金利用效果的重要途径。因此，事业单位会计对于各项财产物资的增减变动和结存情况，必须进行认真记录和计算，并监督其安全保管与合理使用。要加强对事业单位经济活动的财务控制和监督，防范财务风险。对于货币资金的收支与物资的进出、转移和领用，都要加以审核，并及时填制凭证，登记账簿，按期进行清查盘点，做到家底清楚，责任明确，保管妥善，使用合理。

合理分配结余是事业单位会计的一项重要任务。事业单位收支相抵后的结余，要按照政策规定合理进行分配。按照财务制度的规定，单位结余扣除专项资金结余后，按照规定的比例提取职工福利基金，余额全部转入事业基金。

3. 反映预算执行情况，参与制定经费预算

事业单位应合理编制单位预算，严格预算执行，完整、准确编制单位决算，才能真实反映单位财务状况。这样不仅体现着本单位业务活动和经济活动的过程和结果，而且体现着政府预算在基层单位的具体执行情况，必须如实反映。事业单位会计部门要严格执行事业会计制度，认真做好记账、算账、报账工作，做到数字真实，计算准确，内容完整，编报及时。还要定期分析本单位预算执行情况，测定影响预算执行情况的因素，挖掘内部潜力，提出改进措施，促进增收节支。

事业单位预算的执行情况，还是制定事业计划和下年度单位预算的基础。会计部门应利用掌握预算执行的各种数据的有利条件，参与制定本单位事业发展计划和预算，从提高经济效益的要求出发，对未来时期事业的发展和收支的安排提出建议，为单位的内部管理和上级主管部门的宏观管理当好参谋。

4. 实行会计监督，维护财经纪律

会计监督就是利用货币形式对单位的业务活动所进行的控制和调节，其目的在于保证各项财经方针、政策、法令、制度的贯彻执行，维护财经纪律。在具体工作中，事业单位要认真审核各项经济活动是否合理合法，查明资金筹集和使用是否严格遵守国家的各项财经法规，制止和揭露各种违法乱纪现象，保证国家各项财产、物资、资金的安全完整。

（四）事业单位会计科目

事业单位的会计科目按会计要素可以分为资产、负债、净资产、收入和支出五大类。各类事业单位统一适用的会计科目编号及名称如表 9-1 所示。

表 9-1　事业单位会计科目表

序号	编号	科目名称	序号	编号	科目名称
		一、资产类	28	2402	长期应付款
1	1001	库存现金			三、净资产类
2	1002	银行存款	29	3001	事业基金
3	1011	零余额账户用款额度	30	3101	非流动资产基金
4	1101	短期投资		310101	长期投资
5	1201	财政应返还额度		310102	固定资产
	120101	财政直接支付		310103	在建工程
	120102	财政授权支付		310104	无形资产
6	1211	应收票据	31	3201	专用基金
7	1212	应收账款	32	3301	财政补助结转
8	1213	预付账款		330101	基本支出结转
9	1115	其他应收款		330102	项目支出结转
10	1301	存货	33	3302	财政补助结余
11	1401	长期投资	34	3401	非财政补助结转
12	1501	固定资产	35	3402	事业结余
13	1502	累计折旧	36	3403	经营结余
14	1511	在建工程	37	3404	非财政补助结余分配
15	1601	无形资产			四、收入类
16	1602	累计摊销	38	4001	财政补助收入
17	1701	待处置资产损溢	39	4101	事业收入
		二、负债类	40	4201	上级补助收入
18	2001	短期借款	41	4301	附属单位上缴收入
19	2101	应缴税费	42	4401	经营收入
20	2102	应缴国库款	43	4501	其他收入
21	2103	应缴财政专户款			五、支出类
22	2201	应付职工薪酬	44	5001	事业支出
23	2301	应付票据	45	5101	上缴上级支出

续表

序　号	编　号	科目名称	序　号	编　号	科目名称
24	2302	应付账款	46	5201	对附属单位补助支出
25	2303	预收账款	47	5301	经营支出
26	2305	其他应付款	48	5401	其他支出
27	2401	长期借款			

事业单位在使用统一设置的事业单位通用会计科目时应当遵循以下要求：

（1）事业单位应当使用按规定统一设置的会计科目，不得擅自更改统一设置的会计科目的名称，不需要的会计科目可以不用。

（2）事业单位在使用会计科目的编号时，应同时使用会计科目的名称，不得只使用会计科目的编号，而不使用会计科目的名称。对于统一设置的会计科目的编号，各事业单位只能使用，不得打乱重编。

二、事业单位收入的核算

（一）事业单位收入概述

1. 收入的概念

根据《事业单位财务准则》，事业单位的收入，是指事业单位为开展业务及其他活动依法取得的非偿还性资金。事业单位的收入依据其来源的不同．可以分为财政补助收入、事业收入、上级补助收入、附属单位上缴收入、经营收入和其他收入等。事业单位收入的概念，具有以下几层含义：

（1）收入是开展业务及其他活动而取得的。事业单位是以向社会和特定对象提供某种服务为目的的组织，虽然也开展经济业务活动，但是不以营利为最终目标，更多偏重于社会效益。其业务活动具有非生产性，开展业务活动的资金耗费，主要是从财政部门、主管部门、上级单位取得各项收入；同时，还可以通过开展有偿服务活动和生产经营活动获得事业收入和经营收入，予以补偿。

（2）收入的取得具有合法性。即事业单位必须依法办事，各项收入的取得必须符合国家有关法律、法规和规章制度的规定。

（3）收入是非偿还性的资金。收入使事业单位经济利益的增加，即事业单位取得各项收入后不需要偿还，可根据需要安排业务活动及其他活动。若需要偿还，则应作为“负债”处理。

2. 收入的确认

根据《事业单位会计准则》，事业单位的收入一般在收到款项时予以确认，并按照实际收到金额进行计量。

采用权责发生制确认的收入，应当在提供服务或者发出存货，同时收讫价款或者取得索取价款的凭据时予以确认，并按照实际收到的金额或者有关凭据注明的金额进行计量。

应根据收入业务的不同性质合理确认收入的实现。具体讲：

（1）财政补助收入、上级补助收入、从财政专户核拨的预算外资金，以及事业单位开展专业业务活动和辅助活动所取得的事业收入，应当在收到款项时予以确认。

（2）经营性收入的确认可以采用权责发生制，在提供劳务或发出商品，同时收讫销售款或者取得索取价款的凭据时予以确认。对于长期项目的确认，应当根据当年完成进度予以确认。

当事业单位取得的收入为非货币资金时，应根据有关凭证，在收到货物及凭据时予以确认；若没有凭证可供确认的，参照其市场价格确定。

（二）财政补助收入

1. 财政补助收入的概念

财政补助收入是指事业单位从同级财政部门取得的各类拨款，包括基本支出补助和项目支出补助。

按核定的预算和经费领报关系直接从财政部门取得的和通过主管部门从财政部门取得的各类事业经费。包括正常的经费和专项资金，但是不包括国家对事业单位的基本建设投资。

2. 财政补助收入的拨款方式

根据预算资金管理制度的规定，事业单位经费领拨的方式为财政直接支付、财政授权支付和实拨资金三种方式。

财政直接支付和财政授权支付的具体内容详见第三章中“财政预算支出的支付方式”。

实拨资金是指未实行国库集中支付改革的财政资金的拨付，包括政府性基金、预算外支出、所得税退税等。财政部正在研究，条件成熟后，将这些资金也实行国库集中支付。

3. 财政补助收入的拨款原则

根据《中央单位财政国库管理制度改革试点资金支付管理办法》（财库〔2002〕28 号）文件的有关规定，预算单位使用财政资金，要坚持按照财政预算、分月用款计划、项目进度和规定程序的原则进行支付。因此，事业单位向财政部门申请使用资金时，一定要事先编制“用款计划”（见表 9-2 和表 9-3）。编报用款计划是各事业单位使用财政性资金的依据，没有计划资金拨不走。

事业单位在领拨财政拨款时，要按经费领拨层次、按照任务进度、按照用款计划、按照支出用途领拨。事业单位实行“收支统一管理，定额、定项拨款（补助），超支不补，结余留用”的预算管理办法后，各单位可在单位预算收入总额内统筹安排支出，全部资金可在计划支出项目间调剂使用。但是，各单位领拨财政经费仍应当按核定的预算、季度分月用款计划规定的用途领用和转拨，未经同级财政部门批准，不得改变用途，以保证原定事业计划的完成。经费中用于专项业务的资金必须与经常性支出严格区分，严格按用途领拨，单独核算，不得互相留用。“用款计划”见表 9-2 和表 9-3。

表 9-2　预算单位 1～5 月基本支出分月用款计划表

预算单位组织机构代码：　　　　　　　　　　　　　　　第　页共　页

预算单位名称：　　　　　　　　上报计划编号：　　　　　　　　单位：元

支出功能分类				项目编码	项目名称	合计	1 月		2 月		3 月		4 月		5 月	
科目编码			科目名称				直接支付	授权支付	直接支付	授权支付	直接支付	授权支付	直接支付	授权支付	直接支付	授权支付
类	款	项														
合　计																

单位负责人：　　　财务负责人：　　　经办人：　　　审核人：　　　联系电话：　　　申请日期：

表 9-3　预算单位项目支出分月用款计划表

预算单位组织机构代码：　　　　　　第一季度　　　　　　第　页共　页

预算单位名称：　　　　　　　　上报计划编号：　　　　　　　　单位：元

支出功能分类				项目编码	项目名称	合计			1 月		2 月		3 月	
科目编码			科目名称			小计	直接支付	授权支付	直接支付	授权支付	直接支付	授权支付	直接支付	授权支付
类	款	项												
合计														

单位负责人：　　　财务负责人：　　　经办人：　　　审核人：　　　联系电话：　　　申请日期：

4. 财政补助收入的核算

为核算财政补助收入业务，事业单位应设置“财政补助收入”科目，属于收入类，并下设“基本支出”和“项目支出”两个二级明细科目；两个明细科目下按照《政府收支分类科目》中“支出功能分类”的相关科目进行明细核算；同时在“基本支出”明细科目下按照“人员经费”和“日常公用经费”进行明细核算，在“项目支出”明细科目下按照具体项目进行明细核算。

财政补助收入的主要账务处理如下：

（1）财政直接支付方式下，对财政直接支付的支出，事业单位根据财政国库支付执行机构委托代理银行转来的《财政直接支付入账通知书》及原始凭证，按照通知书中的直接支付入账金额，借记有关科目，贷记“财政补助收入”科目。

年度终了，根据本年度财政直接支付预算指标数与当年财政直接支付实际支出数的差额，借记“财政应返还额度——财政直接支付”科目，贷记“财政补助收入”科目。

（2）财政授权支付方式下，事业单位根据代理银行转来的《授权支付到账通知书》，按照通知书中的授权支付额度，借记“零余额账户用款额度”科目，贷记“财政补助收入”科目。

年度终了，事业单位本年度财政授权支付预算指标数大于零余额账户用款额度下达数的，根据未下达的用款额度，借记“财政应返还额度——财政授权支付”科目，贷记“财政补助收入”科目。

（3）实拨方式下，实际收到财政补助收入时，按照实际收到的金额，借记“银行存款”等科目，贷记“财政补助收入”科目。

（4）因购货退回等发生国库直接支付款项退回的，属于以前年度支付的款项，按照退回金额，借记“财政应返还额度”科目，贷记“财政补助结转”、“财政补助结余”、“存货”等有关科目；属于本年度支付的款项，按照退回金额，借记“财政补助收入”科目，贷记“事业支出”、“存货”等有关科目。

（5）期末，将本科目本期发生额转入财政补助结转，借记“财政补助收入”科目，贷记“财政补助结转”科目。期末结账后，本科目应无余额。

某科研单位有关财政补助收入的业务如下：

【例 9-1】采用财政直接支付方式，购买专项基础科研用材料一批，价值 600 000 元。

借：事业支出——项目支出——某材料购置　　600 000

　贷：财政补助收入——项目支出（财政直接支付）——专项基础科研（某材料）600 000

【例 9-2】采用财政授权支付方式，通过政府采购购买办公用品一批，共计 100 000 元。

借：零余额账户用款额度　　100 000

　贷：财政补助收入——基本支出（财政授权支付）——机构运行（办公用品）100 000

借：事业支出——基本支出——办公费　　100 000

　贷：零余额账户用款额度　　100 000

【例 9-3】年终结账时，结转“财政补助收入”账户贷方余额 700 000 元。

借：财政补助收入——基本支出　　100 000

——项目支出 600 000

贷：财政补助结转 700 000

（三）上级补助收入

1. 上级补助收入的概念

上级补助收入是指事业单位从主管部门和上级单位取得的非财政补助收入。具体而言，就是各事业单位的主管部门或上级单位利用自身组织的收入或集中下级单位的收入以一定的方式对某事业单位给予补助，以调剂各事业单位的资金余缺。但是，财政部门通过主管部门或上级单位转拨的事业经费，应作为财政补助收入，而不能作为上级补助收入进行核算。

2. 上级补助收入的核算

为核算上级补助收入业务，事业单位应设置“上级补助收入”科目，属于收入类。可按照发放补助单位、补助项目、《政府收支分类科目》中“支出功能分类”相关科目等进行明细核算。上级补助收入中如有专项资金收入，还应按具体项目进行明细核算。

收到上级补助收入时，按照实际收到的金额，借记“银行存款”等科目，贷记“上级补助收入”科目；

期末，将本科目本期发生额中的专项资金收入结转入非财政补助结转，借记“上级补助收入——××专项资金”科目，贷记“非财政补助结转”科目；

期末，将本科目本期发生额中的非专项资金收入结转入事业结余，借记“事业收入——非专项资金”科目，贷记“事业结余”科目。专项资金收入应结转至非财政补助结转。期末结账后，本科目应无余额。

某科研单位有关上级补助收入的业务如下：

【例 9-4】单位接到银行通知，主管部门拨入弥补事业开支不足的非财政补助款 14 000 元。其会计分录如下：

借：银行存款 14 000

贷：上级补助收入 14 000

【例 9-5】收到上级主管部门拨来用于甲项目的研究经费 900 000 元。其会计分录如下：

借：银行存款 900 000

贷：上级补助收入——主管部门——甲项目 900 000

【例 9-6】甲项目研究经费发生合计支出 468 000 元，款项以银行存款支付。该项目研究完成。其会计分录如下：

① 完成该课题所支付款项。

借：事业支出——项目支出——甲项目 468 000

贷：银行存款 468 000

② 甲项目完成，需单独结报。

借：上级补助收入——主管部门——甲项目 500 000

贷：非财政补助结转——甲项目　500 000

同时

借：非财政补助结转——甲项目　468 000

贷：事业支出——项目支出——甲项目　468 000

③ 该项目余款 32 000 元，按主管部门的要求，其中 60%缴回主管部门，40%留归本单位。

借：非财政补助结转——主管部门——甲项目　32 000

贷：银行存款　19 200

事业基金　12 800

【例 9-7】单位年终将上级补助收入非专项资金账户贷方余额 70 000 元转账。

借：上级补助收入　70 000

贷：事业结余　70 000

（四）事业收入

1. 事业收入的概念

事业收入，是指事业单位开展专业业务活动及辅助活动所取得的收入。所谓专业业务活动，是指事业单位根据本单位专业特点所从事或开展的主要业务活动，也可以叫做“主营业务”。如科研单位从事的科研活动、教育事业单位从事的教学活动、文化事业单位从事的演出活动、卫生事业单位从事的医疗保健活动、体育事业单位的体育比赛活动等。辅助活动，是指与专业业务活动相关、直接为专业业务活动服务的单位行政管理活动、后勤服务活动及其他有关活动。通过开展上述活动取得的收入，均作为事业收入处理。但是，其中按规定应上缴国库的预算资金和应上缴财政专户的款项，不能记入事业收入。

2. 事业收入的确认

① 不实行成本核算的事业单位，其收支确认应遵循收付实现制原则。对事业收入应在实际收到款项时予以确认。如国家剧团的演出收入、医院的门诊收入等。

② 实行成本核算的事业单位，其收支确认应遵循权责发生制原则。对事业收入应当在提供劳务或发出产品，同时收讫价款或者取得收取价款的凭证时予以确认。如科研单位的科研课题收入、技术服务收入、试制产品收入等。为取得事业收入而发生的折扣和折让，应当相应冲减事业收入。对于长期项目的事业收入，一般应当根据年度完工进度予以确认。

3. 事业收入的核算

为核算事业收入业务，事业单位应设置“事业收入”账户，用来核算事业单位开展专业业务活动及辅助活动取得的收入，可按照事业收入类别、项目、《政府收支分类科目》中“支出功能分类”相关科目等进行明细核算。事业收入中如有专项资金收入，还应按具体项目进行明细核算。该账户属于收入类账户，贷方登记取得的收入，借方登记收入退回数及期末转入“事业结余”账户的余额数。平时贷方余额为事业收入累计数，期末将该账户贷方余额全部转入“事业结余”账户后，该账户无余额。

事业收入的主要账务处理如下：

（1）采用财政专户返还方式管理的事业收入。

① 收到应上缴财政专户的事业收入时，按照收到的款项金额，借记“银行存款”、“库存现金”等科目，贷记“应缴财政专户款”科目。

② 向财政专户上缴款项时，按照实际上缴的款项金额，借记“应缴财政专户款”科目，贷记“银行存款”等科目。

③ 收到从财政专户返还的事业收入时，按照实际收到的返还金额，借记“银行存款”等科目，贷记“事业收入”科目。

（2）其他事业收入

收到事业收入时，按照收到的款项金额，借记“银行存款”、“库存现金”等科目，贷记“事业收入”科目。

（3）期末，将本科目本期发生额中的专项资金收入结转入非财政补助结转，借记“事业收入——专项资金”科目，贷记“非财政补助结转”科目。

（4）期末，将本科目本期发生额中的非专项资金收入结转入事业结余，借记“事业收入——非专项资金”科目，贷记“事业结余”科目。

期末结转后，本科目无余额。

某科研单位有关取得事业收入的业务如下：

【例 9-8】承接某单位委托科研课题，经费 300 000 元。款项已存入银行。

借：银行存款	300 000	
贷：事业收入——专项资金		300 000

【例 9-9】销售开发新产品一批，单价 250 元，共 400 件，总金额 117 000 元，适用的增值税率 17%，款项尚未收到。其会计分录如下：

借：应收账款	117 000	
贷：事业收入——专项资金		100 000
应缴税费——应交增值税（销项税额）		17 000

【例 9-10】若上述已销产品货款已经收到后，有 40 件因质量问题被退货。其会计分录如下：

借：事业收入——专项资金	10 000	
应缴税费——应交增值税（销项税额）	1 700	
贷：银行存款		11 700

【例 9-11】年终，应按专项资金和非专项资金分别结转“事业收入“账户贷方余额。其会计分录如下：

借：事业收入——专项资金	300 000	
贷：非财政补助结转		300 000
借：事业收入——非专项资金	90 000	
贷：事业结余		90 000

（五）附属单位上缴收入

附属单位上缴收入是指事业单位附属独立核算单位按照有关规定上缴的收入，包括附属独立核算的事业单位上缴的收入和附属独立核算的企业上缴的利润等。事业单位在实际收到所属单位上缴的款项时，即可确定为收入。事业单位对附属单位经营项目的投资所获得的投资收益，属于事业单位的其他收入，不属于附属单位上缴收入。对于附属单位归还的事业单位垫付的各种费用，应当相应冲减负债，而不能作为附属单位上缴收入处理。

为核算附属单位上缴收入的业务，事业单位应设置“附属单位上缴收入”账户，并按照附属单位、缴款项目、《政府收支分类科目》中“支出功能分类”相关科目等进行明细核算。附属单位上缴收入中如有专项资金收入，还应按具体项目进行明细核算。该账户属于收入类账户，贷方登记事业单位实际收到的款项，借方登记发生的缴款退回和期末转入“事业结余”的数额。平时该账户贷方余额反映附属单位缴款累计数。年终结转时，将该账户贷方余额全数转入“事业结余”账户。结转后，该账户无余额。

事业单位在实际收到附属单位缴来的款项时，按照实际收到的金额，借记“银行存款”账户，贷记“附属单位上缴收入”账户，

期末，将本科目本期发生额中的专项资金收入结转入非财政补助结转，借记“附属单位上缴收入——专项资金收入”科目，贷记“非财政补助结转”科目；将本科目本期发生额中的非专项资金收入结转入事业结余，借记“附属单位上缴收入——非专项资金收入”科目，贷记“事业结余”科目。期末结账后，本科目应无余额。

年终结转时，借记“附属单位缴款”账户，贷记“事业结余”账户。

某事业单位本年度有关取得附属单位上缴收入的业务如下：

【例 9-12】收到所属独立核算的 A 单位缴来的利润 110 000 元。其会计分录如下：

借：银行存款	110 000	
贷：附属单位上缴收入——A 单位		110 000

【例 9-13】收到所属独立核算的 B 单位的分成收入 450 000 元。其会计分录如下：

借：银行存款	450 000	
贷：附属单位上缴收入——B 单位		450 000

【例 9-14】年终，结转“附属单位上缴收入”账户贷方余额为 560 000 元。其会计分录如下：

借：附属单位上缴收入	560 000	
贷：事业结余		560 000

（六）经营收入

1. 经营收入的概念

经营收入是指事业单位在专业业务活动及辅助活动之外开展非独立核算经营活动取得的收入。这一概念包含以下两个要点：

① 经营收入必须是从事经营活动取得的。经营活动是专业业务活动及其辅助活动以

外的活动。注意划清经营收入和事业收入的界限。如学校食堂的经营活动，所取得的收入属于经营收入，而学校向学生收取的学费和杂费为专业业务活动所取得的收入，属于事业收入。

② 取得经营收入的经营活动必须是非独立核算的。所谓非独立核算，是指从事业单位领取一定数额的物资、款项，从事经营活动，不独立计算盈亏，把日常发生的经济业务资料，报给单位集中进行会计核算。如单位附属的车队、食堂、浴室等，财务上不独立核算，其对社会服务取得的收入及其支出，报给单位集中进行会计核算，属于非独立核算的经营活动。事业单位的所属部门开展独立核算活动而对事业单位上缴的纯收入，应作为附属单位上缴收入，而不能作为经营收入。独立核算，是指单位对其经济活动过程及其结果，独立地、完整地进行会计核算。需要指出的是，事业单位的经营活动若规模较大，应尽可能地进行独立核算，执行企业财务制度，其上缴给事业单位的纯收入，作为“附属单位上缴收入”处理。事业单位的经营活动规模较小，不便或无法独立核算的，纳入到经营收入中核算。

经营收入的确认应当在提供劳务或发出商品，同时收讫商品或劳务款项，或者取得索取价款凭据时予以确认。

2. 经营收入的核算

为核算经营收入业务，事业单位应设置“经营收入”账户，并根据经营活动类别、项目、《政府收支分类科目》中“支出功能分类”相关科目等进行明细核算。该账户属于收入类账户，贷方登记取得或确认的经营收入，借方登记发生的销货退回、销售折让以及期末转入“经营结余”的数额。平时该账户贷方余额反映经营收入累计数。年终结转时，将该账户贷方余额全数转入“经营结余”账户。结转后，该账户无余额。

3. 经营收入的主要账务处理

① 经营收入应当在提供服务或发出存货，同时收讫价款或者取得索取价款的凭据时，按照实际收到或应收的金额确认收入。实现经营收入时，按照确定的收入金额，借记“银行存款”、“应收账款”、“应收票据”等科目，贷记“经营收入”科目。

② 属于增值税小规模纳税人的事业单位实现经营收入，按实际出售价款，借记“银行存款”、“应收账款”、“应收票据”等科目，按出售价款扣除增值税额后的金额，贷记“经营收入”科目，按应缴增值税金额，贷记“应缴税费——应缴增值税”科目。

③ 属于增值税一般纳税人的事业单位实现经营收入，按包含增值税的价款总额，借记“银行存款”、“应收账款”、“应收票据”等科目，按扣除增值税销项税额后的价款金额，贷记“经营收入”科目，按增值税专用发票上注明的增值税金额，贷记“应缴税费——应缴增值税（销项税额）”科目。

④ 期末，将本科目本期发生额转入经营结余，借记“经营收入”科目，贷记“经营结余”科目。期末结账后，本科目应无余额。

某事业单位本年度有关取得经营收入的业务如下：

【例 9-15】收到招待所（非独立核算）交来客房收入 5 800 元，会议室出租收入 3 000

元。其会计分录如下：

借：银行存款　　8 800

　贷：经营收入——客房收入　　5 800

　　　　　　　——会议室出租收入　　3 000

【例 9-16】下属非独立核算的水厂，属小规模纳税人，获取含税收入 6 000 元，存入银行。其会计分录如下：

借：银行存款　　6 000

　贷：经营收入　　6 000

【例 9-17】销售产品 100 件，每件售价 200 元（不含税），单位成本 120 元，价税合计 23 400 元，适用的增值税率为 17%，产品已经发出，款项已经收到，存入银行。其会计分录如下：

借：银行存款　　23 400

　贷：经营收入　　20 000

　　　应缴税费——应交增值税（销项税额）　　3 400

同时结转该产品销售成本：

借：经营支出　　12 000

　贷：存货　　12 000

【例 9-18】年终，结转将经营收入贷方余额 34 800 元。其会计分录如下：

借：经营收入　　34 800

　贷：经营结余　　34 800

（七）其他收入

1. 其他收入的概念

其他收入是指事业单位除财政补助收入、事业收入、上级补助收入、附属单位上缴收入、经营收入以外的各项收入，包括投资收益、银行存款利息收入、租金收入、捐赠收入、现金盘盈收入、存货盘盈收入、收回已核销应收及预付款项、无法偿付的应付及预收款项等。

2. 其他收入的核算

为核算其他收入业务，事业单位应设置“其他收入”账户，并按照其他收入的类别、《政府收支分类科目》中“支出功能分类”相关科目等进行明细核算。对于事业单位对外投资实现的投资净损益，应单设“投资收益”明细科目进行核算；其他收入中如有专项资金收入（如限定用途的捐赠收入），还应按具体项目进行明细核算。该账户属于收入类账户，贷方登记取得的其他收入数额，借方登记收入退回数和期末转入“事业结余”的数额。平时该账户贷方余额反映其他收入的累计数。年终结转时，将该账户贷方余额全数转入“事业结余”账户。结转后，该账户无余额。

某事业单位本年度有关取得其他收入的业务及其账务处理如下：

【例 9-19】以货币资金对外投资，获得投资收益 38 000 元。其会计分录如下：

借：银行存款　38 000

　贷：其他收入——投资收益　38 000

【例 9-20】收到到期兑付的债券投资的本息共计 42 000 元，其中利息为 2 000 元。其会计分录如下：

借：银行存款　42 000

　贷：长期投资——债券投资　40 000

　其他收入——利息收入　2 000

【例 9-21】出租固定资产取得租金收入 15 000 元。其会计分录如下：

借：银行存款　15 000

　贷：其他收入——固定资产出租收入　15 000

【例 9-22】收到其他单位的未限定用途捐赠 25 000 元。其会计分录如下：

借：银行存款　25 000

　贷：其他收入——捐赠收入　25 000

【例 9-23】年终结转“其他收入”账户贷方余额 80 000 元。其会计分录如下：

借：其他收入　80 000

　贷：事业结余　80 000

三、事业单位支出的核算

（一）事业单位支出概述

1. 支出的概念

支出是指事业单位开展业务活动和其他活动所发生的资金耗费和损失，包括事业支出、经营支出、对附属单位补助支出、上缴上级支出、其他支出等。事业单位支出的概念，具有以下几层含义：

① 事业单位的支出表现为货币资金的流出，如为获得资产、清偿债务而支付的货币资金。

② 事业单位的支出表现为资产的耗费，如为开展业务活动而发生的材料消耗等。

③ 事业单位的支出表现为一定的损失，如遭受自然灾害而丧失的资产。

2. 支出的管理

根据《事业单位财务规则》和《事业单位会计准则》规定，事业单位的支出应当严格执行国库集中支付制度和政府采购制度等有关规定，应当依法加强各类票据管理，确保票据来源合法、内容真实、使用正确，不得使用虚假票据。严格按照支出开支范围及开支标准，予以正确归集。

（二）事业支出

1. 事业支出的概念

事业支出是事业单位开展各项专业业务活动及其辅助活动发生的支出。事业支出是事业单位支出的主要内容，是考核事业成果和资金使用效益的重要依据。按照部门预算改革的要求，事业单位的事业支出可以分为基本支出和项目支出。

基本支出是指事业单位为保障其机构正常运转和完成其日常工作任务所必需的支出。包括人员支出、公用支出、对个人和家庭的补助支出。项目支出是事业单位为完成特定工作任务或事业发展而发生的支出。包括基本建设项目支出，行政事业性项目支出和其他项目支出。

2. 事业支出的管理

事业单位应严格遵守《事业单位会计制度》，按规定的报销口径列报事业支出。

① 对于发给个人的工资、津贴、补贴和抚恤救济费等，应根据实有人数和实发金额，取得本人签收的凭证后列报支出。通过银行划入职工个人账户的，根据提交给银行的“工资发放明细表”及代理银行提供的凭证列报支出。

② 购入办公用品可直接列报支出。购入其他各种材料可在领用时列报支出。

③ 社会保障费、职工福利费和管理部门支付的工会经费，按照规定标准和实有人数每月计算提取，直接列报支出。

④ 固定资产修购基金按核定比例提取，直接列报支出。

⑤ 购入固定资产，经验收后列报支出。

⑥ 其他各项费用，均以实际报销数列报支出。

3. 事业支出的核算

为核算事业支出业务，事业单位应设置“事业支出”账户，应当按照“基本支出”和“项目支出”，“财政补助支出”、“非财政专项资金支出”和“其他资金支出”等层级进行明细核算，并按照《政府收支分类科目》中“支出功能分类”相关科目进行明细核算；“基本支出”和“项目支出”明细科目下应当按照《政府收支分类科目》中“支出经济分类”的款级科目进行明细核算；同时在“项目支出”明细科目下按照具体项目进行明细核算。

事业支出账户属于支出类账户，该账户借方登记实际发生的支出数；贷方登记支出结转数。期末结转后，该账户无余额。

事业支出的主要账务处理如下：

① 计提从事专业业务活动及其辅助活动人员的薪酬，借记“事业支出”科目，贷记“应付职工薪酬”等科目。

② 开展专业业务活动及其辅助活动领用的存货，按领用存货的实际成本，借记“事业支出”科目，贷记“存货”科目。

③ 为开展专业业务活动及其辅助活动中发生的其他各项支出，借记“事业支出”科目，

贷记“库存现金”、“银行存款”、“零余额账户用款额度”、“财政补助收入”等科目。

④ 期末，将“事业支出——财政补助支出”本期发生额结转入“财政补助结转”科目，借记“财政补助结转——基本支出结转、项目支出结转”科目，贷记“事业支出——财政补助支出——基本支出、项目支出”或“事业支出——基本支出——财政补助支出、项目支出——财政补助支出”。

⑤ 期末，将“事业支出——非财政专项资金支出”本期发生额结转入“非财政补助结转”科目，借记“非财政补助结转”科目，贷记“事业支出——非财政专项资金支出”或“事业支出——项目支出——非财政专项资金支出”。

⑥ 期末，将“事业支出——其他资金支出”本期发生额结转入“事业结余”科目，借记“事业结余”科目，贷记“事业支出——其他资金支出”或“事业支出——基本支出——其他资金支出、项目支出——其他资金支出”。

事业单位发生有关事业支出的业务如下：

【例 9-24】直接发放用现金购买的办公用品一批，价值 4 800 元。其会计分录如下：

借：事业支出——基本支出——办公费 4 800

贷：库存现金 4 800

【例 9-25】通过财政授权支付方式支付上月电话费 1 200 元，水费 600 元，电费 4 800 元。其会计分录如下：

借：事业支出——基本支出——邮电费 1 200

——水　费 600

——电　费 4 800

贷：零余额账户用款额度 6 600

【例 9-26】由财政直接支付本月职工工资 360 000 元。其会计分录如下：

借：事业支出——基本支出——工资 360 000

贷：财政补助收入——基本支出（财政直接支付）——机构运行 360 000

【例 9-27】从仓库领取办公用甲材料一批，价格 8 000 元。其会计分录如下：

借：事业支出——基本支出——办公费 8 000

贷：存货——甲材料 8 000

【例 9-28】经批准购入大型设备，用于某专项基础科研，通过财政直接支付方式支付政府采购资金 254 000 元，设备已验收。其会计分录如下：

借：事业支出 ——项目支出——设备购置 254 000

贷：财政补助收入——项目支出（财政直接支付）——专项基础科研 254 000

同时：

借：固定资产 254 000

贷：非流动资产基金——固定资产 254 000

【例 9-29】期末结转事业支出账户借方余额。其会计分录如下：

借：事业结余 633 200

贷：事业支出——基本支出　　379 200
　　　　　　——项目支出　　254 000

（三）上缴上级支出

1. 上缴上级支出概念

上缴上级支出是指事业单位按照财政部门和主管部门的规定上缴上级单位的支出。

2. 上缴上级支出核算

为了核算上缴上级支出业务，事业单位应设置“上缴上级支出”账户。该账户属于支出类账户，其借方登记上缴上级支出数，贷方登记减少数或年终转入“事业结余”账户的数额。该账户平时余额在借方，反映上缴上级支出的累计数。年终，“上缴上级支出”账户余额结转到“事业结余”账户后，该账户无余额。

某事业单位发生有关上缴上级支出的业务如下：

【例 9-30】按规定上缴上级单位支出 48 000 元。其会计分录如下：

借：上缴上级支出　　48 000
　贷：银行存款　　48 000

【例 9-31】年终，结转“上缴上级支出”账户余额 48 000 元。其会计分录如下：

借：事业结余　　48 000
　贷：上缴上级支出　　48 000

（四）对附属单位补助支出

1. 对附属单位补助支出概念

对附属单位补助支出是指事业单位用财政补助收入以外的收入对附属单位补助发生的支出。

2. 对附属单位补助支出的核算

为了核算对附属单位的补助支出的业务，事业单位应设置“对附属单位补助支出”账户，并按照接受补助单位、补助项目、《政府收支分类科目》中“支出功能分类”相关科目等进行明细核算。属于支出类账户，发生对附属单位补助支出的，按照实际支出的金额，借记“对附属单位补助支出”科目，贷记“银行存款”等科目。期末，将本科目本期发生额转入事业结余，借记“事业结余”科目，贷记“对附属单位补助支出”科目。期末结账后，本科目应无额。

某事业单位发生有关对附属单位补助支出的业务如下：

【例 9-32】用自有资金对附属某单位拨付补助款 67 000 元。其会计分录如下：

借：对附属单位补助支出——某单位　　67 000
　贷：银行存款　　67 000

【例 9-33】年终结转“对附属单位补助”账户借方余额 67 000 元。其会计分录如下：

借：事业结余　　67 000

　贷：对附属单位补助支出——某单位　　67 000

（五）经营支出

1. 经营支出的概念

经营支出是指事业单位在专业业务活动及辅助活动之外开展非独立核算经营活动所发生的支出。

事业单位开展非独立核算经营活动的，应当正确归集开展经营活动发生的各项费用数；无法直接归集的，应当按照规定的标准合理分摊。由事业单位在事业支出中统一垫支的各项费用，按规定应由经营支出负担的部分，要冲减事业支出。在经营活动中取得的收入应当与经营支出相配比。

2. 经营支出的核算

为核算经营支出业务，事业单位应设置“经营支出”账户，并按照经营活动类别、项目、《政府收支分类科目》中“支出功能分类”相关科目等进行明细核算。 该账户属于支出类账户，借方登记支出增加数，贷方登记支出结转数。期末结账时，应将“经营支出”账户的余额全数转入“经营结余”账户，结转后，该账户没有余额。

某事业单位本年度发生有关经营支出的业务如下：

【例 9-34】发放职工工资 7 500 元。其会计分录如下：

借：经营支出——基本工资　　7 500

　贷：银行存款　　7 500

【例 9-35】购入经营活动用设备一台，发票金额总计为 18 000 元，款已付。其会计分录如下：

借：经营支出——设备购置费　　18 000

　贷：银行存款　　18 000

同时：

借：固定资产　　18 000

　贷：非流动资产基金——固定资产　　18 000

【例 9-36】计提本月经营活动用固定资产修购资金为 5 000 元。其会计分录如下：

借：经营支出——修购基金　　5 000

　贷：专用基金——修购基金　　5 000

【例 9-37】月末结转经营活动销售产品成本（按加权平均法计算）32 000 元。其会计分录如下：

借：经营支出——产品销售成本　　32 000

　贷：存货　　32 000

【例 9-38】期末结转经营支出账户借方余额 62 500。其会计分录如下：

借：经营结余　　62 500

　贷：经营支出　　62 500

（六）其他支出

1. 其他支出概念

其他支出是指事业单位除事业支出、对附属单位补助支出、上缴上级支出和经营支出以外的各项支出，包括利息支出、捐赠支出、现金盘亏损失、资产处置损失、接受捐赠（调入）非流动资产发生的税费支出等。

2. 其他支出的核算

为核算其他支出所包括内容，事业单位设置“其他支出”账户，属支出类账户，并按照其他支出的类别、《政府收支分类科目》中“支出功能分类”相关科目等进行明细核算。其他支出中如有专项资金支出，还应按具体项目进行明细核算。期末，将本科目本期发生额中的专项资金支出结转入非财政补助结转；将本科目本期发生额中的非专项资金支出结转入事业结余。期末结账后，本科目应无余额。

某事业单位发生有关其他支出的业务如下：

【例 9-39】单位盘点库存现金发现现金短缺 120 元。经查，原因不明，经批准作其他支出处理。其会计分录如下：

借：其他支出　　120

　贷：库存现金　　120

【例 9-40】11 月 30 日，将本月其他支出结转至相关科目，其他支出各明细科目本月发生额分别为：非财政专项资金支出 185 000 元，其他资金支出 64 000 元。其会计分录如下：

借：非财政补助结转　　185 000

　贷：其他支出　　185 000

借：事业结余　　64 000

　贷：其他支出　　64 000

四、事业单位结转和结余的核算

事业单位的结转和结余是事业单位净资产的重要组成部分，其与基金共同组成事业单位净资产。事业单位应当严格区分财政补助结转结余和非财政补助结转结余。财政拨款结转结余不参与事业单位结余分配、不转入事业基金单独设置科目核算。

（一）财政补助结转结余

财政补助结转结余是指事业单位各项财政补助收入与其相关支出相抵后剩余滚存、

须按规定管理和使用的结转和结余资金。设置“财政补助结转”和“财政补助结余”两个科目。

1. 财政补助结转

财政补助结转是指事业单位滚存的财政补助结转资金，包括基本支出和项目支出结转。

核算时设置“财政补助结转”账户，净资产类。下设“基本支出结转”、“项目支出结转”两个明细科目，并在“基本支出结转”明细科目下按照“人员经费”、“日常公用经费”进行明细核算，在“项目支出结转”明细科目下按照具体项目进行明细核算；该科目还应按照《政府收支分类科目》中“支出功能分类科目”的相关科目进行明细核算。

财政补助结转的主要账务处理如下：

① 期末，将财政补助收入本期发生额结转入本科目，借记“财政补助收入——基本支出、项目支出”科目，贷记“财政补助结转——基本支出结转、项目支出结转”科目；

将事业支出（财政补助支出）本期发生额结转入本科目，借记“财政补助结转——基本支出结转、项目支出结转”科目，贷记“事业支出——财政补助支出（基本支出、项目支出）”或“事业支出——基本支出（财政补助支出）、项目支出（财政补助支出）”科目。

② 年末，完成上述结转后，应当对财政补助各明细项目执行情况进行分析，按照有关规定将符合财政补助结余性质的项目余额转入财政补助结余，借记或贷记“财政补助结转——项目支出结转——××项目”，贷记或借记“财政补助结余”科目。

③ 按规定上缴财政补助结转资金或注销财政补助结转额度的，按照实际上缴资金数额或注销的资金额度数额，借记“财政补助结转”科目，贷记“财政应返还额度”、“零余额账户用款额度”、“银行存款”等科目。取得主管部门归集调入财政补助结转资金或额度的，做相反会计分录。

2. 财政补助结余

财政补助结余是指事业单位滚存的财政补助项目支出结余资金。

核算时设置“财政补助结余”账户，属于净资产类。应当按照《政府收支分类科目》中“支出功能分类科目”的相关科目进行明细核算。

财政补助结余的主要账务处理如下：

① 年末，对财政补助各明细项目执行情况进行分析，按照有关规定将符合财政补助结余性质的项目余额转入财政补助结余，借记或贷记“财政补助结转——项目支出结转（××项目）”科目，贷记或借记“财政补助结余”科目。

② 按规定上缴财政补助结余资金或注销财政补助结余额度的，按照实际上缴资金数额或注销的资金额度数额，借记“财政补助结余”科目，贷记“财政应返还额度”、“零余额账户用款额度”、“银行存款”等科目。取得主管部门归集调入财政补助结余资金或额度的，做相反会计分录。

③ 事业单位发生需要调整以前年度财政补助结余的事项，通过本科目核算。

（二）非财政补助结转结余及分配

1. 非财政补助结转

非财政补助结转是指事业单位除财政补助收支以外的各专项资金收入与其相关支出相抵后剩余滚存的、须按规定用途使用的结转资金。

核算时，设置“非财政补助结转”账户，属于净资产类。可按照非财政专项资金的具体项目进行明细核算。

非财政补助结转的主要账务处理如下：

① 期末，将事业收入、上级补助收入、附属单位上缴收入、其他收入本期发生额中的专项资金收入结转入“非财政补助结转”科目，借记“事业收入”、“上级补助收入”、“附属单位上缴收入”、“其他收入”科目下各专项资金收入明细科目，贷记“非财政补助结转”科目。

将事业支出、其他支出本期发生额中的非财政专项资金支出结转入“非财政补助结转”科目，借记“非财政补助结转”科目，贷记“事业支出——非财政专项资金支出”或“事业支出——项目支出（非财政专项资金支出）”、“其他支出”科目下各专项资金支出明细科目。

② 年末，完成上述结转后，应当对非财政补助专项结转资金各项目情况进行分析，将已完成项目的项目剩余资金区分以下情况处理：缴回原专项资金拨入单位的，借记“非财政补助结转——××项目”科目，贷记“银行存款”等科目；留归本单位使用的，借记“非财政补助结转——××项目”科目，贷记“事业基金”科目。

③ 事业单位发生需要调整以前年度非财政补助结转的事项通过本科目核算。

【例 9-41】某科研单位收到上级单位拨入的款项用于完成某项课题，实际收到项目款为 50 000 元，完成该项目发生的实际支出 46 000 元，项目已完成，余款 4 000 元，经批准留归单位使用。

① 收到上级单位拨入某项课题经费 50 000 元。

借：银行存款　　50 000

　贷：上级补助收入——某课题费　　50 000

② 为完成该课题发生经费支出 46 000 元。

借：事业支出——某课题　　46 000

　贷：银行存款　　46 000

③ 项目完成进行结转。

借：上级补助收入——某课题费　　50 000

　贷：非财政补助结转——某项目　　50 000

借：非财政补助结转——某课题　　46 000

　贷：事业支出——某课题　　46 000

④ 经批准余款 4 000 元留归本单位。

借：非财政补助结转——某课题　　4 000

　贷：事业基金　　4 000

2. 非财政补助结余

非财政补助结余是指事业单位除财政补助收支以外的各非专项资金收入与各非专项资金支出相抵后的余额，包括事业结余和经营结余。

（1）事业结余。

事业结余是指事业单位一定期间除财政补助收支、非财政专项资金收支和经营收支以外各项收支相抵后的余额。其中，各项事业活动的收入包括上级补助收入、事业收入、附属单位上缴收入和其他收入中的非专项资金收入。各项事业活动的支出包括事业支出、其他支出额中非财政、非专项资金支出，以及对附属单位补助支出、上缴上级支出等。

为了核算事业单位的事业结余情况，应设置“事业结余”账户。该账户属于净资产类，贷方登记反映从有关收入账户转入数，借方反映从有关支出账户转入数；期末如为贷方余额，反映事业单位自年初至报告期累计实现的事业结余；如为借方余额，反映事业单位自年初至报告期累计发生的事业亏损数。年末结账后，该科目余额全部转入“非财政补助结余分配”账户后无余额。

事业结余的主要账务处理如下：

① 期末，将事业收入、上级补助收入、附属单位上缴收入、其他收入本期发生额中的非专项资金收入结转入“事业结余”科目，借记“事业收入”、“上级补助收入”、“附属单位上缴收入”、“其他收入”科目下各非专项资金收入明细科目，贷记“事业结余”科目。

② 期末，将事业支出、其他支出本期发生额中的非财政、非专项资金支出，以及对附属单位补助支出、上缴上级支出的本期发生额结转入“事业结余”科目，借记“事业结余”科目，贷记“事业支出——其他资金支出”或“事业支出——基本支出（其他资金支出）、项目支出（其他资金支出）”科目、“其他支出”科目下各非专项资金支出明细科目、“对附属单位补助支出”、“上缴上级支出”科目。

③ 年末，完成上述结转后，将“事业结余”科目余额结转入“非财政补助结余分配”科目，借记或贷记“事业结余”科目，贷记或借记“非财政补助结余分配”科目。

【例 9-42】某事业单位 20××年 12 月末有关事业活动收支科目的余额如表 9-4 所示，各项收支发生额均为非财政、非专项资金收支额。

表 9-4 事业活动收支科目余额表

单位：元

收入类	贷方余额	支出类	借方余额
上级补助收入	100 000	事业支出	350 000
附属单位上缴收入	220 000	上缴上级支出	150 000
事业收入	360 000	对附属单位补助支出	20 000
其他收入	55 000	其他支出	120 000
合计	735 000	合计	640 000

根据表 9-4，编制如下会计分录：

借：上级补助收入　　100 000
　　附属单位上缴收入　　220 000
　　事业收入　　360 000
　　其他收入　　55 000
　贷：事业结余　　735 000

同时：

借：事业结余　　640 000
　贷：事业支出　　350 000
　　　上缴上级支出　　150 000
　　　对附属单位补助支出　　20 000
　　　其他支出　　120 000

【例 9-43】 续上例，该事业单位年终将当年实现的事业结余 95 000 元（735 000−640 000）全数转入“非财政补助结余分配”科目。会计分录为：

借：事业结余　　95 000
　贷：非财政补助结余分配　　95 000

（2）经营结余。

经营结余是指事业单位在一定期间各项经营收支相抵后余额弥补以前年度经营亏损后的余额。它反映了事业单位开展经营活动的结果。

为了核算事业单位的经营结余情况，应设置“经营结余”账户，该账户属于净资产类，贷方登记经营收入账户转入数，借方登记经营支出账户转入数。期末如为贷方余额，反映事业单位自年初至报告期末累计实现的经营结余弥补以前年度经营亏损后的经营结余；如为借方余额，反映事业单位截至报告期末累计发生的经营亏损。

经营结余的主要账务处理如下：

① 期末，将经营收入本期发生额结转入“经营结余”科目，借记“经营收入”科目，贷记“经营结余”科目。

② 期末，将经营支出本期发生额结转入“经营结余”科目，借记“经营结余”科目，贷记“经营支出”科目。

③ 年末，完成上述结转后，如为贷方余额，将其余额结转入“非财政补助结余分配”科目，借记“经营结余”科目，贷记“非财政补助结余分配”科目；如为借方余额，为经营亏损，则不予结转。

【例 9-44】 某事业单位年终结账前有关经营活动收支科目的余额为“经营收入”科目贷方余额 80 000 元，“经营支出”科目借方余额 54 000 元，会计分录为：

借：经营收入　　80 000
　贷：经营结余　　80 000

同时：

借：经营结余　　54 000
　贷：经营支出　　54 000

【例 9-45】续上例，该事业单位年终将当年实现的经营结余 26 000 元（80 000−54 000）全数转入“非财政补助结余分配”科目。会计分录为：

借：经营结余　　26 000
　贷：非财政补助结余分配　　26 000

3. 非财政补助结余分配

非财政补助结余分配是指事业单位本年度非财政补助结余分配的情况和结果。

在会计期末将本期实现的非财政补助结余进行分配。按照现行事业单位有关会计制度规定，事业单位的非财政补助结余，可以按照国家有关规定提取职工福利基金，可以提取专用基金，剩余部分作为事业基金用于弥补以后年度单位收支差额。国家另有规定的，从其规定。事业单位非财政补助结余分配的程序如下：首先有企业所得税纳税义务的事业单位计算出应缴纳的企业所得税；其次按有关规定计提职工福利基金；最后剩余资金结转入事业基金。

为正确核算事业单位非财政补助结余分配的来源和分配情况，应设置“非财政补助结余分配”账户。该账户属净资产类，贷方登记年度终了事业结余和经营结余的转入数，借方登记计提的所得税、职工福利基金数额。如贷方余额为未分配结余，应全部转入“事业基金”账户。结转后，该账户无余额。

非财政补助结余分配的主要账务处理如下：

① 年末，将“事业结余”科目余额结转入本科目，借记或贷记“事业结余”科目，贷记或借记本科目；将“经营结余”科目贷方余额结转入本科目，借记“经营结余”科目，贷记本科目。

② 有企业所得税缴纳义务的事业单位计算出应缴纳的企业所得税，借记“非财政补助结余分配”科目，贷记“应缴税费——应缴企业所得税”科目。

③ 按照有关规定提取职工福利基金的，按提取的金额，借记“非财政补助结余分配”科目，贷记“专用基金——职工福利基金”科目。

④ 年末，按规定完成上述①至③处理后，将本科目余额结转入事业基金，借记或贷记“非财政补助结余分配”科目，贷记或借记“事业基金”科目。年末结账后，本科目一般无余额；如为借方结余，反映事业单位累计发生的经营亏损。

事业单位年终结账后发生以前年度会计事项的调整或变更，涉及以前年度结余的，凡国家有规定的，从其规定；没有规定的，应直接通过“事业基金”科目进行核算，并在会计报表上加以注明。

【例 9-46】某事业单位年终结账前“事业结余”一般资金贷方余额 400 000 元，“经营结余”科目贷方余额 100 000 元，根据规定，应交纳所得税 25 000 元，提取职工福利基金 160 000 元，其余 315 000 元（400 000+100 000−25 000−160 000）转入事业基金。

① 将“事业结余”、“经营结余”转入“非财政补助结余分配”贷方。

借：事业结余　　400 000

　　经营结余　　　　　　　　　　　　　　100 000

　贷：非财政补助结余分配　　　　　　　　　　　500 000

② 按规定对结余进行分配。

借：非财政补助结余分配——应交所得税　　　　25 000

　　　　　　　　　　——提专用基金　　　　160 000

　贷：应缴税费——应缴所得税　　　　　　　　　25 000

　　　专用基金——职工福利基金　　　　　　　　160 000

③ 将余额 315 000 元转入“事业基金”。

借：非财政补助结余分配　　　　　　　　　315 000

　贷：事业基金　　　　　　　　　　　　　　　315 000

复习思考题

1．事业单位的收入包括哪些内容，如何对事业单位收入进行管理？

2．什么是财政补助收入？财政补助收入的管理要求是什么？

3．什么是上级补助收入和附属单位上缴收入？

4．什么是事业收支和经营收支，二者有何区别和联系？

5．什么是上缴上级支出和对附属单位补助支出？

6．事业单位的其他收支包括哪些内容？

7．事业单位结转和结余核算的内容有哪些？

第十章

事业单位资产的核算

一、事业单位资产概述

资产是指事业单位占有或者使用的能以货币计量的经济资源，包括各种财产、债权和其他权利。

资产可以按照不同的标准进行分类，比较常见的是按照流动性和按照有无实物形态进行分类。事业单位资产按照流动性，分为流动资产和非流动资产。按照是否具有实物形态分类，可以分为有形资产和无形资产。

二、流动资产的核算

流动资产，是指预计在 1 年内（含 1 年）变现或者耗用的资产。与非流动资产相比，它具有流动性大、周转期短、不断改变形态及价值一次消耗、转移或实现等特点。包括货币资金、短期投资、应收及预付款项、存货等。

（一）货币资产管理与核算

1. 库存现金

库存现金是存在事业单位会计部门的现金。库存现金主要用于事业单位的日常零星开支。根据国家现金管理制度和结算制度的规定，事业单位收支的各项款项必须按照国务院颁发的《现金管理暂行条例》的规定办理，在规定的范围内使用现金。

2. 银行存款

银行存款账户的开立与管理要求。

银行存款是指事业单位存入银行或其他金融机构的各种款项。按照中国人民银行《支付结算办法》的规定，事业单位应在银行开立账户，以办理存款、取款和转账等结算。凡是在银行开立存款账户的事业单位，必须遵守中国人民银行颁布的《银行账户管理办法》中的各项规定。因此，事业单位应由会计部门统一在银行开户，避免重复。

如发生外币业务，应按照业务发生当日（或当期期初）的即期汇率，将外币金额折算为人民币记账，并登记外币金额和汇率。期末，各种外币账户的外币金额应当按照期末的即期汇率折算为人民币，作为外币账户期末人民币余额。调整后的各种外币账户人民币余额与原账面人民币余额的差额，作为汇兑损益计入相关支出。

为了随时掌握银行存款的收支和结存情况，事业单位应按开户银行、其他金融机构名称及存款种类等，分别设置“银行存款日记账”进行序时核算。银行存款日记账是由出纳员根据审核无误的原始凭证或收付款的记账凭证逐日逐笔序时登记的。每日终了应结出余额，月末结出本月收入、付出的合计数和月末结存数，并且和银行核对账目。

3. 零余额账户用款额度

（1）零余额账户用款额度定义。

零余额账户用款额度是指实行国库集中支付的事业单位根据财政部门批复的用款计划收到和支用的零余额账户用款额度。其为事业单位用于财政授权支付的特设账户。预算额度中事业单位可以自行发出支付指令的部分，可以办理转账、提取现金、划拨住房公积金等。它与银行存款的区别在于不能向本单位其他账户、上级和下级单位账户转账，没有利息收入等。

（2）零余额账户用款额度核算。

为了核算实行国库集中支付的事业单位根据财政部门批复的用款计划收到和支用的零余额账户用款额度，事业单位设置“零余额账户用款额度”账户，该账户属于资产类账户。借方登记在财政授权支付方式下，收到代理银行盖章的“财政支付到账通知书”所列数额；贷方登记授权支付的支出数，期末借方余额，反映事业单位尚未支用的零余额用款账户额度。本科目年末应无余额。

有关账务处理如下：

① 在财政授权支付方式下，收到代理银行盖章的“授权支付到账通知书”时，根据通知书所列数额，借记“零余额账户用款额度”科目，贷记“财政补助收入”科目。

② 按规定支用额度提取现金时，借记有关科目，贷记“零余额账户用款额度”科目。

③ 从零余额账户提现金时，借记“库存现金”科目，贷记“零余额账户用款额度”科目。

④ 因购货退回发生国库授权支付额度退回，属于以前年度支付款，按退回金额，借记“零余额账户用款额度”科目，贷记“财政补助结转”、“财政补助结余”、“存货”等科目。

⑤ 年度终了，依据代理银行提供的对账单作注销额度的相关账务处理，借记“财政应返还额度——财政授权支付”科目，贷记“零余额账户用款额度”科目。

如果事业单位本年度财政授权支付预算指标大于下达数，根据未下达的用款额度，借记“财政应返还额度——财政授权支付”科目，贷记“财政补助收入”科目。

⑥ 下年初，事业单位依据代理银行提供的额度恢复到账通知书作恢复额度的相关账务处理，借记“零余额账户用款额度”科目，贷记“财政应返还额度——财政授权支付”科目。

事业单位收到财政部门批复的上年末未下达零余额账户用款额度的，借记“零余额账户用款额度”科目，贷记“财政应返还额度——财政授权支付”科目。

【例 10-1】某事业单位财政预算拨款实行财政授权支付方式。201×年 9 月 3 日，该单位收到代理银行盖章“授权支付到账通知书”，通知书中注明月度授权支付额度为 90 000 元。9 月份，该事业单位为开展专业业务活动购入材料一批，价值 65 000 元，已全部用于专业业务活动；为开展专业业务活动向劳务供应商支付服务费 25 000 元。

① 收到授权支付额度。

借：零余额账户用款额度	90 000	
贷：财政补助收入		90 000

② 购买材料。

借：存货	65 000	
贷：零余额账户用款额度		65 000

③ 开展专业业务活动领用材料。

借：事业支出	65 000	
贷：存货		65 000

④ 支付供应商服务费。

借：事业支出	25 000	
贷：零余额账户用款额度		25 000

4. 财政应返还额度

财政应返还额度指实行国库集中支付的事业单位和行政单位应收财政返还的资金额度。

为核算事业单位财政应返还额度增减变化情况，设置“财政应返还额度”账户，属资产类，期末借方余额，反映事业单位应收财政返还的资金额度。可以设置“财政直接支付”、“财政授权支付”两个明细科目，进行明细核算。

财政应返还额度的主要账务处理如下：

① 财政直接支付

年度终了，事业单位根据本年度财政直接支付预算指标数与当年财政直接支付实际支出数的差额，借记“财政应返还额度——财政直接支付”科目，贷记“财政补助收入”科目。

下年度恢复财政直接支付额度后，事业单位以财政直接支付方式发生实际支出时，借记有关科目，贷记“财政应返还额度——财政直接支付”。

② 财政授权支付

年度终了，事业单位依据代理银行提供的对账单作注销额度的相关账务处理，借记“财政应返还额度——财政授权支付”，贷记“零余额账户用款额度”科目。事业单位本年度财政授权支付预算指标数大于零余额账户用款额度下达数的，根据未下达的用款额度，借记“财政应返还额度——财政授权支付”，贷记“财政补助收入”科目。

下年初，事业单位依据代理银行提供的额度恢复到账通知书作恢复额度的相关账务处理，借记“零余额账户用款额度”科目，贷记“财政应返还额度——财政授权支付”。

事业单位收到财政部门批复的上年末未下达零余额账户用款额度时，借记“零余额账户用款额度”科目，贷记“财政应返还额度——财政授权支付”。

【例 10-2】201×年 12 月 31 日，甲事业单位财政直接支付指标数与财政直接支付实际支出数之间差额为 200 000 元，次年初，财政部门恢复了该单位的财政直接支付额度。次年 1 月 20 日，该单位以财政直接支付方式购买办公用品物资（属于上年预算指标数），支付给供应商 80 000 元价款。

① 201×年 12 月 31 日。

借：财政应返还额度——财政直接支付　　200 000

　贷：财政补助收入　　200 000

② 次年 1 月 20 日。

借：存货　　80 000

　贷：财政应返还额度——财政直接支付　　80 000

【例 10-3】 201×年 12 月 31 日，乙事业单位与代理银行提供对账单核对无误后，将 200 000 元零余额账户用款额度予以注销。另外，本年度财政授权支付指标数大于零余额账户用款额度下达数，未下达用款额度为 300 000 元。次年度，乙单位收到代理银行提供额度恢复到账通知书及财政部门批复的上年末未下达零余额账户用款额度。

（1）201×年 12 月 31 日注销额度。

借：财政应返还额度——财政授权支付　　200 000

　贷：零余额账户用款额度　　200 000

（2）201×年 12 月 31 日补记款下达额度。

借：财政应返还额度——财政授权支付　　300 000

　贷：财政补助收入　　300 000

（3）次年度，乙单位收到代理银行提供额度恢复到账通知书。

借：零余额账户用款额度　　200 000

　贷：财政应返还额度——财政授权支付　　200 000

（4）次年，乙单位收到财政部门批复的上年末未下达零余额账户用款额度。

借：零余额账户用款额度　　300 000

　贷：财政应返还额度——财政授权支付　　300 000

（二）短期投资

短期投资指事业单位依法取得的，持有时间不超过 1 年（含 1 年）的投资，主要是国债投资。

事业单位严格遵守国家法律、行政法规以及财政部门、主管部门关于对外投资的有关规定。

为核算事业单位短期投资的业务，设置“短期投资”账户，属资产类，借方登记按实际成本计价取得投资，贷方登记按实际投资成本收回额，借方余额反映事业单位持有的短期投资成本，按国债投资种类设明细。

主要账务处理如下：

① 短期投资在取得时，应当按照其实际成本（包括购买价款以及税金、手续费等相关税费）作为投资成本，借记“短期投资”科目，贷记“银行存款”科目。

② 持有期间收到利息时，按实际收到的金额，借记“银行存款”科目，贷记“其他收入——投资收益”科目。

③ 出售短期投资或到期收回短期国债本息，按照实际收到的金额，借记“银行存款”科目，按照出售或收回短期国债的成本，贷记“短期投资（成本）”，按其差额，贷记或借记“其他收入——投资收益”科目。

（三）应收及预付款的核算

1. 应收票据的核算

（1）应收票据的概念。

应收票据是指事业单位因销售产品从事经营活动而收到的商业汇票。商业汇票按承兑人不同，分为商业承兑汇票和银行承兑汇票；按是否计息，分为带息票据和不带息票据。

事业单位持有的应收票据在到期前可以向银行申请贴现。所谓贴现就是票据持有人将未到期的票据在背书后送交银行，银行受理后从票据到期值中扣除按银行贴现率计算确定的贴现息，然后将余额付给持票人，作为银行对持票人的短期贷款，其实质是融通资金的一种形式。应收票据贴现要计算贴息和贴现净额，以便据以进行账务处理。

贴现息=票据到期值×贴现率×贴现期

贴现净额=票据到期值－贴现息

（2）应收票据的核算。

为核算应收票据业务，事业单位应设置“应收票据”总分类账户。该账户属资产类，借方登记应收票据的金额，贷方登记到期收回的票面金额和已贴现的应收票据的金额，期末余额在借方，反映期末持有的应收票据的票面金额。

事业单位还应设置“应收祟据备查簿”，逐笔登记每一笔应收票据的种类、号数、出票日期、交易合同号、付款人、承兑人、背书人的姓名或单位名称、到期日和利率、贴现率、贴现日期、贴现率和贴现净额，以及收款日期和收回金额等资料。

【例 10-4】某事业单位销售产品一批给甲公司，货已发出，价款为 20 000 元，增值税税额为 3 400 元。按合同约定 3 个月后付款，甲公司交给该研究所一张为期 3 个月的不带息商业承兑汇票，面值为 23 400 元。

借：应收票据——甲公司	23 400	
贷：经营收入		20 000
应缴税费——应交增值税（销项税额）		3 400

【例 10-5】续上例，3 个月后商业承兑汇票到期，事业单位收到票据款项 23 400，存入银行。

借：银行存款	23 400	

贷：应收票据　　23 400

【例 10-6】某事业单位向乙公司销售产品一批，货款共计 100 000 元，增值税 11 700 元，收到 6 个月期的带息商业汇票一张，该商业汇票面值 11 700 元，票据年利率 12%。

借：应收票据——乙公司　　117 000

　贷：经营收入　　100 000

　　　应缴税费——应交增值税（销项税额）　　17 000

【例 10-7】续上例，2 个月后，该事业单位因急需资金，将该商业票据向银行贴现，银行贴现年利率为 9%。票据到期值为 124 020 元（117 000+117 000×12%×6/12），贴现息为 7 441 元（124 020×9%×4/6），贴现所得为 116 579 元（124 020－7 441）。

借：银行存款　　116 579

　　经营支出　　421

　贷：应收票据　　117 000

2. 应收账款的核算

（1）应收账款的概念。

应收账款是指事业单位因提供劳务、开展有偿服务及销售产品等业务而应收取的款项，如学校应向学生收取的学杂费、医院应向病人收取的医药费等。这里所指的应收账款有其特定范围。应收账款是事业单位在其主要业务活动中形成的应收取的款项，不包括借出款、备用金、应向职工收取的各种垫付款及各类存出保证金等。应收账款一般以成交价格计价，即以交易的实际发生额入账。

（2）应收账款的核算。

事业单位应设置“应收账款”账户，用来核算事业单位因销售产品、提供劳务、开展业务活动等业务应收取的款项。该账户属资产类，借方登记事业单位应收取的各种款项，贷方登记事业单位已收回或转作商业汇票结算方式的应收账款以及转销的坏账损失的款项，期末余额在借方，表示应收未收的账款。“应收账款”账户应按不同的债务人设置明细账，进行明细核算。

【例 10-8】某事业单位经营活动赊销产品一批给某企业，产品售价 6 000 元，应交增值税额 1 020 元。

借：应收账款——某单位　　7 020

　贷：经营收入　　6 000

　　　应缴税费——应交增值税（销项税额）　　1 020

【例 10-9】续上例，该事业单位收到向某企业赊销产品的款项 7 020 元。

借：银行存款　　7 020

　贷：应收账款　　7 020

3. 预付账款的核算

（1）预付账款的概念。

预付账款按照购货合同、劳务合同规定预付给供应单位的款项。

预付账款按实际发生的金额入账。预付账款和应收账款都是事业单位流动资产，二者的主要区别是：预付账款是由购货而引起的，而应付账款是由销货而引起的；预付账款是事业单位主动付出款项，而应收账款是事业单位等待客户付款。

（2）预付账款的核算。

为了反映和监督预付货款的支出和结算情况，事业单位应设置“预付账款”，该账户属资产类，借方登记本单位向供应单位预付的货款，贷方登记本单位收到所购物品时应结转的预付款项，期末借方余额，反映本单位实际预付但尚未结算的款项。该账户按供应单位（个人）进行明细核算。事业单位可以通过明细核算或辅助登记方式，登记预付账款的资金性质（区分财政补助资金、非财政补助资金和其他资金）。

主要账务处理如下：

① 发生预付账款时，按照实际支付金额，借记“预付账款”，贷记“零余额账户用款额度”、“财政补助收入”、“银行存款”等科目。

② 收回所购物资或劳务，按照购入物资或劳务的成本，借记有关科目，按照相应预付账款金额，贷记“预付账款（预付金额）”，按照补付的款项，贷记“零余额账户用款额度”、“财政补助收入”、“银行存款”等科目。

③ 收到购入固定资产、无形资产的，按照确定的资产成本，借记“固定资产”、“无形资产”科目，贷记“非流动资产基金——固定资产、无形资产”科目；同时，按资产购置支出，借记“事业支出”、“经营支出”，贷记“预付账款”，按照补付的款项，贷记“零余额账户用款额度”、“财政补助收入”、“银行存款”等科目。

④ 逾期三年以上、有确凿证据表明因供货单位破产、撤销等原因已无望再收到所购物资，且确实无法收回预付账款，按规定报经批准后予以核销。核销的预付账款应在备查簿中保留登记。

转入待处置资产时，按照待核销的预付账款金额，借记“待处置资产损溢”科目，贷记“预付账款”。

报经批准予以核销时，借记“其他支出”科目，贷记“待处置资产损溢”科目。

已核销预付账款在以后期收回的，按照实际收回的金额，借记“银行存款”等科目，贷记“其他收入”科目。

【例 10-10】某事业单位向某公司订购货品一批，按合同规定，该批货款共计 10 000 元，事业单位先预付货款的 40%，待收到货品验收合格后，再补付其余的 60%。

预付 40%货款时：

借：预付账款——某公司	4 000	
贷：银行存款		4 000

【例 10-11】某事业单位收到该批订购货品，发票账单同时到达，价款为 10 000 元，增值税额为 1 700 元，用银行存款补付货款为 7 700 元。

借：存货	10 000	

应缴税费——应交增值税（进项税额）　　1 700
　贷：预付账款——某公司　　11 700
借：预付账款　　7 700
　贷：银行存款　　7 700

4．其他应收款的核算

其他应收款是指事业单位除财政应返还额度、应收票据、应收账款、预付账款以外的其他应收、暂付款项。包括职工预借差旅费、拨付给内部有关部门的备用金、应向职工收取的各种垫付款项等。其他应收款一般与事业单位的主要业务活动没有直接的关系，而且其数额一般也不大，通常按实际发生额入账。

为了反映和监督其他应收款的发生和结存情况，事业单位应设置“其他应收款”，该账户属于资产类，借方登记发生的各种其他应收款，贷方登记收到的款项和结转情况，期末余额通常在借方，反映事业单位尚未收回的其他应收款。该账户按其应收款项的项目类别以及债务单位（或个人）进行明细核算。

【例 10-12】某事业单位向某业务部门签发一张现金支票 500 元，作为其备用金。

借：其他应收款——备用金　　500
　贷：银行存款　　500

（四）存货的核算

1．存货概念

事业单位在开展业务活动及其他活动中为耗用而储存的各种材料、燃料、包装物、低值易耗品及达不到固定资产标准的用具、装具、动植物等的实际成本。

2．存货计价

（1）购入存货计价。

其成本包括买价、相关税费、运杂费等作为存货的入账价格。事业单位购进存货是否负担增值税，取决于存货用途。分为自用还是非自用 （对外投资或加工产品后出售），对于购入自用材料，按实际支付含税价格计算；对于非自用材料，因单位属于不同类型增值税纳税人而不同，小规模纳税人，购进材料按实际支付含税价格计算；一般纳税人，购进非自用材料按不含税价格计算。

（2）发出存货计价。

按现行制度规定，事业单位领用或发出材料可以根据实际情况选择先进先出法、加权平均法或个别计价法确定发出存货实际成本，计价方法一经确定，不得随意变更。低值易耗品成本领用时一次摊销。

3．存货购入的核算

事业单位存货核算，由会计部门和存货管理部门配合进行。会计部门为了反映和监督存货的收入、发出和结存情况，应设置“存货”总分类账户。该账户属于资产类，借方登记外购验收入库存货的成本，贷方登记发出、领用、对外销售、盘亏、毁损等各种原因而减少的存货成本，期末余额在借方，反映月末存货的成本。

保管部门则按按存货种类、规格、保管地点设明细核算。存货明细账的格式采用数量金额式。财务部门总账应和保管部门明细账定期核对，以便对金额和数量两个方面加强对存货的控制。

① 购入存货验收入库，按确定的成本，借记“存货”，贷记“银行存款”、“应付账款”、“财政补助收入”、“零余额账户用款额度”等科目。

属于增值税一般纳税人的事业单位购入非自用材料的，按确定的成本（不含增值税进项税额），借记“存货”，按增值税专用发票上注明的增值税额，借记“应缴税费——应缴增值税（进项税额）”科目，按实际支付或应付的金额，贷记“银行存款”、“应付账款”等科目。

② 自行加工存货在加工过程中发生各种费用时，借记“存货（生产成本）”，贷记“存货（领用材料相关明细科目）”、“应付职工薪酬”、“银行存款”等科目。

加工完成的存货验收入库，按照所发生实际成本，借记“存货（相关明细科目）”，贷记“存货（生产成本）”。

③ 接受捐赠、无偿调入存货，其成本按有关凭证注明金额加税费、运输费等确定；没有相关凭据的，其成本比照同类或类似存货的市场价格加上相关税费、运输费等确定；没有相关凭证，同类或类似市场价格也无法可靠取得的，该存货按照名义金额（即人民币 1 元）入账。借记“存货”，按照发生的相关税费、运输费等，贷记“银行存款”等科目，按照其差额，贷记“其他收入”科目。

按照名义金额入账的情况下，按照名义金额，借记“存货”，贷记“其他收入”科目；按照发生的相关税费、运输费等，借记“其他支出”科目，贷记“银行存款”等科目。

4. 存货发出的核算

① 开展业务活动等领用、发出存货时，借记“事业支出”、“经营支出”等科目，贷记“存货”。

② 对外捐赠、无偿调出存货，转入待处置资产时，按照存货的账面余额，借记“待处置资产损溢”科目，贷记“存货”。

属于增值税一般纳税人的事业单位对外捐赠、无偿调出购进的非自用材料，转入待处置资产时，按照存货的账面余额与相关增值税进项税额转出金额的合计金额，借记“待处置资产损溢”科目，按存货账面余额，贷记“存货”，按转出的增值税进项税额，贷记“应缴税费——应缴增值税（进项税额转出）”科目。

实际捐出、调出存货时，按照“待处置资产损溢”科目的相应余额，借记“其他支出”科目，贷记“待处置资产损溢”科目。

5. 存货的清查

事业单位的存货应当定期进行清查盘点，每年至少盘点一次，对发生盘盈、盘亏或者报废、毁损，应当及时查明原因，按规定报经批准后进行账务处理。

① 盘盈存货，按照同类或类似存货的实际成本或市场价格确定入账价值；同类或类似存货的实际成本、市场价格均无法可靠取得的，按照名义金额入账。借记“存货”，贷记“其他收入”。

② 盘亏或者毁损、报废的存货，转入待处置资产时，按照待处置存货的账面余额，借记“待处置资产损溢”，贷记“存货”科目。

属于增值税一般纳税人的事业单位购进的非自用材料发生盘亏或者毁损、报废的，转入待处置资产时，按照存货的账面余额与相关增值税进项税额转出金额的合计金额，借记“待处置资产损溢”科目，按存货的账面余额，贷记“存货”，按转出的增值税进项税额，贷记“应缴税费——应缴增值税（进项税额转出）”科目。

报经批准予以处理时，按照“待处置资产损溢”科目的相应余额，借记“其他支出”，贷记“待处置资产损溢”科目。

【例 10-13】某事业单位购入自用甲材料 1 500 千克，单价 20 元，增值税税额为 5 100 元，价税合计 35 100 元，运杂费 300 元，款项已通过银行付讫，材料已验收入库。

借：存货——甲材料	35 400	
贷：银行存款		35 400

【例 10-14】某科研单位是小规模纳税人，某日该事业单位向某公司购进甲材料一批，材料价款 20 000 元，增值税 3 400 元，运杂费 500 元，以上款项均尚未支付，材料已验收入库。

借：存货——甲材料	23 900	
贷：应付账款——某公司		23 900

【例 10-15】某科研单位年终盘点，盘亏甲材料 5 千克，每千克 40 元，计 200 元；经批准计入当期支出。盘盈乙材料 150 千克，单价 10 元，共计 1 500 元，经查属合理损耗和溢出。

盘亏：		
①借：待处置资产损溢	200	
贷：存货——甲材料		200
②借：其他支出	200	
贷：待处置资产损溢		200
盘盈：		
①借：存货——乙材料	1 500	
贷：待处置资产损溢		1 500
②借：存货	1 500	
贷：其他收入		1 500

三、长期投资的核算

（一）长期投资概念

长期投资是指事业单位依法取得持有时间超过 1 年（不含 1 年）的股权和债权性质投

资。分为股权投资和和债权投资。

长期投资作为一种资产经营行为，其目的是为了取得投资回报。但事业单位与企业在性质上和运营目的上有很大的不同，它从事的主要是非营利性活动，以提高社会效益为目的。

《事业单位财务规则》第四十四条明确规定：事业单位应当严格控制对外投资。在保证单位正常运转和事业发展的前提下，按照国家有关规定可以对外投资的，应当履行相关审批程序。事业单位不得使用财政拨款及其结余进行对外投资，不得从事股票、期货、基金、企业债券等投资，国家另有规定的除外。

事业单位以非货币性资产对外投资的，应当按照国家有关规定进行资产评估，合理确定资产价值。

（二）长期投资的核算

为了反映和监督事业单位长期投资的形成以及投资的收回，事业单位应设置“长期投资”，该账户属于资产类，借方登记长期投资实际支付的价款及其他投资按评估或合同、协议确认的价值，贷方登记到期收回的本金及出售时收回的成本，余额在借方，反映事业单位持有的长期投资成本。该账户按长期投资种类和被投资单位等进行明细核算。

长期投资的主要账务处理如下：

1. 长期股权投资核算

（1）长期股权投资在取得时，应当按照其实际成本作为投资成本。

① 以货币资金取得长期股权投资，按照实际支付的全部价款（包括购买价款及税金、手续费等相关费用）作为投资成本，借记“长期投资”科目，贷记“银行存款”等科目；同时，按投资成本金额，借记“事业基金”科目，贷记“非流动资产基金——长期投资”科目。

② 以固定资产取得的长期股权投资，按照评估价值加上相关税费作为投资成本，借记“长期投资”科目，贷记“非流动资产基金——长期投资”科目，按发生的相关税费，借记“其他支出”科目，贷记“银行存款”、“应缴税费”等科目；同时，按照投出固定资产对应的非流动资产基金，借记“非流动资产基金——固定资产”科目，按照投出固定资产已提折旧，借记“累计折旧”科目，按投出固定资产的账面余额，贷记“固定资产”科目。

【例 10-16】 某科研单位 201×年初购入一台机器设备，原始价值为 100 000 元，预计使用年限为 10 年，次年初将该设备用于对外投资，双方协商作价为 70 000 元。

借：长期投资	70 000	
贷：非流动资产基金——长期投资		70 000
借：非流动资产基金——固定资产	90 000	
累计折旧	10 000	
贷：固定资产		100 000

③ 以已入账无形资产取得的长期股权投资，按照评估价值加上相关税费作为投资成本，借记“长期投资”科目，贷记“非流动资产基金——长期投资”科目，按发生的相关税费，借记“其他支出”科目，贷记“银行存款”、“应缴税费”等科目；同时，按照投出无形资产对应的非流动资产基金，借记“非流动资产基金——无形资产”科目，按照投出无形资产已计提摊销，借记“累计摊销”科目，按照投出无形资产的账面余额，贷记“无形资产”科目。

④ 以未入账无形资产取得的长期股权投资，按照评估价值加上相关税费作为投资成本，借记“长期投资”科目，贷记“非流动资产基金——长期投资”科目，按发生的相关税费，借记“其他支出”科目，贷记“银行存款”、“应缴税费”等科目。

【例 10-17】某事业单位拥有一项专利权，账面价值为 80 000 元，已提累计摊销 10 000 元，现以该项无形资产对外投资，双方协商价值为 60 000 元，以银行存款支付税费 3 000 元。

借：长期投资	60 000	
贷：非流动资产基金——长期投资		60 000
借：其他支出	3 000	
贷：银行存款		3 000
借：非流动资产基金——无形资产	70 000	
累计摊销	10 000	
贷：无形资产		80 000

（2）长期股权投资持有期间，收到利润等投资收益时，按照实际收到的金额，借记“银行存款”等科目，贷记“其他收入——投资收益”科目。

（3）转让长期股权投资，转入待处置资产时，按照待转让长期股权投资的账面余额，借记“待处置资产损溢——处置资产价值”科目，贷记“长期投资”科目。

实际转让时，按照所转让长期股权投资对应的非流动资产基金，借记“非流动资产基金——长期投资”科目，贷记“待处置资产损溢——处置资产价值”科目。

转让长期股权投资过程中取得价款、发生相关税费，以及转让价款扣除相关税费后的净收入，借记“待处置资产损溢——处置资产价值”，贷记“应缴国库款”科目。

（4）因被投资单位破产清算等原因，有确凿证据表明长期股权投资发生损失，按规定报经批准予以核销。将待核销长期股权投资转入待处置资产时，按照待核销的长期股权投资账面余额，借记“待处置资产损溢”科目，贷记“长期投资”科目。

报经批准予以核销时，借记“非流动资产基金——长期投资”科目，贷记“待处置资产损溢”科目。

2. 长期债券投资核算

（1）长期债券投资在取得时，应当按照其实际成本作为投资成本。

以货币资金购入的长期债券投资，按照实际支付的全部价款（包括购买价款以及税金、手续费等相关税费）作为投资成本，借记“长期投资”科目，贷记“银行存款”等科目；同时，按照投资成本金额，借记“事业基金”科目，贷记“非流动资产基金——长期投资”

科目。

（2）长期债券投资持有到期收到利息时，按照实际收到的金额，借记“银行存款”等科目，贷记“其他收入——投资收益”科目。

（3）对外转让或到期收回长期债券投资本息，按照实际收到的金额，借记“银行存款”等科目，按收回长期投资的成本，贷记“长期投资”科目，按照其差额，贷记或借记“其他收入——投资收益”科目，同时，按照收回长期投资对应的非流动资产基金，借记“非流动资产基金——长期投资”科目，贷记“事业基金”科目。

【例 10-18】 某事业单位 201×年 1 月 1 日购入某公司发行的债券，债券面值 100 000 元，期限 3 年，银行存款支付经纪人佣金 1 000 元。

借：长投期资——债券投资　　101 000

　贷：银行存款　　101 000

同时：

借：事业基金　　101 000

　贷：非流动资产基金——长期投资　　101 000

【例 10-19】 上例，债券到期，该单位收回债券本息 116 000 元，存入银行。

借：银行存款　　116 000

　贷：长期投资——债券投资　　101 000

　　　其他收入——投资收益　　15 000

借：非流动资产基金——长期投资　　101 000

　贷：事业基金　　101 000

【例 10-20】 上例，如果该单位提前将其出售，收到价款 98 000 元，存入银行。

借：银行存款　　98 000

　　其他收入——投资收益　　3 000

　贷：长期投资　　101 000

同时：

借：非流动资产基金——长期投资　　101 000

　贷：事业基金　　101 000

四、固定资产的核算

（一）固定资产的概念和分类

1. 固定资产的概念

固定资产指使用年限超过 1 年（不含 1 年），单位价值在规定标准（通用设备 1000 元、专用设备 1500 元）以上，并在使用过程中基本保持原有物质形态的资产，单位价值虽未达到规定标准，但耐用时间超过 1 年（不含 1 年）的大批同类物资，作为固定资产核算和管理。

2. 固定资产的分类

事业单位固定资产按照资产性质和使用情况可分为以下六类：

① 房屋和建筑物。指事业单位拥有占有权和使用权的房屋、建筑物及其附属设备。

② 专用设备。如学校的教学仪器、科研单位的科研仪器、医院的医疗器械等。

③ 通用设备。包括被服装具、办公与事务用的家具、交通工具等。

④ 文物及陈列品。指博物馆、展览馆等文化事业单位的各种文物或陈列品。

⑤ 图书、档案。指图书馆、档案馆、文化馆贮藏的书籍和档案等。

⑥ 家具、用具、装具及动植物。

（二）固定资产的取得和计价

固定资产应当按取得时的实际成本入账。具体来说，事业单位固定资产按下列规定的价值记账：

① 购入、调入的固定资产，按照实际支付的买价或调拨款、运杂费、安装费等记账。购置车辆按规定支付的车辆购置附加费计入购价之内。固定资产借款利息和有关费用，以及外币借款的汇兑差额，在固定资产办理竣工决算之前发生的，应当计入固定资产价值；在竣工决算之后发生的，计入当期支出或费用。

② 自制的固定资产，按开支的料、工、费记账。

③ 在原有固定资产基础上进行改建、扩建的固定资产，其成本按照原固定资产账面价值（“固定资产”科目账面余额减去“累计折旧”科目账面余额后净值）加上改建、扩建发生的支出，减去固定资产拆除部分的账面价值后的金额。

④ 融资租入的固定资产，按照同类固定资产的市场价格或根据所提供的有关凭证记账。

⑤ 接受捐赠、无偿调入的固定资产，按照同类固定资产的市场价格或根据所提供的有关凭证记账。接受固定资产时发生的相关费用，应当计入固定资产价值。

⑥ 盘盈的固定资产，按重置完全价值入账。

⑦ 已投入使用但尚未办理移交手续的固定资产，可先按估价入账，待确定实际价值后，再进行调整。

需要注意的是，购置固定资产过程中发生的差旅费不计入固定资产价值。

（三）固定资产的核算

1. 设置账户

（1）设置“固定资产”账户，该账户属于资产类账户，用来核算固定资产原始价值。借方登记增加的固定资产原价，贷方登记减少的固定资产原价，期末余额在借方，反映事业单位现有固定资产的原价。

为了反映固定资产的明细资料，事业单位应设置“固定资产登记簿”和“固定资产卡片”，按固定资产类别、项目和使用部门等进行明细核算。出租、出借的固定资产，应当设置备查簿进行登记。

（2）设置“非流动资产基金”净资产类，核算事业单位长期投资、固定资产、在建工程、无形资产等非流动资产占用的金额。下设“长期投资”、“固定资产”、“在建工程”、“无形资产”等明细科目，进行明细核算。

（3）设置“在建工程”资产类，用来核算事业单位已经发生必要支出，但尚未完工交付使用的各种建筑（包括新建、改建、扩建、修缮等）和设备安装工程的实际成本。按照工程性质和具体工程项目等进行明细核算。

（4）设置“累计折旧”资产类，用来核算事业单位固定资产计提的累计折旧，贷方登记提取累计折旧额，借方登记处置固定资产时累计折旧减少额，期末贷方余额，反映事业单位计提的固定资产折旧累计数。

2. 固定资产增加的核算

（1）购入的固定资产，其成本包括购买价款、相关税费以及固定资产交付使用前所发生的可归属于该项资产的运输费、装卸费、安装调试费和专业服务人员费等。

以一笔款项购入多项没能单独标价的固定资产，按照各项固定资产同类或类似资产市场价格的比例对总成本进行分配，分别确定各项固定资产的入账价值。

① 购入不需要安装的固定资产，按照确定的固定资产成本，借记“固定资产”科目，贷记“非流动资产基金——固定资产”科目；同时，按照实际支付金额，借记“事业支出”、“经营支出”、“专用基金——修购基金”等科目，贷记“财政补助收入”、“零余额账户用款额度”、“银行存款”等科目。

【例 10-21】某事业单位通过政府集中采购方式购置复印机一台，价值 20 000 元，已通过财政直接支付方式将采购款划拨供应商。

借：固定资产　　20 000

　贷：非流动资产基金——固定资产　　20 000

同时:

借：事业支出——设备购置费　　20 000

　贷：财政补助收入——财政直接支付　　20 000

【例 10-22】某事业单位采用专用基金购入不需要安装设备一台，价款 26 000 元，运杂费 1 000 元。

借：固定资产　　27 000

　贷：非流动资产基金——固定资产　　27 000

同时:

借：专用基金——修购基金　　27 000

　贷：银行存款　　27 000

② 购入需要安装的固定资产，先通过“在建工程”科目核算，安装完工交付使用时，借记“固定资产”科目，贷记“非流动资产基金——固定资产”科目；同时，借记“非流

动资产基金——在建工程”科目，贷记“在建工程”科目。

【例 10-23】201×年 4 月 15 日，某事业单位购入一台需要安装的设备，用于本单位的专业业务活动，设备价款为 385 000 元，运输费为 5 000 元，款项以银行存款支付。安装设备时，支付安装费用 30 000 元。4 月底，设备安装完毕交付使用。

a．支付设备价款和运输费用。

借：在建工程	390 000	
贷：非流动资产基金——在建工程		390 000
借：事业支出	390 000	
贷：银行存款		390 000

b．支付安装费用。

借：在建工程	30 000	
贷：非流动资产基金——在建工程		30 000
借：事业支出	30 000	
贷：银行存款		30 000

c．设备安装完工交付使用时

借：固定资产	420 000	
贷：非流动资产基金——固定资产		420 000
借：非流动资产基金——在建工程	420 000	
贷：在建工程		420 000

③ 购入固定资产扣留质量保证金的，应当在取得固定资产时，按照确定的成本，借记“固定资产”或“在建工程”科目，贷记“非流动资产——固定资产、在建工程”科目。同时取得固定资产全款发票的，应当同时按照构成资产成本的全部支出金额，借记“事业支出”、“经营支出”、“专用基金——修购基金”等科目，按照实际支付金额，贷记“财政补助收入”、“零余额账户用款额度”、“银行存款”等科目，按照扣留的质量保证金，贷记“其他应付款”（扣留期在 1 年以内）或“长期应付款”（扣留期超过 1 年）科目；取得的发票金额不包括质量保证金的，应当同时按照不包括质量保证金的支出金额，借记“事业支出”、“经营支出”、“专用基金——修购基金”等科目，贷记“财政补助收入”、“零余额账户用款额度”、“银行存款”等科目。质保期满支付质量保证金时，借记“其他应付款”、“长期应付款”科目，或借记“事业支出”、“经营支出”、“专用基金——修购基金”等科目，贷记“财政补助收入”、“银行存款”等科目。

（2）自行建造的固定资产，其成本包括建造该项资产至交付使用前所发生全部必要支出。

工程完工交付使用时，按自行建造过程中发生的实际支出，借记“固定资产”科目，贷记“非流动资产基金——固定资产”科目；同时，借记“非流动资产基金——在建工程”，贷记“在建工程”科目，已交付使用但尚未办理竣工决算手续的固定资产，按照估计价值入账，待确定实际成本后再进行调整。

（3）在原有固定资产基础上进行改建、扩建、修缮后的固定资产，其成本按原固定资产账面价值（“固定资产”科目账面余额减去“累计折旧”科目账面余额后的净值）加改、扩、修发生的支出，再扣除固定资产拆除部分的账面价值后的金额确定。

将固定资产转入改建、扩建、修缮时，按固定资产的账面价值，借记“在建工程”科目，贷记“非流动资产基金——在建工程”科目；同时，按固定资产对应的非流动资产基金，借记“非流动资产基金——固定资产”科目，按固定资产已提折旧，借记“累计折旧”科目，按固定资产的账面余额，贷记“固定资产”。

工程完工交付使用时，借记“固定资产”科目，贷记“非流动资产基金——固定资产”科目；同时，借记“非流动资产基金——在建工程”科目，贷记“在建工程”科目。

（4）以融资租赁方式租入的固定资产，其成本按照租赁协议或者合同确定的租赁价款，相关税费及固定资产交付使用前所发生的可归属于该项资产的运输费、途中保险费、安装调度费等确定。

① 融资租入的固定资产，按照确定的成本，借记“固定资产”科目（不需安装）或“在建工程”科目（需安装），按照租赁协议或者合同确定的租赁价款，贷记“长期应付款”科目，按照其差额，贷记“非流动资产基金——固定资产、在建工程”科目。同时，按照实际支付的相关税费、运输费、途中保险费、安装调试费等，借记“事业支出”、“经营支出”等科目，贷记“财政补助收入”、“零余额账户用款额度”、“银行存款”等科目。

② 定期支付租金时，按照支付的租金金额，借记“事业支出”、“经营支出”等科目，贷记“财政补助收入”、“零余额账户用款额度”、“银行存款”等科目；同时，借记“长期应付款”科目，贷记“非流动资产基金——固定资产”科目。

【例 10-24】单位以融资租入方式租入设备一台，协议规定，价款 240 000 元，两年内分期支付，每月 25 日支付 10 000 元，两年后设备归该单位所有。

a．租入时：

借：固定资产　　240 000

　贷：长期应付款　　240 000

b．用修购基金支付租金，25 日支付。

借：专用基金——修购基金　　10 000

　贷：银行存款　　10 000

同时：

借：长期应付款　　10 000

　贷：非流动资产基金——固定资产　　10 000

（5）接受捐赠、无偿调入的固定资产，其成本按照有关凭据注明的金额加上相关税费、运输费等确定；没有相关凭据的，其成本比照同类或类似固定资产的市场价格加上相关税费、运输费等确定；没有相关凭据、同类或类似固定资产的市场价格也无法可靠取得的，该固定资产按照名义金额入账。

接受捐赠、无偿调入的固定资产，按照确定的固定资产成本，借记本科目（不需安装）

或“在建工程”科目（需安装），贷记“非流动资产基金——固定资产、在建工程”科目；按照发生的相关税费、运输费等，借记“其他支出”科目，贷记“银行存款”等科目。

【例 10-25】某科研单位接受国际组织捐赠仪器一台，该仪器现行市场价格为 100 000 元。接受时，发生运输费用 2 000 元。

借：固定资产 102 000

贷：非流动资产基金——固定资产 102 000

借：其他支出 2 000

贷：银行存款 2 000

【例 10-26】某事业单位建造图书馆一座，总造价为 900 万元。为建造图书馆发生借款利息支出 10 万元，其中 6 万元为办理竣工结算前发生的。该图书馆按规定由专项拨款为建造图书馆资金来源。为充实图书馆藏书，开出支票 15 万元购入图书。接收国外捐赠的图书馆设备一套，价值 120 万元。

a．发生建造费用时：

借：在建工程——图书馆 9 000 000

贷：非流动资产基金——在建工程 9 000 000

借：事业支出——项目支出 9 000 000

贷：财政补助收入 9 000 000

b．发生借款利息。

借：在建工程——图书馆 60 000

贷：非流动资产基金——在建工程 60 000

同时:

借：其他支出——图书馆 60 000

——利息 40 000

贷：银行存款 100 000

c．图书馆完工投入使用时：

借：固定资产——图书馆 9 060 000

贷：非流动资产基金——固定资产 9 060 000

借：非流动资产基金——在建工程 9 060 000

贷：在建工程 9 060 000

d．购入图书时：

借：事业支出 150 000

贷：银行存款 150 000

同时：

借：固定资产 150 000

贷：非流动资产基金——固定资产 150 000

e．接受捐赠时：

借：固定资产——专用设备 1 200 000

贷：非流动资产基金——固定资产 1 200 000

3. 固定资产折旧的核算

（1）折旧及计提范围。

固定资产折旧指在固定资产使用寿命内，按照确定方法对应折旧金额进行系统分摊。

事业单位计提折旧的范围，除文物和陈列品；动植物；图书、档案；以名义金额计量固定资产外，其他固定资产都要计提折旧。

（2）累计折旧账务处理。

① 按月计提固定资产折旧时，按照应计提折旧金额，借记“非流动资产基金——固定资产”科目，贷记“累计折旧”科目。

② 固定资产处置时，按照所处置固定资产的账面价值，借记“待处置资产损溢”科目，按照已计提折旧，借记“累计折旧”科目，按照固定资产的账面余额，贷记“固定资产”科目。

4. 与固定资产有关后续支出的核算

① 为增加固定资产使用效能或延长其使用年限而发生的改建、扩建或修缮等后续支出，应当计入固定资产成本，通过“在建工程”科目核算，完工交付使用时转入本科目。有关账务处理参见“在建工程”科目。

② 为维护固定资产的正常使用而发生的日常修理等后续支出，应当计入当期支出但不计入固定资产成本，借记“事业支出”、“经营支出”等科目，贷记“财政补助收入”、“零余额账户用款额度”、“银行存款”等科目。

5. 固定资产减少的核算

事业单位固定资产减少主要包括固定资产出售、无偿调出、对外捐赠和以固定资产对外投资等。

① 出售、无偿调出、对外捐赠固定资产，转入待处置资产时，按照待处置固定资产的账面价值，借记“待处置资产损溢”科目，按照已计提折旧，借记“累计折旧”科目，按照固定资产的账面余额，贷记“固定资产”科目。

实际出售、调出、捐出时，按照处置固定资产对应的非流动资产基金，借记“非流动资产基金——固定资产”科目，贷记“待处置资产损溢”科目。

出售固定资产过程中取得价款、发生相关税费，以及出售价款扣除相关税费后的净收入，借记“待处理财产损溢”科目，贷记“应缴国库款”科目。

② 以固定资产对外投资，按照评估价值加上相关税费作为投资成本，借记“长期投资”科目，贷记“非流动资产基金——长期投资”科目，按发生的相关税费，借记“其他支出”科目，贷记“银行存款”、“应缴税费”等科目；同时，按照投出固定资产对应的非流动资产基金，借记“非流动资产基金——固定资产”科目，按照投出固定资产已计提折旧，借

记“累计折旧”科目，按照投出固定资产的账面余额，贷记“固定资产”科目。（例题见长期投资核算。）

【例 10-27】某事业单位出售旧机器设备一台，原价为 90 000 元，已提折旧 20 000 元，双方协商作价 68 000 元。该单位已收取转账支票，存入银行。

① 将固定资产转入待处置状态。

借：待处置资产损溢	70 000	
累计折旧	20 000	
贷：固定资产		90 000
借：非流动资产基金——固定资产	70 000	
贷：待处置资产损溢		70 000

② 收取价款。

借：银行存款。	68 000	
贷：待处置资产损溢		68 000

③ 处置过程取得净收益，上缴国库。

借：待处置资产损溢	68 000	
贷：应缴国库款		68 000

6. 固定资产清查的核算

事业单位应当对固定资产进行定期或者不定期的清查盘点。年度终了前应当进行全面清查盘点，保证账实相符。

为了保护固定资产的安全和完整，事业单位应定期或不定期对固定资产进行清查盘点。一般来说，每年在编制会计决算报告之前应对固定资产进行一次全面清查，平时可以根据需要进行轮流的局部清查。对清查过程中发现固定资产盘盈、盘亏或者报废、毁损的，应及时查明原因，并编制固定资产盘盈、盘亏报告表，作为调整固定资产账薄的依据，按规定报经批准后进行账务处理。

① 盘盈的固定资产，按照同类或类似固定资产的市场价格确定入账价值；同类或类似固定资产的市场价格无法可靠取得的，按照名义金额入账。

盘盈的固定资产，按照确定的入账价值，借记“固定资产”科目，贷记“非流动资产基金——固定资产”科目。

② 盘亏或者毁损、报废的固定资产，转入待处置资产时，按照待处置固定资产的账面价值，借记“待处置资产损溢”科目，按照已计提折旧，借记“累计折旧”科目，按照固定资产的账面余额，贷记“固定资产”科目。

③ 报经批准予以处置时，按照处置固定资产对应的非流动资产基金，借记“非流动资产基金——固定资产”科目，贷记“待处置资产损溢”科目。

④ 处置毁损、报废固定资产过程中所取得的收入、发生的相关费用，以及处置收入扣除相关费用后的净收入，借记“待处置资产损溢”科目，贷记“应缴国库款”科目。

【例 10-28】某事业单位年终对固定资产进行清查盘点时，发现盘盈显微镜设备一架，经评估，其重置价值为 20 000 元。

借：固定资产　20 000

　贷：非流动资产基金——固定资产　20 000

【例 10-29】经批准，报废一辆原值 300 000 元轿车，已提折旧 270 000。该报废车出售给金属回收部门，取得变价收入 1 500 元。

① 将报废轿车转入待处理状态。

借：待处置资产损溢　30 000

　　累计折旧　270 000

　贷：固定资产　300 000

借：非流动资产基金——固定资产　30 000

　贷：待处置资产损溢　30 000

② 处置过程中获得收入存入银行。

借：银行存款　1 500

　贷：待处置资产损溢　1 500

③ 所获得净收益上缴国库。

借：待处置资产损溢　1 500

　贷：应缴国库款　1 500

五、无形资产的核算

（一）无形资产的概念与种类

1. 无形资产的概念

无形资产指事业单位持有的没有实物形态的可辨认非货币性资产，包括专利权、商标权、著作权、土地使用权、非专利技术等。

事业单位购入的不构成相关硬件不可缺少组成部分的应用软件，应作无形资产。

2. 无形资产的种类

事业单位的无形资产包括专利权、商标权、著作权、土地使用权、非专利技术等。

（二）无形资产的取得和计价

事业单位取得无形资产的来源不同，通常有以下几种：

① **购入无形资产。**是指事业单位从外部购入无形资产。应按实际支付的买价、手续费及其他支出计价，并作为入账价值。

② **自创无形资产。**是指事业单位自行开发创立形成的无形资产。应按开发过程中实际发生的支出计价。但在实际工作中，有些自创的无形资产，实际费用较低，一般在支付时

作为当期的支出处理；有些自创的无形资产是伴随着若干个研究项目与开发项目同时进行的，发生的费用很难按项目准确划分；另外，作为科学实验，有些项目也不一定能够成功，不一定取得专利权。所以，一般对自行开发并按法律程序申请取得的无形资产，以依法取得时发生的注册费、聘请律师费等费用，作为无形资产的实际成本。在研究与开发过程中发生的材料费用、直接参与开发人员的工资及福利费、开发过程中发生的租金及借款等费用，直接计入当期支出。

③ **接受捐赠无形资产。**是指捐赠者捐赠给事业单位的无形资产。如果捐赠方提供了有关凭据，按凭据上标明的金额加上应支付的相关税费，作为实际成本计价。捐赠方没有提供有关凭据的，应按照评估确认的价值（或参照同类无形资产的市价），加上应支付的相关税费作为入账价值。

（三）无形资产增加的核算

事业单位应设置“无形资产”总分类账户，用来核算事业单位的专利权、非专利技术、著作权、商标权、土地使用权等各种无形资产的价值，它属于资产类。该账户借方登记按各种方式取得的无形资产的成本，贷方登记无形资产减少和转让的成本。期末余额在借方，反映无形资产的原价。该账户按无形资产的类别、项目等进行明细核算。

同时事业单位设置“累计摊销”账户，属于资产类。贷方登记无形资产累计摊销额，借方登记处置无形资产时累计摊销减少额，余额在贷方，反映事业单位计提的无形资产摊销累计数。

无形资产在取得时，应当按照其实际成本入账。

1. 外购无形资产账务处理

其成本包括购买价款、相关税费以及可归属于该项资产达到预定用途所发生的其他支出。购入的无形资产，按照确定的无形资产成本，借记“无形资产”科目，贷记“非流动资产基金——无形资产”科目；同时，按照实际支付金额，借记“事业支出”等科目，贷记“财政补助收入”、“零余额账户用款额度”、“银行存款”等科目。

2. 委托软件公司开发软件视同外购无形资产进行处理

支付软件开发费时，按照实际支付金额，借记“事业支出”等科目，贷记“财政补助收入”、“零余额账户用款额度”、“银行存款”等科目。软件开发完成交付使用时，按照软件开发费总额，借记“无形资产”科目，贷记“非流动资产基金——无形资产”科目。

3. 自行开发并按法律程序申请取得的无形资产

按照依法取得时发生的注册费、聘请律师费等费用，借记“无形资产”科目，贷记“非流动资产基金——无形资产”科目；同时，借记“事业支出”等科目，贷记“财政补助收入”、“零余额账户用款额度”、“银行存款”等科目。

依法取得前所发生的研究开发支出，应于发生时直接计入当期支出，借记“事业支出”

等科目，贷记“银行存款”等科目。

4. 接受捐赠、无偿调入的无形资产

成本按照有关凭据注明的金额加上相关税费等确定；没有相关凭据的，其成本比照同类或类似无形资产的市场价格加上相关税费等确定；没有相关凭据、同类或类似无形资产的市场价格也无法可靠取得的，该资产按照名义金额入账。

接受捐赠、无偿调入的无形资产，按照确定的无形资产成本，借记“无形资产”科目，贷记“非流动资产基金——无形资产”科目；按照发生的相关税费等，借记“其他支出”科目，贷记“银行存款”等科目。

（四）无形资产摊销核算

1．无形资产摊销概念

摊销指无形资产在使用寿命内，按照确定方法对应摊销金额进行系统分摊。事业单位应当对无形资产进行摊销，以名义金额计量的无形资产除外。

有关说明如下：

① 事业单位应当按照如下原则确定无形资产的摊销年限：法律规定了有效年限的，按照法律规定的有效年限作为摊销年限；法律没有规定有效年限的，按照相关合同或单位申请书中的受益年限作为摊销年限；法律没有规定有效年限、相关合同或单位申请书也没有规定受益年限的，按照不少于10年的期限摊销。

② 事业单位应当采用年限平均法对无形资产进行摊销。

③ 事业单位无形资产的应摊销金额为其成本。

④ 事业单位应当自无形资产取得当月起，按月计提无形资产摊销。

⑤ 因发生后续支出而增加无形资产成本的，应当按照重新确定的无形资产成本，重新计算摊销额

2. 无形资产摊销的核算

为核算无形资产价值损耗，设置“累计摊销”资产类，贷方登记无形资产累计损耗价值，借方登记处置无形资产累计摊销减少额，期末贷方余额，反映事业单位计提的无形资产摊销累计数。按照对应无形资产的类别、项目等进行明细核算。

事业单位按月计提无形资产摊销时，按照应计提摊销金额，借记“非流动资产基金——无形资产”科目，贷记“累计摊销”科目。

3. 与无形资产有关的后续支出，应分别按以下情况处理

① 为增加无形资产的使用效能而发生的后续支出，如对软件进行升级改造或扩展其功能等所发生的支出，应当计入无形资产的成本，借记“无形资产”科目，贷记“非流动资产基金——无形资产”科目；同时，借记“事业支出”等科目，贷记“财政补助收入”、“零余额账户用款额度”、“银行存款”等科目。

② 为维护无形资产的正常使用而发生的后续支出，如对软件进行漏洞修补、技术维护等所发生的支出，应当计入当期支出但不计入无形资产成本，借记“事业支出”等科目，贷记“财政补助收入”、“零余额账户用款额度”、“银行存款”等科目。

4. 无形资减少的核算

（1）转让、无偿调出、对外捐赠无形资产。

首先将无形资产转入待处置资产时，按照待处置无形资产的账面价值，借记“待处置资产损溢”科目，按照已计提摊销，借记“累计摊销”科目，按照无形资产的账面余额，贷记“无形资产”科目。

实际转让、调出、捐出时，按照处置无形资产对应的非流动资产基金，借记“非流动资产基金——无形资产”科目，贷记“待处置资产损溢”科目。

转让无形资产过程中取得价款、发生相关税费，以及出售价款扣除相关税费后的净收入，借记“待处置资产损溢”科目，贷记“应缴国库款”科目。

（2）已入账无形资产对外投资，按照评估价值加上相关税费作为投资成本，借记“长期投资”科目，贷记“非流动资产基金——长期投资”科目，按发生的相关税费，借记“其他支出”科目，贷记“银行存款”、“应缴税费”等科目；同时，按照投出无形资产对应的非流动资产基金，借记“非流动资产基金——无形资产”科目，按照投出无形资产已计提摊销，借记“累计摊销”科目，按照投出无形资产的账面余额，贷记“无形资产”科目。

（3）无形资产预期不能为事业单位带来服务潜力或经济利益的，应当按规定报经批准后将该无形资产的账面价值予以核销。

转入待处置资产时，按照待核销无形资产的账面价值，借记“待处置资产损溢”科目，按照已计提摊销，借记“累计摊销”科目，按照无形资产的账面余额，贷记“无形资产”科目。

报经批准予以核销时，按照核销无形资产对应的非流动资产基金，借记“非流动资产基金——无形资产”科目，贷记“待处置资产损溢”科目。

【例 10-30】某事业单位购入一项专利技术，价款为 10 000 元，以银行存款支付。

借：无形资产	10 000	
贷：非流动资产资金——无形资产		10 000
借：事业支出	10 000	
贷：银行存款		10 000

【例 10-31】某科研单位 20×1 年 1 月取得一项专利权，成本为 100 000 元，有效使用期限 10 年，20×3 年初，将该项权利转让给某单位，双方协商作价 90 000 元，收取价款存入银行。

① 20×1 年 1 月取得专利权。

借：事业支出	100 000	
贷：银行存款		100 000

同时:

借：无形资产 100 000

　贷：非流动资产基金——无形资产 100 000

② 20×1—20×2 年每年提取累计摊销额。

借：非流动资产基金 10 000

　贷：累计摊销 10 000

③ 20×3 年 1 月对该项专利权进行处置。

借：待处置资产损溢 80 000

　　累计摊销 20 000

　贷：无形资产 100 000

借：非流动资产基金——无形资产 80 000

　贷：待处置资产损溢 80 000

④ 收取价款。

借：银行存款 90 000

　贷：待处置资产损溢——专利权 90 000

⑤ 剩余上缴国库。

借：待处置资产损溢 90 000

　贷：应缴国库款 90 000

复习思考题

1. 事业单位的资产包括哪些内容？
2. 事业单位的货币性资产包括哪些内容？各自应当如何核算？
3. 事业单位的应收及预付款项包括哪些内容？各自应当如何核算？
4. 什么是存货？具体可以分为哪几类？事业单位的存货应当如何计价？
5. 什么是长期投资？应当如何核算？
6. 什么是固定资产？事业单位的固定资产可分为哪些种类？取得时应当如何计价？
7. 累计折旧应当如何核算？
8. 在建工程是如何管理和核算的？
9. 什么是无形资产？应当如何核算？

第十一章 事业单位负债与基金的核算

一、负债的核算

负债是指事业单位所承担的能以货币计量，需要以资产或劳务偿付的债务。

事业单位的负债按照流动性，分为流动负债和非流动负债。流动负债是指预计在 1 年内（含 1 年）偿还的负债。非流动负债是指流动负债以外的负债。

事业单位流动负债包括短期借款、应付及预收款项、应付票据、应付账款、其他应付款等应付款项和预收款项。

（一）短期借款的核算

1. 短期借款的概念

短期借款是指事业单位借入的期限在 1 年内（含 1 年）的各种借款。事业单位的短期借款，主要用于特殊性或临时性的资金需求。

2. 短期借款核算

为了反映和监督事业单位借入款项的借入和归还情况，事业单位应设置“短期借款”总分类账户。该账户属于负债类，贷方登记短期借入款项的本金，借方登记偿还的短期借入款项本金，期末贷方余额反映事业单位尚未偿还的短期借款本金。该科目应按贷款单位和贷款种类进行明细核算。

① 借入各种短期借款时，按照实际借入的金额，借记“银行存款”科目，贷记“短期借款”科目。

② 银行承兑汇票到期，本单位无力支付票款的，按照银行承兑汇票的票面金额，借记“应付票据”科目，贷记“短期借款”科目。

③ 支付短期借款利息时，借记“其他支出”科目，贷记“银行存款”科目。

④ 归还短期借款时，借记“短期借款”科目，贷记“银行存款”科目。

【例 11-1】某事业单位 20××年 5 月份在开展事业活动中发生临时性资金周转困难，经研究决定，向某金融机构借入款项 50 000 元，期限 6 个月，月利率 0.5%，到期归还本息。借入款项时，会计分录为：

借：银行存款　　50 000

　贷：短期借款——某金融机构　　50 000

【例 11-2】若上述借入款项用于事业单位业务活动，到期还本付息。归还借款本金 50 000 元，并支付利息 1 500（50 000×0.5%×6）。会计分录为：

借：借入款项——上级单位　　50 000

　　其他支出——利息　　1 500

　贷：银行存款　　51 500

（二）应付及预收款项的核算

应付及预付款项是指事业单位在开展业务活动中发生的各项债务，包括应付票据、应付账款、预收账款和其他应付款等应付款项和预收账款。

1. 应付票据的核算

应付票据是指事业单位对外发生债务时所开出或承兑的商业汇票，包括银行承兑汇票和商业承兑汇票。

事业单位应设置“应付票据备查簿”，详细登记每一应付票据的种类、号数、出票日期、到期日、票面金额、收款人姓名或单位名称，以及付款日期和金额等详细资料，应付票据到期付清时，应在备查簿内逐笔注销。

有关业务账务处理如下：

（1）开出、承兑商业汇票时，借记“存货”等科目，贷记“应付票据”科目；以承兑商业汇票抵付应付账款时，借记“应付账款”科目，贷记“应付票据”科目。

（2）支付银行承兑汇票的手续费时，借记“事业支出”、“经营支出”等科目，贷记“银行存款”等科目。

（3）商业汇票到期时，应当分别以下情况处理：

① 收到银行支付到期票据的付款通知时，借记“应付票据“科目，贷记“银行存款”科目。

② 银行承兑汇票到期，本单位无力支付票款的，按照汇票票面金额，借记“应付票据“科目，贷记“短期借款”科目。

③ 商业承兑汇票到期，本单位无力支付票款的，按照汇票票面金额，借记“应付票据“科目，贷记“应付账款”科目。

【例 11-3】某事业单位为开展事业活动需要购买材料一批，开出 4 个月期带息银行承兑汇票一张，面值 20 000 元，月利率 0.8%，同时支付银行承兑手续费 80 元，会计分录为：

借：存货　　20 000

　贷：应付票据　　20 000

同时：

借：事业支出　　80

贷：银行存款　　80

【例 11-4】续上例，银行承兑汇票到期，事业单位收到银行支付汇票本金 20 000 元和利息 640 元（20 000×0.8%×4）的付款通知。会计分录为：

借：应付票据　　20 000

　　事业支出　　640

　贷：银行存款　　20 640

2. 应付账款的核算

应付账款是指事业单位因购买材料、物资或接受劳务供应而应付给供应单位的款项。这是因为买卖双方在购销活动中由于取得物资与支付货款在时间上不一致而产生的负债。

应付账款的主要账务处理业务如下：

① 购入材料、物资等已验收入库但货款尚未支付的，按照应付未付金额，借记“存货”等科目，贷记“应付账款”科目。

② 偿付应付账款时，按照实际支付的款项金额，借记“应付账款”科目，贷记“银行存款”等科目。

③ 开出、承兑商业汇票抵付应付账款，借记“应付账款”科目，贷记“应付票据”科目。

④ 无法偿付或债权人豁免偿还的应付账款，借记“应付账款”科目，贷记“其他收入”科目。

【例 11-5】某事业单位因开展事业活动需要，向某公司购入材料一批，增值税专用发票上注明材料价款 60 000 元，增值税税额为 10 200 元。材料已验收入库，款项尚未支付。其会计处理为：

借：存货　　60 000

　　应缴税费——应交增值税（进项税额）　　10 200

　贷：应付账款——某公司　　70 200

3. 预收账款的核算

预收账款是指事业单位按照合同规定向购货单位或接受劳务单位预收的款项。事业单位预收的款项，需要在以后以交付货物或提供劳务等方式来偿付，在收到款项但尚未交付货物或提供劳务时，预收账款就是事业单位的一项负债。

预收账款主要账务处理如下：

① 从付款方预收款项时，按照实际预收的金额，借记“银行存款”等科目，贷记“预收账款”科目。

② 确认有关收入时，借记“预收账款”科目，按照应确认的收入金额，贷记“经营收入”等科目，按照付款方补付或退回付款方的金额，借记或贷记“银行存款”等科目。

③ 无法偿付或债权人豁免偿还的预收账款，借记“预收账款”科目，贷记“其他收入”科目。

【例 11-6】某事业单位对某公司提供劳务，按合同规定，预收对方单位劳务款 2 000 元，存入银行。会计分录为：

借：银行存款　　2 000

　贷：预收账款——某公司　　2 000

【例 11-7】续上例，按合同规定，该事业单位已向该公司提供劳务，应收该公司款项 2 500 元，扣除预收的账款 2 000 元，另 500 元款项已收到，存入银行。会计分录为：

借：预收账款——某公司　　2 000

　　银行存款　　500

　贷：经营收入　　2 500

4. 其他应付款的概念及核算

其他应付款是指事业单位除应缴税费、应缴国库款、应缴财政专户款、应付职工薪酬、应付票据、应付账款、预收账款之外的其他各项偿还期限在 1 年内（含 1 年）的应付及暂收款项，如存入保证金、个人交存的住房公积金及应付给投资者收益等。其他应付款与事业单位的主要业务活动一般无直接联系，但它也是事业单位一项待结算的负债。

其他应付款的主要账务处理如下：

① 发生其他各项应付及暂收款项时，借记“银行存款”等科目，贷记“其他应付款”科目。

② 支付其他应付款项时，借记“其他应付款”科目，贷记“银行存款”等科目。

③ 无法偿付或债权人豁免偿还的其他应付款项，借记“其他应付款”科目，贷记“其他收入”科目。

【例 11-8】某事业单位向某企业租入一台机器，应支付租赁费 4 600 元。会计分录为：

借：经营支出　　4 600

　贷：其他应付款——某企业　　4 600

【例 11-9】续上例，该单位以银行存款支付租入机器的租赁费 4 600 元。会计分录为：

借：其他应付款——某企业　　4 600

　贷：银行存款　　4 600

（三）应付职工薪酬的核算

应付职工薪酬是指事业单位按有关规定应付给职工及为职工支付的各种薪酬。包括基本工资、绩效工资、国家统一规定的津帖补帖、社会保险费、住房公积金等。

为了反映和监督事业单位应付职工薪酬的增减变动情况，事业单位应设置“应付职工薪酬”总分类账户，该账户属于负债类。贷方登记应付职工薪酬额，借方登记实际支付职工薪酬数额，期末贷方余额反映事业单位应付未付的职工薪酬。该账户应当根据国家有关规定按照“工资（离退休费）”、“地方（部门）津贴补贴”、“其他个人收入”以及“社会保险费”、“住房公积金”等进行明细核算。

应付职工薪酬主要账务处理如下：

（1）计算当期应付职工薪酬，借记“事业支出”、“经营支出”等科目，贷记“应付职工薪酬”科目。

（2）向职工支付工资、津贴补贴等薪酬，借记“应付职工薪酬”科目，贷记“财政补助收入”、“零余额账户用款额度”、“银行存款”等科目。

（3）按税法规定代扣代缴个人所得税，借记“应付职工薪酬”科目，贷记“应缴税费——应缴个人所得税”科目。

（4）按照国家有关规定缴纳职工社会保险费和住房公积金，借记“应付职工薪酬”科目，贷记“财政补助收入”、“零余额账户用款额度”、“银行存款”等科目。

（5）从应付职工薪酬中支付其他款项，借记“应付职工薪酬”科目，贷记“财政补助收入”、“零余额账户用款额度”、“银行存款”等科目。

【例 11-10】某事业单位发放职工薪酬业务的有关账务处理如下：

① 代发工资。银行盖章转回的工资发放明细表，发放基本工资总额 300 000 元，转入个人账户工资总额 270 000 元，代扣住房公积金 30 000 元，单位配套补贴住房公积金 30 000 元。款项已通过财政直接支付转入个人账户和住房公积金个人账户。

借：事业支出——基本支出——基本工资　　300 000
　贷：应付职工薪酬　　300 000
借：应付职工薪酬　　270 000
　贷：财政补助收入——基本支出——财政直接支付　　270 000
借：应付职工薪酬——基本支出——住房公积金　　30 000
　贷：财政补助收入——基本支出——财政直接支付　　30 000

② 支付退休人员工资 120 000 元，以零余额账户转账。

借：事业支出——基本支出——退休费　　120 000
　贷：应付职工薪酬　　120 000
借：应付职工薪酬　　120 000
　贷：零余额账户用款额度　　120 000

③ 从零余额账户向工会账户划拨工会经费 10 000 元。

借：事业支出——基本支出——工会支出　　10 000
　贷：零余额账户用款额度　　10 000

（四）应缴款项的核算

应缴款项是指事业单位依法取得并应当上缴国库财政性预算资金和应当缴入财政专户的财政资金，包括应当上缴国库或者财政专户款的款项、应缴税费，以及其他按照国家有关规定应当上缴的款项。

1. 应缴国库款的核算

应缴国库款是指事业单位按规定应缴入国库的款项（应缴税费除外）。主要包括纳入预算管理的政府性基金；代行政管理部门收取规费，指事业单位按照国家规定为发放各种证照、簿册而向有关的个人和单位收取的工本费及手续费等；罚没款，指依法查处应上缴国库的各项罚没款和没收物品的变价款；应上缴预算的无主失物变价款；其他按预算管理规定应上缴预算的款项。

应缴国库款属于国家财政性资金，构成国家预算的一个组成部分，由事业单位代收或暂收，不属于事业单位的收入。事业单位取得的这些收入在未缴前，便构成了事业单位的负债。

事业单位为了核算按规定应缴入国库的各种款项，应设置“应缴国库款”总分类账户，该账户是负债类。贷方登记取得的应上缴国库款的各项收入，借方登记实际上缴国库的款项，期末贷方余额反映事业单位应缴入国库但尚未缴纳的款项，年终“应缴国库款”账户无余额。该账户应按照应缴国库的各款项类别进行明细核算。

应缴国库款的主要账务处理：

① 按规定计算确定或实际取得应缴国库的款项时，借记有关科目，贷记“应缴国库款”科目。

② 事业单位待处置资产取得的应上缴国库的处置净收入，借记“待处置资产损溢”科目，贷记“应缴国库款”科目。

③ 上缴款项时，借记“应缴国库款”科目，贷记“银行存款”等科目。

【例 11-11】某事业单位按有关规定取得罚没收入 5 000 元，存入银行。

借：银行存款　　5 000

　贷：应缴国库款——罚没收入　　5 000

【例 11-12】续上例，上交罚没收入 5 000 元。

借：应缴国库款——罚没收入　　5 000

　贷：银行存款　　5 000

2. 应缴财政专户款的核算

应缴财政专户款是指事业单位按规定应缴入财政专户的款项。包括按规定代收教育收费、彩票发行机构和彩票销售机构业务费用等。

为了核算事业单位应缴财政专户的各项收入，应设置“应缴财政专户款”总分类账户，该账户属于负债类。贷方登记收到应缴财政专户款的各项收入，借方登记上缴财政专户款的数额，期末贷方余额反映事业单位应缴入财政专户但尚未缴纳的款项，年终“应缴财政专户款”账户无余额。该账户应当按照应缴财政专户的各款项类别进行明细核算。

取得应缴财政专户的款项时，借记有关科目，贷记“应缴财政专户款”；上缴款项时，借记“应缴财政专户款”，贷记“银行存款”科目。

3. 应缴税费的核算

应缴税费是指事业单位按税法等规定计算缴纳的各种税费，主要包括增值税、营业税、城市维护建设税、教育费附加、车船税、房产税、城镇土地使用税、企业所得税等。这些税费在尚未缴纳时形成事业单位的一项负债。

事业单位为了核算应缴纳各种税费，应设置“应缴税费”总分类账户，该账户属于负债类。贷方登记计算应缴纳的各项税费，借方登记实际上缴税费的数额，期末借方余额反映事业单位多缴纳的税费金额；本科目期末贷方余额，反映事业单位应缴未缴的税费金额。该科目按照应缴纳的税费种类进行明细核算。

需要说明的是，事业单位代扣代缴的个人所得税，通过本科目核算；事业单位应缴纳的印花税不需要预提应缴税费，直接通过支出等有关科目核算，不在本科目核算。

【例 11-13】某事业单位 20××年 5 月转让一项专利权，该项无形资产原账面价值为 15 万元，已提取摊销额 6 万元，取得转让收入 100 000 元。款项已存入银行。按照有关税收法规的规定，该项收入应当交纳营业税，税率为 5%。假定按税额 7%和 3%分别征收城市维护建设税和教育附加。会计分录为：

① 转让该项无形资产时：

借：待处置资产损溢——专利权	90 000	
累计摊销	60 000	
贷：无形资产——专利权		150 000

同时：

借：非流动资产基金——无形资产	90 000	
贷：待处置资产损溢——专利权		90 000

② 取得转让收入时：

借：银行存款	100 000	
贷：待处置资产损溢——专利权		100 000

③ 上缴国库时：

借：待处置资产损溢——专利权	100 000	
贷：应缴国库款		100 000

④ 月末计算出按规定应负担的税金及附加时：

应缴营业税=100 000×5%=5 000（元）

应缴城市维护建设税=5 000×7%=350（元）

应缴教育费附加=5 000×3%=150（元）

借：事业支出	5 500	
贷：应缴税费——应交营业税		5 000
——应交城市维护建设税		350
其他应付款——教育费附加		150

⑤ 交纳税金及附加费时：

借：应缴税费——应交营业税	5 000	
——应交城市维护建设税	350	
其他应付款——教育费附加	150	

贷：银行存款 5 500

【例 11-14】假定某事业单位属于增值税一般纳税人，某月份其经营业务的销售额（不含税）为 100 000 元，销项税额为 17 000 元，当月该项业务消耗的材料的进项税额为 13 600 元。则月末计算的应缴增值税额为 3 400（17 000-13 600），开出支票缴纳税款。会计分录为：

借：应缴税费——应缴增值税（已交税金） 3 400

贷：银行存款 3 400

【例 11-15】假定某事业单位属于增值税小规模纳税人，20××年发生下列有关应交增值税业务：购入供生产用的材料一批，价款为 1 000 元，增值税额为 170 元。货款已支付，材料已验收入库，销售商品价款 3 890 元（含税），货款尚未收到。

借：存货 1 170

贷：银行存款 1 170

计算不含税销售额=3 890÷（1+3%）=3 776.7

应缴增值税额=3 776.7×3%=113.3

借：应收账款 3 890

贷：经营收入 3 776.7

应缴税费——应交增值税 113.3

（五）非流动负债的核算

非流动负债是指预计在 1 年以上偿还的负债。包括长期借款和长期应付款等。

1. 长期借款的核算

长期借款指事业单位借入的期限超过 1 年（不含 1 年）的各种借款。

为了核算事业单位借入的期限超过 1 年的各种借款，应设置“长期借款”账户，属于负债类。贷方登记借入期限超过 1 年的各种长期借款增加额，贷方登记长期借款归还额，期末贷方余额反映事业单位尚未偿还的长期借款本金。可以按照贷款单位和贷款种类进行明细核算。对基本建设项目借款，还应按具体项目进行明细核算。

长期借款主账务处理：

（1）借入各项长期借款核算。

按照实际借入的金额，借记“银行存款”科目，贷记“长期借款”科目。

（2）发生借款利息核算。

① 为购建固定资产支付的专门借款利息，分别以下情况处理：

属于工程项目建设期间支付的，计入工程成本，按照支付的利息，借记“在建工程”科目，贷记“非流动资产基金——在建工程”科目；同时，借记“其他支出”科目，贷记“银行存款”科目。

属于工程项目完工交付使用后支付的，计入当期支出但不计入工程成本，按照支付的利息，借记“其他支出”科目，贷记“银行存款”科目。

② 其他长期借款利息，按照支付的利息金额，借记“其他支出”科目，贷记“银行存

款”科目。

（3）归还长期借款核算。

借记“长期借款”科目，贷记“银行存款”科目。

2. 长期应付款的核算

长期应付款是指事业单位发生的偿还期超过 1 年（不含 1 年）的应付款项，主要指事业单位融资租入固定资产发生的应付租赁费、跨年度分期付款购入固定资产的价款等。

为核算事业单位发生的偿还期超过 1 年的应付款项，设置“长期应付款”账户，属于负债类。贷方登记长期应付款增加额，借方登记归还长期应付款额，贷方余额反映事业单位尚未支付的长期借款。该科目应当按照长期应付款的类别及债权单位（或个人）进行明细核算。

长期应付款主要账务处理如下：

① 发生长期应付款时，借记“固定资产”、“在建工程”等科目，贷记“长期应付款”科目、“非流动资产基金”等科目。

② 支付长期应付款时，借记“事业支出”、“经营支出”等科目，贷记“银行存款”等科目；同时，借记“长期应付款”科目，贷记“非流动资产基金”科目。

③ 无法偿付或债权人豁免偿还的长期应付款，借记“长期应付款”科目，贷记“其他收入”科目。

【例 11-16】某事业单位为开展事业活动需要向某单位融资租入办公楼一栋，价值 800 000 元，租金分 4 年等额支付。

① 租入时：

借：固定资产——房屋和建筑物	800 000	
贷：长期应付款——某单位		800 000

② 每年支付租金 200 000 元（800 000/4）。

借：事业支出	200 000	
贷：银行存款		200 000

同时:

借：长期应付款——某单位	200 000	
贷：非流动资产基金——固定资产		200 000

二、基金的核算

（一）事业基金

1. 事业基金的概念及来源

事业基金是指事业单位拥有的非限定用途的净资产，其来源主要为非财政补助结余扣除结余分配后滚存的金额。

事业基金在事业单位资金运动过程中，起着“蓄水池”的作用，用于调节年度之间的收支平衡。即事业单位以后年度如果收入大于支出，其差额继续转入事业基金；如果支出大于收入，则其差额用以前年度的事业基金来弥补。

事业基金的来源有四个方面：

（1）各年非财政补助结余扣除结余分配后的滚存数，这是事业基金的主要来源；

（2）已完成非财政补助专款剩余资金，按规定留给本单位使用的，转入“事业基金”。

2. 事业基金的核算

为核算事业基金业务，事业单位应设置“事业基金”账户，该账户属于净资产类账户。贷方登记“非财政补助结余分配”账户转入数或其他原因引起的增加数，借方登记冲减数，贷方余额反映事业单位历年积存的非限定用途净资产的金额。

事业基金主要业务账务处理：

① 年末，将“非财政补助结余分配”科目余额转入事业基金，借记或贷记“非财政补助结余分配”科目，贷记或借记“事业基金”科目。

② 年末，将留归本单位使用的非财政补助专项（项目已完成）剩余资金转入事业基金，借记“非财政补助结转——××项目”科目，贷记“事业基金”科目。

③ 以货币资金取得长期股权投资、长期债券投资，按照实际支付的全部价款（包括购买价款以及税金、手续费等相关税费）作为投资成本，借记“长期投资”科目，贷记“银行存款”等科目；同时，按照投资成本金额，借记“事业基金”科目，贷记“非流动资产基金——长期投资”科目。

④ 对外转让或到期收回长期债券投资本息，按照实际收到的金额，借记“银行存款”等科目，按照收回长期投资的成本，贷记“长期投资”科目，按照其差额，贷记或借记“其他收入——投资收益”科目；同时，按照收回长期投资对应的非流动资产基金，借记“非流动资产基金——长期投资”科目，贷记“事业基金”科目。

【例 11-17】年终，某事业单位将“非财政补助结余分配”余额 20 000 元转入事业基金。会计分录为：

借：非财政补助结余分配　　20 000

　贷：事业基金　　20 000

【例 11-18】20××年初，某事业单位收到主管部门拨入专项科研课题经费 100 万元。年终，该项科研课题已经完成，并向主管部门报销了专款支出 90 万元，专项经费结余留归本单位。

① 收到拨入专款：

借：银行存款　　1 000 000

　贷：上级补助收入——×课题　　1 000 000

② 支付课题费：

借：事业支出——项目支出——×课题　　900 000

　贷：银行存款　　900 000

③ 完成课题进行结转：

借：上级补助收入——×课题　　1 000 000

　贷：非财政补助结转——×课题　　1 000 000

同时：

借：非财政补助结转——×课题　　900 000

　贷：事业支出——项目支出——×课题　　900 000

④ 剩余款项留归本单位：

借：非财政补助结转　　100 000

　贷：事业基金　　100 000

【例 11-19】某事业单位以货币资金购买债券，票面价值 200 000 元，支付佣金手续费 2 000 元。

借：长期投资　　202 000

　贷：银行存款　　202 000

借：事业基金　　202 000

　贷：非流动资产基金——长期投资　　202 000

（二）非流动资产基金的核算

非流动资产基金是指事业单位非流动资产占用的金额。

为了总括地核算和监督事业单位长期投资、固定资产、在建工程、无形资产等非流动资产占用的金额的增减变动及结存情况，事业单位应设置“非流动资产基金”账户，该账户属于净资产类。贷方登记非流动资产基金的增加数，借方登记非流动资产基金的减少数，期末贷方余额反映事业单位非流动资产占用的金额。该账户应设置“长期投资”、“固定资产”、“在建工程”、“无形资产”等明细科目，进行明细核算。

非流动资产基金的主要相关账务处理参见长期投资、固定资产、无形资产核算部分。

（三）专用基金的核算

专用基金是指事业单位按规定提取、设置的具有专门用途的净资产，主要包括修购基金、职工福利基金等。

各项基金的提取比例和管理办法，国家有统一规定的，按照统一规定执行；没有统一规定的，由主管部门会同同级财政部门确定。

为了总括地反映和监督事业单位按规定提取、设置的有专门用途的资金收支及结存情况。事业单位应设置“专用基金”账户，属于净资产类。该账户贷方登记按规定收入、提取或设置的基金，借方登记专用基金的使用或冲减数。贷方余额反映事业单位专用基金结存数。该账户应按专用基金的类别进行明细核算。

（1）提取修购基金的核算。

修购基金是指事业单位按事业收入和经营收入的一定比例提取，在修缮费和设备购置费中列支（各列 50%），专门用于单位固定资产修理或购置的基金。

提取修购基金的公式如下：

提取额=事业收入×提取率+经营收入×提取率

事业单位的修购基金可以采用按年一次提取或按月分别提取等不同方法。

事业单位在提取修购基金时，借记“事业支出——修缮费、设备购置费”或“经营支出——修缮费、设备购置费”账户，贷记“专用基金——修购基金”账户。

【例 11-20】某事业单位年度事业收入为 1 600 000 元，经营收入为 600 000 元，提取修购基金比例分别为 4%和 5%，则修购基金提取额为 94 000 元（1 600 000×4%+600 000×5%）。该单位在年末计提修购基金时，会计分录为：

借：事业支出——修缮费　　32 000
　　　　　　——设备购置费　　32 000
　　经营支出——修缮费　　15 000
　　　　　　——设备购置费　　15 000
　贷：专用基金——修购基金　　94 000

（2）提取职工福利基金的核算。

职工福利基金是指按照结余的一定比例提取转入，专门用于单位职工集体福利设施、集体福利待遇等的资金。年末，事业单位按规定从本年度非财政补助结余中提取职工福利基金的，按照提取金额，借记“非财政补助结余分配”科目，贷记“专用基金——职工福利基金”科目。使用福利基金时，借记“专用基金——职工福利基金”账户，贷记“银行存款”账户。

【例 11-21】某事业单位年终“事业结余”科目余额 100 000 元，“经营结余”科目余额 150 000 元，所得税按“经营结余”的 25%计算缴纳，职工福利基金按税后余额 40%提取。

应缴所得税额=150 000×25%=37 500（元）

应提职工福利基金=[100 000+（150 000 −37 500）]×40%=85 000（元）

借：非财政补助结余分配——计提所得税　　37 500
　贷：应缴税费——应交所得税　　37 500
借：非财政补助结余分配——提取职工福利基金　　85 000
　贷：专用基金——职工福利基金　　85 000

若按规定用途安排使用职工福利基金 10 000 元。

借：专用基金——职工福利基金　　10 000
　贷：银行存款　　10 000

（3）提取、设置其他专用基金。

若有规定提取的其他专用基金，按照提取金额，借记有关支出科目或“非财政补助结余分配”等科目，贷记“专用基金”科目。

若有按规定设置的其他专用基金，按照实际收到的基金金额，借记“银行存款”等科目，贷记“专用基金”科目。

复习思考题

1．事业单位的负债包括哪些内容？
2．事业单位借款包括哪些内容？应当如何核算？
3．事业单位的应付及预收款项包括哪些内容？
4．事业单位的应缴款项包括哪些内容？
5．什么是事业基金？
6．专用基金的含义与管理。
7．非流动资产基金是如何管理与核算的？

第十二章

事业单位财务报告

一、事业单位财务报告概述

财务报告是反映事业单位某一特定日期的财务状况和某一会计期间的事业成果、预算执行等会计信息的文件。

在每个会计年度终了，应根据财政部门的决算编审要求，在日常会计核算的基础上编制综合反映本单位财务收支状况和各项资金管理状况的总结性文件。事业单位应建立会计结算报告制度，收集汇总事业单位财务收支、经费来源与运用、资产与负债、机构、人员与工资等方面的基本数据，全面、真实反映事业单位财务状况和预算执行结果，应当定期向主管部门和财政部门以及其他有关报表使用者提供财务报告。为财政部门审查批复决算和编制后续年度财政预算提供基本依据，并满足国家财务会计监管、各项资金管理以及宏观经济决策等信息需要。事业单位财务会计报告包括财务报表和其他应当在财务会计报告中披露的相关信息和资料。

（一）财务报告的种类和作用

财务报告是指事业单位对外提供的反映事业单位某一特定日期的财务状况和某一会计期间的运营成果、预算执行等会计信息的文件。事业单位财务报告包括会计报表、会计报表附注和财务情况说明书。

会计报表和会计报表附注构成财务报表。会计报表至少应当包括资产负债表、收入支出（费用）表、财政补助收支情况表等报表。

（二）财务报表的编制要求

（1）事业单位对外提供的财务报表的内容和格式，按照事业单位会计制度规定。事业单位内部管理需要的财务报表由事业单位自行规定。

（2）事业单位应当根据本制度有关财务报表的编制基础、编制依据、编制原则和方法的要求，对外提供真实、完整的财务报表。

（3）事业单位不得违反规定，随意改变财务报表的编制基础、编制依据、编制原则和方法，不得随意改变本制度规定的财务报表有关数据的会计口径。

（4）事业单位财务报表应当根据登记完整、核对无误的账簿记录和其他有关资料编制，要做到数字真实、计算准确、内容完整、报送及时。

（5）事业单位对外提供的财务报告应当由单位负责人和主管会计工作的负责人、会计机构负责人（会计主管人员）签名并盖章；设置总会计师的单位，还应当由总会计师签名并盖章。事业单位年度财务报告应当按照有关规定经过注册会计师审计。

有关事业单位财务报表编号、会计报表名称及编报期如表 12-1 所示。

表 12-1 财务报表的编制要求

编　号	报表名称	（至少）编报期
会事业 01 表	资产负债表	月报、年报
会事业 02 表	收入支出表	月报、年报
会事业 03 表	财政拨款收入支出表	年报

事业单位月报、季报、年报的内容和编制程序基本相同，但是年度报表的内容较为详细，编制程序较为复杂。本节以年报为例，介绍事业单位会计报表的编制。

（三）编制报表前的准备工作

1. 年终清理结算

事业单位在年度终了前，应根据财政部门和主管部门关于决算编审工作的要求，对单位全年预算资金、其他资金收支活动进行全面的年终清查、核对、整理和核算工作，以保证单位年度决算内容的正确和完整。事业单位年终清理结算的主要内容有：

（1）清理核对年度预算收支数字和各项领拨款项、上缴下拨款项数字。年终前，对财政部门、上级单位和所属单位之间的全年预算数（包括追加、追减和上缴、下拨数字）以及应上缴、拨补的款项等，都应按规定逐笔进行清理结算，保证上、下级之间的年度预算数、领拨经费数和上缴、下拨数一致。凡属本年度的应拨应缴款项，应当在 12 月 31 日前汇达对方，主管单位对所属单位的拨款应截至 12 月 25 日为止，逾期一般不再下拨。

（2）清理、核对各项收支款项。凡属本年的各项收入都应及时入账。本年的各项应缴预算款和应缴财政专户的预算外资金收入，应在年终前全部上缴。全额预算单位纳入预算内以收抵支的款项，应当按规定列收列支。属于本年的各项支出，应按规定用途如实列报。

年度单位支出决算，一律以基层用款单位截至 12 月 31 日的本年实际支出数为准，不得将年终前预拨下年的预算拨款列入本年的支出，也不得以上级单位的拨款数代替基层会计单位的实际支出数。

（3）清理结算往来款项。对应收、应付、预收、预付的各种款项，年终前要尽量清理完毕。按有关规定应转作各项收入或支出的往来款项要及时结转，编入本年决算。

（4）清查货币资金。年终，事业单位应及时同开户银行对账。银行存款账面余额应同银行对账单余额核对，现金账面余额应同库存现金核对，有价证券账面数字，应同实存的有价证券核对，做到账账相符，账实相符。

（5）清查财产物资。年终前，事业单位应对各项财产物资进行清理盘点。发生盘盈、盘亏时，应及时查明原因，按规定做出处理，做到账账相符，账实相符。

2. 年终结账

事业单位在年终清理结算后进行年终结账。年终结账包括年终转账、结清旧账和记入新账。

（1）年终转账。账目核对无误后，首先计算出各账户的12月份合计数和全年累计数，结出12月末的余额。然后，根据结出的各账户余额，编制科目余额表进行试算平衡。试算平衡后，再将应对冲结转的各个账户的余额按年终冲转办法，填制12月31日的记账凭单办理结账冲转。

年终转账时，先将收入类账户的贷方余额转入相应结余账户的贷方，支出类账户的借方余额转入相应结余账户的借方，然后根据结余类账户的借贷双方发生额计算出是节余还是超支（贷方余额为结余，借方余额位超支），并把节余或超支转入“结余分配”账户。在这里需要注意的是对于涉及专项收支和基建收支的未完工工程款，在期末时不需要结转，有关项目在资产负债表中列示。

（2）结清旧账。办理完年终转账后，对没有余额的账户结出全年总累计数，然后在下面划双红线，表示本账户全部结清。对年终转账后仍有余额的账户，在“全年累计数”下行的“摘要”栏内注明“结转下年”字样，再在下面划双红线，表示年终余额转入新账，旧账结束。

（3）记入新账。根据本年度各账户余额，编制年终决算的“资产负债表”和有关明细表。将表中各账户的年终余额数，直接记入新年度相应的各有关账户（不需编制记账凭单），并在“摘要”栏注明“上年结转”字样，以区别新年度发生数。

二、事业单位会计报表的编制

（一）资产负债表

1. 资产负债表的概念

资产负债表是指反映事业单位在某一特定日期财务状况的报表。资产负债表的项目包含资产、负债、净资产等会计要素。资产负债表是根据各会计要素之间的相互关系及各会计要素所包含项目的流动性和重要性，予以适当排列后编制而成。资产负债表是事业单位的主要会计报表之一。

2. 资产负债表的结构和内容

资产要素列示在表的左方，负债和净资产要素列示在表的右方。资产要素和负债要素所包含的项目按其流动性和重要性顺序排列。净资产要素所包含的项目按是否限定用途将非限定用途的事业基金排列在首位，其余净资产项目按照规模大小和重要性的强弱依次排列。资产负债表格式如表12-2所示。

表 12-2 资产负债表

会事业 01 表

编表单位: 年 月 日 单位：元

序 号	资 产	期末余额	年初余额	序 号	负债和净资产	期末余额	年初余额
	流动资产：				流动负债：		
	货币资金				短借借款		
	短期投资				应缴税费		
	财政应返还额度				应缴国库款		
	应收票据				应缴财政专用款		
	应收账款				应付职工薪酬		
	预付账款				应付票据		
	其他应收款				应付账款		
	存货				预收账款		
	其他流动资产				其他应付款		
	流动资产合计				其他流动负债		
	非流动资产：				流动负债合计		
	长期投资				非流动负债：		
	固定资产：				长期借款		
	固定资产原价				长期应付款		
	减：累计折旧				非流动负债合计		
	在建工程				负债合计		
	无形资产				净资产：		
	无形资产原价				事业基金		
	减：累计摊销				非流动资产基金		
	待处置资产损溢				专用基金		
	非流动资产合计				财政补助结转		
					财政补助结余		
					非财政补助结转		
					非财政补助结余		
					1．事业结余		
					2．经营结余		
					净资产合计		
	资产合计				负债和净资产合计		

从上表可以看出，资产负债表的结构分为表头和基本内容两部分。表头部分主要注明报表名称、编制单位、编制日期、报表所使用的货币单位。其本内容是资产负债表的核心，

分为左右两部分，各部分各有四栏。报表完成后，还应分别加盖单位负责人、会计主管、复核、制表等人的印章，以示对报表内容所负的责任。

3. 资产负债表的编制方法

本表“年初余额”栏内各项数字，应当根据上年年末资产负债表“期末余额”栏内数字填列。如果本年度资产负债表规定的各个项目的名称和内容同上年度不相一致，应对上年年末资产负债表各项目的名称和数字按照本年度的规定进行调整，填入本表“年初余额”栏内。本表“期末余额”栏各项目的内容和填列方法：

资产类项目

（1）“货币资金”项目，反映事业单位期末库存现金、银行存款和零余额账户用款额度的合计数。本项目应当根据“库存现金”、“银行存款”、“零余额账户用款额度”科目的期末余额合计填列。

（2）“短期投资”项目，反映事业单位期末持有的短期投资成本。本项目应当根据“短期投资”科目的期末余额填列。

（3）“财政应返还额度”项目，反映事业单位期末财政应返还额度的金额。本项目应当根据“财政应返还额度”科目的期末余额填列。

（4）“应收票据”项目，反映事业单位期末持有的应收票据的票面金额。本项目应当根据“应收票据”科目的期末余额填列。

（5）“应收账款”项目，反映事业单位期末尚未收回的应收账款余额。本项目应当根据“应收账款”科目的期末余额填列。

（6）“预付账款”项目，反映事业单位预付给商品或者劳务供应单位的款项。本项目应当根据“预付账款”科目的期末余额填列。

（7）“其他应收款”项目，反映事业单位期末尚未收回的其他应收款余额。本项目应当根据“其他应收款”科目的期末余额填列。

（8）“存货”项目，反映事业单位期末为开展业务活动及其他活动耗用而储存的各种材料、燃料、包装物、低值易耗品及达不到固定资产标准的用具、装具、动植物等的实际成本。本项目应当根据“存货”科目的期末余额填列。

（9）“其他流动资产”项目，反映事业单位除上述各项之外的其他流动资产，如将在 1 年内（含 1 年）到期的长期债券投资。本项目应当根据“长期投资”等科目的期末余额分析填列。

（10）“长期投资”项目，反映事业单位持有时间超过 1 年（不含 1 年）的股权和债权性质的投资。本项目应当根据“长期投资”科目期末余额减去其中将于 1 年内（含 1 年）到期的长期债券投资余额后的金额填列。

（11）“固定资产”项目，反映事业单位期末各项固定资产的账面价值。本项目应当根据“固定资产”科目期末余额减去“累计折旧”科目期末余额后的金额填列。

“固定资产原价”项目，反映事业单位期末各项固定资产的原价。本项目应当根据“固定资产”科目的期末余额填列。

“累计折旧”项目，反映事业单位期末各项固定资产的累计折旧。本项目应当根据“累计折旧”科目的期末余额填列。

（12）“在建工程”项目，反映事业单位期末尚未完工交付使用的在建工程发生的实际成本。本项目应当根据“在建工程”科目的期末余额填列。

（13）“无形资产”项目，反映事业单位期末持有的各项无形资产的账面价值。本项目应当根据“无形资产”科目期末余额减去“累计摊销”科目期末余额后的金额填列。

“无形资产原价”项目，反映事业单位期末持有的各项无形资产的原价。本项目应当根据“无形资产”科目的期末余额填列。

“累计摊销”项目，反映事业单位期末各项无形资产的累计摊销。本项目应当根据“累计摊销”科目的期末余额填列。

（14）“待处置资产损溢”项目，反映事业单位期末待处置资产的价值及处置损溢。本项目应当根据“待处置资产损溢”科目的期末借方余额填列；如“待处置资产损溢”科目期末为贷方余额，则以“-”号填列。

（15）“非流动资产合计”项目，按照“长期投资”、“固定资产”、“在建工程”、“无形资产”、“待处置资产损溢”项目金额的合计数填列。

负债类项目

（1）“短期借款”项目，反映事业单位借入的期限在1年内（含1年）的各种借款。本项目应当根据“短期借款”科目的期末余额填列。

（2）“应缴税费”项目，反映事业单位应交未交的各种税费。本项目应当根据“应缴税费”科目的期末贷方余额填列；如“应缴税费”科目期末为借方余额，则以“-”号填列。

（3）“应缴国库款”项目，反映事业单位按规定应缴入国库的款项（应缴税费除外）。本项目应当根据“应缴国库款”科目的期末余额填列。

（4）“应缴财政专户款”项目，反映事业单位按规定应缴入财政专户的款项。本项目应当根据“应缴财政专户款”科目的期末余额填列。

（5）“应付职工薪酬”项目，反映事业单位按有关规定应付给职工及为职工支付的各种薪酬。本项目应当根据“应付职工薪酬”科目的期末余额填列。

（6）“应付票据”项目，反映事业单位期末应付票据的金额。本项目应当根据“应付票据”科目的期末余额填列。

（7）“应付账款”项目，反映事业单位期末尚未支付的应付账款的金额。本项目应当根据“应付账款”科目的期末余额填列。

（8）“预收账款”项目，反映事业单位期末按合同规定预收但尚未实际结算的款项。本项目应当根据“预收账款”科目的期末余额填列。

（9）“其他应付款”项目，反映事业单位期末应付未付的其他各项应付及暂收款项。本项目应当根据“其他应付款”科目的期末余额填列。

（10）“其他流动负债”项目，反映事业单位除上述各项之外的其他流动负债，如承担的将于1年内（含1年）偿还的长期负债。本项目应当根据“长期借款”、“长期应付款”等科目的期末余额分析填列。

（11）“长期借款”项目，反映事业单位借入的期限超过1年（不含1年）的各项借款本金。本项目应当根据“长期借款”科目的期末余额减去其中将于1年内（含1年）到期的长期借款余额后的金额填列。

（12）“长期应付款”项目，反映事业单位发生的偿还期限超过1年（不含1年）的各种应付款项。本项目应当根据“长期应付款”科目的期末余额减去其中将于1年内（含1年）到期的长期应付款余额后的金额填列。

净资产类项目

（1）“事业基金”项目，反映事业单位期末拥有的非限定用途的净资产。本项目应当根据“事业基金”科目的期末余额填列。

（2）“非流动资产基金”项目，反映事业单位期末非流动资产占用的金额。本项目应当根据“非流动资产基金”科目的期末余额填列。

（3）“专用基金”项目，反映事业单位按规定设置或提取的具有专门用途的净资产。本项目应当根据“专用基金”科目的期末余额填列。

（4）“财政补助结转”项目，反映事业单位滚存的财政补助结转资金。本项目应当根据“财政补助结转”科目的期末余额填列。

（5）“财政补助结余”项目，反映事业单位滚存的财政补助项目支出结余资金。本项目应当根据“财政补助结余”科目的期末余额填列。

（6）“非财政补助结转”项目，反映事业单位滚存的非财政补助专项结转资金。本项目应当根据“非财政补助结转”科目的期末余额填列。

（7）“非财政补助结余”项目，反映事业单位自年初至报告期末累计实现的非财政补助结余弥补以前年度经营亏损后的余额。本项目应当根据“事业结余”、“经营结余”科目的期末余额合计填列；如“事业结余”、“经营结余”科目的期末余额合计为亏损数，则以“-”号填列。在编制年度资产负债表时，本项目金额一般应为“0”；若不为“0”，本项目金额应为“经营结余”科目的期末借方余额，以“-”号填列。

●“事业结余”项目，反映事业单位自年初至报告期末累计实现的事业结余。本项目应当根据“事业结余”科目的期末余额填列；如“事业结余”科目的期末余额为亏损数，则以“-”号填列。在编制年度资产负债表时，本项目金额应为“0”。

●“经营结余”项目，反映事业单位自年初至报告期末累计实现的经营结余弥补以前年度经营亏损后的余额。本项目应当根据“经营结余”科目的期末余额填列；如“经营结余”科目的期末余额为亏损数，则以“-”号填列。在编制年度资产负债表时，本项目金额一般应为“0”；若不为“0”，本项目金额应为“经营结余”科目的期末借方余额（“—”号填列）。

（二）收入支出表的编制

1．收入支出表的概念。收入支出表或者收入费用表指是反映事业单位在某一会计期间的事业成果及其分配情况的报表。通过收入支出表，财政部门、上级单位和其他单位可以了解事业单位的收入来源、支出用途以及结余分配的情况，判断其事业成果，评价其业绩。事业单位本身也可以通过收入支出表了解自身财务收支情况以加强财务管理。

2．收入支出表的格式与内容。收入支出表或者收入费用表应当按照收入、支出或者费用的构成和非财政补助结余分配情况分项列示。分为三部分，第 1 列为项目，中间列为本月数；右列为本年累计数。其格式如表 12-3 所示。

表 12-3　收入支出表

会事业 02 表

编表单位：　　　　　　　　＿＿年＿＿月　　　　　　　　单位：元

项　　目	本　月　数	本年累计数
一、本期财政补助结转结余		
财政补助收入		
减：事业支出（财政补助支出）		
二、本期事业结转结余		
（一）事业类收入		
1．事业收入		
2．上级补助收入		
3．附属单位上缴收入		
4．其他收入		
其中：捐赠收入		
减：（二）事业类支出		
1．事业支出（非财政补助支出）		
2．上缴上级支出		
3．对附属单位补助支出		
4．其他支出		
三、本期经营结余		
经营收入		
减：经营支出		
四、弥补以前年度亏损后的经营结余		
五、本年非财政补助结转结余		
减：非财政补助结转		
六、本年非财政补助结余		
减：应缴企业所得税		
减：提取专用基金		
七、转入事业基金		

3．收入支出表的编制方法。本表“本月数”栏反映各项目的本月实际发生数。在编制年度收入支出表时，应当将本栏改为“上年数”栏，反映上年度各项目的实际发生数；如果本年度收入支出表规定的各个项目的名称和内容同上年度不一致，应对上年度收入支出表各项目的名称和数字按照本年度的规定进行调整，填入本年度收入支出表的“上年数”栏。

本表“本年累计数”栏反映各项目自年初起至报告期末止的累计实际发生数。编制年度收入支出表时，应当将本栏改为“本年数”。

本表“本月数”栏各项目的内容和填列方法：

本期财政补助结转结余

（1）“本期财政补助结转结余”项目，反映事业单位本期财政补助收入与财政补助支出相抵后的余额。本项目应当按照本表中“财政补助收入”项目金额减去“事业支出（财政补助支出）”项目金额后的余额填列。

（2）“财政补助收入”项目，反映事业单位本期从同级财政部门取得的各类财政拨款。本项目应当根据“财政补助收入”科目的本期发生额填列。

（3）“事业支出（财政补助支出）”项目，反映事业单位本期使用财政补助发生的各项事业支出。本项目应当根据“事业支出——财政补助支出”科目的本期发生额填列，或者根据“事业支出——基本支出（财政补助支出）”、“事业支出——项目支出（财政补助支出）”科目的本期发生额合计填列。

本期事业结转结余

（1）“本期事业结转结余”项目，反映事业单位本期除财政补助收支、经营收支以外的各项收支相抵后的余额。本项目应当按照本表中“事业类收入”项目金额减去“事业类支出”项目金额后的余额填列；如为负数，以“-”号填列。

（2）“事业类收入”项目，反映事业单位本期事业收入、上级补助收入、附属单位上缴收入、其他收入的合计数。本项目应当按照本表中“事业收入”、“上级补助收入”、“附属单位上缴收入”、“其他收入”项目金额的合计数填列。

● “事业收入”项目，反映事业单位开展专业业务活动及其辅助活动取得的收入。本项目应当根据“事业收入”科目的本期发生额填列。

● “上级补助收入”项目，反映事业单位从主管部门和上级单位取得的非财政补助收入。本项目应当根据“上级补助收入”科目的本期发生额填列。

● “附属单位上缴收入”项目，反映事业单位附属独立核算单位按照有关规定上缴的收入。本项目应当根据“附属单位上缴收入”科目的本期发生额填列。

● “其他收入”项目，反映事业单位除财政补助收入、事业收入、上级补助收入、附属单位上缴收入、经营收入以外的其他收入。本项目应当根据“其他收入”科目的本期发生额填列。

“捐赠收入”项目，反映事业单位接受现金、存货捐赠取得的收入。本项目应当根据“其他收入”科目所属相关明细科目的本期发生额填列。

（3）“事业类支出”项目，反映事业单位本期事业支出（非财政补助支出）、上缴上级支出、对附属单位补助支出、其他支出的合计数。本项目应当按照本表中“事业支出（非财政补助支出）”、“上缴上级支出”、“对附属单位补助支出”、“其他支出”项目金额的合计数填列。

● “事业支出（非财政补助支出）”项目，反映事业单位使用财政补助以外的资金发生的各项事业支出。本项目应当根据“事业支出——非财政专项资金支出”、“事业支出——其他资金支出”科目的本期发生额合计填列，或者根据“事业支出——基本支出（其他资金支出）”、“事业支出——项目支出（非财政专项资金支出、其他资金支出）”科目的本期发生额合计填列。

●“上缴上级支出”项目，反映事业单位按照财政部门和主管部门的规定上缴上级单位的支出。本项目应当根据“上缴上级支出”科目的本期发生额填列。

●“对附属单位补助支出”项目，反映事业单位用财政补助收入之外的收入对附属单位补助发生的支出。本项目应当根据“对附属单位补助支出”科目的本期发生额填列。

●“其他支出”项目，反映事业单位除事业支出、上缴上级支出、对附属单位补助支出、经营支出以外的其他支出。本项目应当根据“其他支出”科目的本期发生额填列。

本期经营结余

（1）“本期经营结余”项目，反映事业单位本期经营收支相抵后的余额。本项目应当按照本表中“经营收入”项目金额减去“经营支出”项目金额后的余额填列；如为负数，以“-”号填列。

（2）“经营收入”项目，反映事业单位在专业业务活动及其辅助活动之外开展非独立核算经营活动取得的收入。本项目应当根据“经营收入”科目的本期发生额填列。

（3）“经营支出”项目，反映事业单位在专业业务活动及其辅助活动之外开展非独立核算经营活动发生的支出。本项目应当根据“经营支出”科目的本期发生额填列。

弥补以前年度亏损后的经营结余

“弥补以前年度亏损后的经营结余”项目，反映事业单位本年度实现的经营结余扣除本年初未弥补经营亏损后的余额。本项目应当根据“经营结余”科目年末转入“非财政补助结余分配”科目前的余额填列；如该年末余额为借方余额，以“-”号填列。

本年非财政补助结转结余

（1）“本年非财政补助结转结余”项目，反映事业单位本年除财政补助结转结余之外的结转结余金额。如本表中“弥补以前年度亏损后的经营结余”项目为正数，本项目应当按照本表中“本期事业结转结余”、“弥补以前年度亏损后的经营结余”项目金额的合计数填列；如为负数，以“-”号填列。如本表中“弥补以前年度亏损后的经营结余”项目为负数，本项目应当按照本表中“本期事业结转结余”项目金额填列；如为负数，以“-”号填列。

（2）“非财政补助结转”项目，反映事业单位本年除财政补助收支外的各专项资金收入减去各专项资金支出后的余额。本项目应当根据“非财政补助结转”科目本年贷方发生额中专项资金收入转入金额合计数减去本年借方发生额中专项资金支出转入金额合计数后的余额填列。

本年非财政补助结余

（1）“本年非财政补助结余”项目，反映事业单位本年除财政补助之外的其他结余金额。本项目应当按照本表中“本年非财政补助结转结余”项目金额减去“非财政补助结转”项目金额后的金额填列；如为负数，以“-”号填列。

（2）“应缴企业所得税”项目，反映事业单位按照税法规定应缴纳的企业所得税金额。本项目应当根据“非财政补助结余分配”科目的本年发生额分析填列。

（3）“提取专用基金”项目，反映事业单位本年按规定提取的专用基金金额。本项目应当根据“非财政补助结余分配”科目的本年发生额分析填列。

转入事业基金

“转入事业基金”项目，反映事业单位本年按规定转入事业基金的非财政补助结余资金。本项目应当按照本表中“本年非财政补助结余”项目金额减去“应缴企业所得税”、“提取专用基金”项目金额后的余额填列；如为负数，以“-”号填列。

（三）财政补助收入支出表的编制

1. 财政补助收入支出表的概念

财政补助收入支出表是指反映事业单位在某一会计期间财政补助收入、支出、结转及结余情况的报表。其格式如表12-4所示。

表12-4 财政补助收入支出表

会事业03表

编制单位： ______年度 单位：元

项　　目	本年数	上年数
一、年初财政补助结转结余		—
（一）基本支出结转		—
1. 人员经费		—
2. 日常公用经费		—
（二）项目支出结转		—
××项目		—
（三）项目支出结余		—
二、调整年初财政补助结转结余		—
（一）基本支出结转		—
1. 人员经费		—
2. 日常公用经费		—
（二）项目支出结转		—
××项目		—
（三）项目支出结余		—
三、本年归集调入财政补助结转结余		
（一）基本支出结转		
1. 人员经费		
2. 日常公用经费		
（二）项目支出结转		

续表

项　　目	本 年 数	上 年 数
××项目		
（三）项目支出结余		
四、本年上缴财政补助结转结余		
（一）基本支出结转		
1. 人员经费		
2. 日常公用经费		
（二）项目支出结转		
××项目		
（三）项目支出结余		
五、本年财政补助收入		
（一）基本支出		
1. 人员经费		
2. 日常公用经费		
（二）项目支出		
××项目		
六、本年财政补助支出		
（一）基本支出		
1. 人员经费		
2. 日常公用经费		
（二）项目支出		
××项目		
七、年末财政补助结转结余		—
（一）基本支出结转		—
1. 人员经费		—
2. 日常公用经费		—
（二）项目支出结转		—
××项目		—
（三）项目支出结余		—

2. 财政补助收入支出表编制说明

（1）本表反映事业单位某一会计年度财政补助收入、支出、结转及结余情况。

（2）本表“上年数”栏内各项数字，应当根据上年度财政补助收入支出表“本年数”栏内数字填列。

（3）本表“本年数”栏各项目的内容和填列方法：

①“年初财政补助结转结余”项目及其所属各明细项目，反映事业单位本年初财政补助结转和结余余额。各项目应当根据上年度财政补助收入支出表中“年末财政补助结转结

余”项目及其所属各明细项目“本年数”栏的数字填列。

②“调整年初财政补助结转结余”项目及其所属各明细项目，反映事业单位因本年发生需要调整以前年度财政补助结转结余的事项，而对年初财政补助结转结余的调整金额。各项目应当根据“财政补助结转”、“财政补助结余”科目及其所属明细科目的本年发生额分析填列。如调整减少年初财政补助结转结余，以“-”号填列。

③“本年归集调入财政补助结转结余”项目及其所属各明细项目，反映事业单位本年度取得主管部门归集调入的财政补助结转结余资金或额度金额。各项目应当根据“财政补助结转”、“财政补助结余”科目及其所属明细科目的本年发生额分析填列。

④“本年上缴财政补助结转结余”项目及其所属各明细项目，反映事业单位本年度按规定实际上缴的财政补助结转结余资金或额度金额。各项目应当根据“财政补助结转”、“财政补助结余”科目及其所属明细科目的本年发生额分析填列。

⑤“本年财政补助收入”项目及其所属各明细项目，反映事业单位本年度从同级财政部门取得的各类财政拨款金额。各项目应当根据“财政补助收入”科目及其所属明细科目的本年发生额填列。

⑥“本年财政补助支出”项目及其所属各明细项目，反映事业单位本年度发生的财政补助支出金额。各项目应当根据“事业支出”科目所属明细科目本年发生额中的财政补助支出数填列。

⑦“年末财政补助结转结余”项目及其所属各明细项目，反映事业单位截至本年末的财政补助结转和结余余额。各项目应当根据“财政补助结转”、“财政补助结余”科目及其所属明细科目的年末余额填列。

（四）会计报表附注

会计报表附注是指对在会计报表中列示项目的文字描述或明细资料，以及对未能在会计报表中列示项目的说明等。

事业单位的会计报表附注至少应当披露下列内容：

① 遵循《事业单位会计准则》、《事业单位会计制度》的声明；

② 单位整体财务状况、业务活动情况的说明；

③ 会计报表中列示的重要项目的进一步说明，包括其主要构成、增减变动情况等；

④ 重要资产处置情况的说明；

⑤ 重大投资、借款活动的说明；

⑥ 以名义金额计量的资产名称、数量等情况，以及以名义金额计量理由的说明；

⑦ 以前年度结转结余调整情况的说明；

⑧ 有助于理解和分析会计报表需要说明的其他事项。

（五）财务情况说明书

财务情况说明书是为了了解和评价事业单位财务状况和收支情况所提供的书面资料，

主要说明事业单位收入及其支出、结转、结余及其分配、资产负债变动、对外投资、资产出租出借、资产处置、固定资产投资、绩效考评的情况，对本期或者下期财务状况发生重大影响的事项，以及需要说明的其他事项。对本期或下期财务情况发生重大影响的事项；其他需要说明的事项。它是事业单位会计报表的一个有机组成部分。

复习思考题

1．什么是事业单位的财务报告？它主要包括哪些种类？
2．什么是资产负债表？事业单位资产负债表的基本格式是怎样的？
3．什么是收入支出表？事业单位收入支出表的基本格式是怎样的？
4．简述资产负债表的作用和编制方法。
5．简述财务情况说明书的一般内容。
6．什么是会计报表附注？事业单位会计报表附注的内容主要包括哪些？
7．事业单位会计报表的附注主要有哪些种类？
8．简述财政补助收支情况表的编制方法。